U0894860

CTCTC · 年度报告 · 未来预测

权威信息 · 品牌图书 · 每年出版

中国煤炭市场蓝皮书
CHINA BLUE BOOK OF COAL MARKET

# 中国煤炭市场发展报告
## (2014)

中国(太原)煤炭交易中心
山西汾渭能源开发咨询有限公司 编著

ANNUAL REPORT ON COAL MARKET DEVELOPMENT OF CHINA 2014

**图书在版编目（CIP）数据**

中国煤炭市场发展报告．2014/中国（太原）煤炭交易中心，山西汾渭能源开发咨询有限公司编著．—北京：中国经济出版社，2014.5

（中国煤炭市场蓝皮书）

ISBN 978-7-5136-3262-1

Ⅰ.①中… Ⅱ.①中… ②山… Ⅲ.①煤炭工业－市场－研究报告－中国－2014 Ⅳ.①F724.741

**中国版本图书馆 CIP 数据核字（2014）第 109115 号**

责任编辑　姜　静
责任审读　霍宏涛
责任印制　张江虹
封面设计　陈泽锋

**出版发行**　中国经济出版社
**印 刷 者**　太原市中远新印刷有限公司
**经 销 者**　各地新华书店
**开　　本**　720mm×1000mm　1/16
**印　　张**　16.25
**字　　数**　259 千字
**版　　次**　2014 年 5 月第 1 版
**印　　次**　2014 年 5 月第 1 版
**书　　号**　ISBN 978-7-5136-3262-1
**定　　价**　79.00 元

**中国经济出版社**　**网址**　www.econmoyph.com　**社址**　北京市西城区百万庄北街 3 号　**邮编**　100037
本版图书如存在印装质量问题，请与本社发行中心联系调换（联系电话：010-68319116）

# 《中国煤炭市场发展报告(2014年)》

## 编写组成员

(按姓氏笔画排序)

王　慧　王一涛　王社龙　尹韶鹏　田　莉

冯栋斌　邢小勤　曲佳敏　任燕峰　刘小婉

刘燕君　闫瑞霞　许国斌　李丰伟　李生辉

李润平　李颖超　杨　婷　汪　洋　张　静

赵明娟　郝存果　侯　玥　贾梦琦　徐彩云

高　东　高英杰　常毅军　崔君鸣　嵇　刚

燕　炜　薛文林

# 内 容 摘 要

《中国煤炭市场发展报告》是“中国煤炭市场蓝皮书”系列之一，是关于中国煤炭产运需市场最具权威性、代表性和实用性的年度系列报告，是国内煤炭市场专家和资深人士跟踪调研并分析预测我国煤炭市场的年度性成果，具有很强的客观性、前沿性和前瞻性。

作者们以经济学研究的视角和方法，力求全面系统地反映煤炭市场情况并预测其未来，达到实用备查、预测科学的效果。其中，动力煤、冶金煤、无烟煤、褐煤的分析与预测为煤炭产需企业提供了更为实用有效的数据资料和前瞻性的权威指导，为煤炭产运需各方、煤炭产业链相关人士、能源管理与研究机构专家学者所必读。

本书共分总报告、分品类报告、产业发展情况报告、国内煤炭价格指数发展情况报告及附录五部分。

总报告对 2013 年我国煤炭市场供需情况和煤炭行业运行状况及绩效进行了总结性描述和分析，对 2014 年国内煤炭市场的供需形势及运行情况进行了预测。

分品类报告包括动力煤、冶金煤、无烟煤、褐煤四个专题，分品类对 2013 年的供需及价格等情况进行了分析，对 2014 年的市场情况进行了预测。

产业发展情况报告分别对 2013 年我国煤炭主产省份产业发展状况、中国煤炭现代交易市场建设发展状况、国内煤炭产业及重点煤企经营情况进行了介绍。

国内煤炭价格指数发展情况报告对 2013 年中国太原煤炭交易价格指

数的运行情况和应用情况进行了回顾，并对 CCI 动力煤价格指数和 CCPI 煤炭价格指数进行了介绍。

附录为 2010—2013 年全国煤炭市场经济运行情况主要数据汇总表、2014 年世界煤炭市场走势预测及 2013 年运行情况概述。

# 前 言

《中国煤炭市场发展报告》是“中国煤炭市场蓝皮书”系列之一，作为中国煤炭及其关联产业的年度分析与预测报告，填补了中国煤炭行业市场分析报告的空白，具备权威性、前沿性、原创性、实证性等特点。

独特的资源禀赋，使煤炭行业在我国国民经济中占有极其重要的地位。长期以来，煤炭在我国一次性能源生产和消费中的比重一直占到60%以上。改革开放以来特别是近10年来，我国煤炭工业迅速发展，为保障国家能源稳定供应和国民经济快速发展做出了巨大贡献。但近两年特别是2013年随着全国煤炭市场产能持续释放，电力、钢材、水泥、玻璃等主要高耗煤产品产量增速普遍放缓，煤炭下游需求低速增长，进口煤总量仍居高位，煤市呈现总量宽松、结构性过剩态势。2013年我国煤炭产量由前10年年均增加2亿多吨，首次降至5000万吨左右。

我国煤炭保有储量和产量的分布特点是西多东少、北多南少，仅山西、内蒙古、陕西、新疆、宁夏、贵州6省区的产能和产量分别都占到了全国的80%以上。而煤炭的主要消费地却集中在东部和东南沿海地区。这种生产区域与消费区域的错位，决定了我国“西煤东运、北煤南运”的总体流向以及以“三西”（山西、陕西及内蒙古西部）煤炭基地为核心向东部和南部输出的扇形市场分布格局。煤炭的省际间大量交易及长距离运输构成我国煤炭运销市场的基本框架。近年来，全国煤炭产量的60%左右靠铁路长距离（500千米以上）运输，铁路、公路长距离运量达到总产量的70%以上，铁路、公路、水路千军万马搞煤运形成了一条亮丽的风景线，实质却是一条极具规模的产业链。在这样一条产业链上，产运需市场到底是什么状况？进出口市场是什么状况？煤炭价格波动的决定因素到底有哪些？不同煤种的消费变化有无规律可循？煤炭供需市场的未来是否可以预测？煤炭市场是否可以尽快走出低谷？这些疑问是宏观管理部门和煤炭产运需企业需要搞清楚的重要问题。然而，对于这些问题长期以来一直没有一本对其进行全面系统反映、分析、预测的权威文献和公开出版物。

由国务院批准并于2007年组建的中国(太原)煤炭交易中心，是目前唯一冠以“中国”字号的全国性煤炭交易中心。从2010年开始，交易中心联合山西汾渭能源开发咨询有限公司等相关研究机构和专家，在收集、整理、研究大量相关资料的基础上，撰写出版了《中国煤炭市场蓝皮书——中国煤炭市场发展报告》年度系列，获得了业界的广泛认同，收到了较好效果。

中国(太原)煤炭交易中心着力打造以“信息服务体系为基础、交易服务体系为核心、物流服务体系为保障、金融服务体系为延伸”的“四位一体”综合服务体系，形成交易中心的核心竞争力，努力建设“立足山西、面向全国、走向世界”的全国性煤炭交易中心、物流中心、结算中心和信息中心。经广泛征求业界人士的意见和建议后，决心把《中国煤炭市场蓝皮书——中国煤炭市场发展报告》年度系列打造成煤炭产业的知名图书品牌。

与2013版报告对照，《中国煤炭市场发展报告(2014)》在延续上一版结构框架的基础上，编排更具合理性，更注重报告的完整性、数据的连续性、内容的时效性及可参考性。尽量扩大报告所涵盖的实用信息量，增加了国内煤炭金融及衍生品市场发展情况、国内煤炭价格指数发展情况、近几年煤炭市场上下游经济运行主要数据汇总，便于读者全面了解中国煤炭市场的运行情况。

在本书的编写过程中，我们以经济学和系统论为指导，采用定性分析与定量分析相结合的方法，遵循蓝皮书系列“权威、实证、时效、前沿、原创、前瞻”的总体要求，在收集中国煤炭市场权威部门发布的大量数据与专业人士撰写的文字资料基础上，进行了分类整理、统计测算及分析与预测，特别是分析了分行业及分煤种需求的情况。我们衷心地期望经过我们的不懈努力，将本书打造成一个持久的品牌，为我国煤炭市场的可持续健康发展起到一定的作用。同时，我们也希望本书能够成为管理机构、专家学者、煤炭及其关联产业企业管理和营销人员的必备工具书。

本书编写组成员大都长期从事煤炭的市场信息、资源评价、运销调度和煤炭交易的实践工作，积累了丰富的研究资料和重要成果，本书中部分采用了这些资料和成果。同时，在编写过程中，我们采用或参考了许多国内外有关政府部门、研究机构、企业以及专家学者发布的煤炭、电力、钢材等行业的相关资料和数据信息，在此一并表示衷心的感谢！

本书作为年度性连续出版物，今年是第五次编写出版。由于编者水平和时间所限，书中疏漏和不当之处在所难免，恳请业内专家学者和广大读者提出宝贵意见和建议。

中国（太原）煤炭交易中心

山西汾渭能源开发咨询有限公司

2014年5月

# 目 录

## 第一篇 总报告



## 第二篇 分品类报告

## 第三篇 产业发展情况报告

## 第四篇 国内煤炭价格指数发展情况报告

# 第五篇 附 录

# 第一篇

# 总 报 告

# 第一部分 2014年中国煤炭市场发展趋势预测及2013年煤炭行业情况综述

## 一、2014年中国煤炭市场供需形势预测

2014年，据汾渭能源煤矿数据库统计，中国煤炭产能将达44亿吨。随着煤炭需求的增长，中国煤炭产量将继续保持增长。受2013年国内煤炭市场疲软及国内宏观经济走低等因素影响，中国煤炭产量增速继续放缓。2014年中国煤炭市场总量宽松、结构性过剩的态势依旧不会发生根本性改变，煤炭市场将延续2013年供过于求的总体态势，煤炭价格将继续以跌势为主。

### （一）2014年中国煤炭产能及产量情况预测

#### 1. 2014年中国煤炭产能预测

中国能源资源分布极不均衡，总体上是西多东少、北多南少。煤炭总资源量北部占87%，西部占52%；可采储量北部占79%，西部占26%。中国煤炭消费主要集中在东部地区。《煤炭工业发展“十二五”规划》提出控制东部、稳定中部、发展西部的煤炭开发总体布局。

按照规划，“十二五”期间，新开工建设规模7.4亿吨/年，建成投产规模7.5亿吨/年，到2015年煤炭生产能力达41亿吨/年，其中：大型煤矿26亿吨/年，占总能力的63%；年产能30万吨及以上中小型煤矿9亿吨/年，占总能力的22%；年产能30万吨以下小煤矿控制在6亿吨/年以内，占总能力的15%。煤炭产量控制在39亿吨左右。原煤入选率65%以上。形成10个亿吨级、10个5000万吨级大型煤炭企业，煤炭产量占全国的60%以上。千万吨级矿井（露天）达到60处，生产能力8亿吨/年。安全高效煤矿达到800处，产量25亿吨。

据不完全统计，2013年全国整顿关闭煤矿770余处，技改提升小煤矿

490 多处，兼并重组小煤矿 610 处，累计淘汰落后产能 2 亿多吨。淘汰落后产能的重点地区在西南地区（四川、重庆、贵州），其中贵州淘汰落后产能 2880 万吨，占总淘汰落后产能的 14%。煤炭生产大省内蒙古、山西、陕西三地中，只有山西关闭 20 万吨产能。2013 年煤炭新增产能 2 亿吨左右，关闭产能 2669 万吨，对于国内煤炭总体的产能来讲影响微乎其微，此次淘汰落后产能主要的作用还在于调整生产结构尤其是西南地区的结构。因此，2013 年淘汰的落后产能对 2014 年煤炭产能影响不大。

据统计，中国 2013 年煤矿产能已达约 43 亿吨，新建已开工煤矿产能约 4.94 亿吨。按煤矿的建设周期 3 ~ 5 年考虑，若 2014 年新建已开工煤矿以 30%建成投产计算，2014 年新增产能约 1.98 亿吨。根据国家能源局发布的《关于做好 2014 年煤炭行业淘汰落后产能工作的通知》，2014 年中国将淘汰煤炭落后产能 1.17 吨。因此，预计 2014 年中国煤炭产能约 44 亿吨。

**表 1–1　2014 年中国煤炭主产省份产能变化**

单位：亿吨

| 省份 | 2013 年 | 2014 年 | 产能增量 |
|---|---|---|---|
| 山西 | 10.74 | 11.01 | 0.27 |
| 内蒙古 | 9.85 | 9.90 | 0.05 |
| 陕西 | 4.11 | 4.20 | 0.10 |
| 新疆 | 1.58 | 2.10 | 0.52 |
| **合　计** | 26.28 | 27.21 | 0.93 |

数据来源：蓝皮书编写组

分省份来看，中国新增产能主要集中在西部地区，如表 1–1 所示，2014 年山西、内蒙古、陕西以及新疆新增产能约 0.93 亿吨，约占全国新增产能的 73%。其中：山西和内蒙古资源整合已基本完毕，小煤矿已基本淘汰；陕西 2014 年将建成矿井 89 处，投产能力 7714 万吨 / 年，关闭淘汰榆林地区 30 万吨 / 年以下矿井、关中 15 万吨 / 年以下矿井、陕南 9 万吨 / 年以下矿井；新疆自治区作为新增煤炭生产基地，则以新建矿井为主。

2. 2014 年中国煤炭产量预测

随着煤炭产能和需求的不断增长，中国的煤炭产量亦逐年增长。根据各省（市、区）统计公报数据，2013 年中国原煤产量约 40.75 亿吨，同比增长 2.8%。中国煤炭市场供应宽松、结构性产能过剩的格局近几年不会改变。

虽受环保节能压力加大、清洁能源冲击等因素的影响，但煤炭资源整合后煤炭产能迅速释放，煤炭产量仍将呈现小幅增长态势。

2013 年中国国内生产总值（GDP）增速为 7.7%。2014 年全国两会政府工作报告指出经济社会发展的主要预期目标是国内生产总值增长 7.5%左右，居民消费价格涨幅控制在 3.5%左右。国内经济增速放缓，国际煤炭市场疲软，预计煤炭需求增速也将随之减缓。

中国加大了能源结构调整力度。2013 年，在一次能源消费构成中，煤炭约占 65.7%。国家能源局于 2014 年 1 月提出，在 2014 年全国煤炭消费比例降至 65%以下。因此，2014 年煤炭消费不会有很大增幅。

根据煤炭工业“十二五”规划的目标，中国煤矿到 2015 年形成生产能力 41 亿吨 / 年，而 2012 年产能已经达到 41 亿吨，预计未来两年国家将对煤炭产能进行有效控制，以避免产能过剩问题继续恶化。

因此，2014 年中国煤炭产量将小幅增加，增速将放缓，将低于 2013 年的增速 2.8%。预计 2014 年中国煤炭产量约 41.77 亿吨。

### （二）2014 年中国煤炭进出口情况预测

1. 进口量将小幅下降

随着世界经济弱势运行，国际煤炭市场疲软，国际煤价持续震荡走低，内贸煤与进口煤价差进一步缩小，进口煤价格优势减小，但相比国内煤价短期内仍具有一定优势。

中国煤炭资源整合逐步完成，产能快速释放，但国内煤炭需求疲软，使得中国煤炭市场近几年呈总量宽松、结构性过剩的态势，煤炭价格持续走低。由于近几年来国家保护自身资源控制高强度开采，大力鼓励煤炭进口，同时受运输瓶颈及国内煤炭价格较高等因素的制约以及南方地区对煤炭需求增加，使得进口煤炭成为中国煤炭供应的重要补充。

全球经济弱势运行，煤炭进口国需求不足，国际煤炭市场仍呈现供过于求的态势，进口与内贸煤还有一定的价差，外加汇率变化作用，如印度尼西亚、澳大利亚等煤炭出口国货币持续贬值，国内外煤价倒挂，也使煤企业对进口煤需求增长。因此，中国煤炭进口仍将保持较大规模，初步预计全年进口量将在 3 亿 ~ 3.1 亿吨。

2. 出口量维持低位

2006 年以前，中国实施出口导向型的对外贸易政策，一方面采取出口退税政策鼓励煤炭出口，另一方面采取征收进口关税等政策约束煤炭进口。2006 年以后，随着中国煤炭需求快速增加，煤炭关税逐步向鼓励进口、限制出口的方向发展，将煤炭进口关税降为零，对出口煤炭征收 10%的关税。在煤炭进出口关税政策的影响下，中国由传统的煤炭出口国转为煤炭净进口国，进口量逐年大幅增加，出口量逐年递减。净进口量由 2009 年的 1.03 亿吨上涨至 2013 年的 3.20 亿吨。

2013 年中国煤炭出口量仅为 0.07 亿吨，占中国煤炭产量的 0.18%。预计 2014 年国家可能会采取加强商品煤质量管理等限制劣质煤进口和使用的措施并取消出口关税，中国煤炭出口将继续维持在低位，且有进一步减少的趋势，出口量约为 0.06 亿吨，但不会改变国内煤炭市场供过于求以及与进口煤价价格的差异。

### （三）2014 年中国分行业煤炭需求预测

中国的一次能源消费以煤炭为主，煤炭是中国国民经济生产的主要驱动力之一，中国经济的高速发展是煤炭需求增长的主要原因。在经历煤炭行业黄金十年的发展后，2012 年开始受国家宏观经济结构性调整、国际经济复苏缓慢、国际煤炭市场疲软、节能减排以及环保要求日趋严格等诸多因素的影响，中国煤炭市场弱势运行，煤价大跌。

2014 年国家对产能严重过剩行业实行强化环保、能耗、技术等标准控制，加大节能减排力度，控制能源消费总量，能源消耗强度要降低 3.9%以上，二氧化硫、化学需氧量排放量都要减少2%，提高非化石能源发电比重，发展智能电网和分布式能源，鼓励发展风能、太阳能，开工水电、核电项目，加强天然气、煤层气、页岩气勘探开采与应用，消化存量，严控高耗能新上增量，淘汰钢铁2700万吨、水泥4200万吨落后产能，深入实施大气污染防治行动计划，淘汰燃煤小锅炉5万台，推进燃煤电厂脱硫改造1500万千瓦、脱硝改造1.3亿千瓦、除尘改造1.8亿千瓦，推动能源生产和消费方式变革。因此，京津冀、长三角和珠三角等主要煤炭消费地区的需求将受到抑制，但替代能源技术成熟度和经济可行性有待进一步提升，全国煤炭需求将继续保持小幅增长，约44.64亿吨。

1. 2014年电力行业煤炭需求预测

2013年全社会用电量5.32亿万千瓦时，同比增长7.5%，与2012年的增速相比回升了2个百分点，结束了此前三年连跌的局面。2014年尽管当前全球经济有所好转，但形势依然错综复杂。同时，虽然中国经济出现稳中向好走势，但仍然面临不少困难和挑战，两会政府工作报告指出2014年中国经济增长率将回落至7.5%左右。

此外，节能环保的要求也更趋严。按照国务院的预期目标，到2015年，全国能源消费总量控制在40亿吨标准煤左右，用电量控制在6.15万亿千瓦时左右，万元GDP能耗下降16%。这意味着未来两年年能源消费增量必须控制在1.2亿吨标准煤、年单位GDP能耗下降3.91%以上。

因此，国家能源局初步划定2014年能源消费总量为38.9亿吨标准煤，万元GDP能耗同比下降3.9%。为了实现这一目标，未来将通过提高准入门槛、实行惩罚电价等措施，对钢铁、水泥和电解铝等高耗能和过剩行业的能源消费总量进行严格控制，对其他产业按平均先进能效水平实行能耗控制，新增产能必须达到先进能效标准。

以上这些因素都会抑制用电量的增长，预计2014年电力增长将有所放缓，或低于2013年增幅水平。国家能源局预测，2014年全社会用电量将达到5.72万亿千瓦时，同比增长7%。

近几年，环保要求日趋严格以及节能减排等促进了电力市场结构性调整，电力行业“十二五”规划基本格调是优先开发水电，优化发展煤电，大力发展核电，积极推进新能源发电，适度发展天然气集中发电，因地制宜发展分布式发电。

《节能减排“十二五”规划》中指出“十二五”期间重点淘汰小火电2000万千瓦，同时加大机组的利用效率，2013年中国火电机组累计平均利用小时数为5012小时，预计2014年火电机组年均利用小时数将保持增长的趋势，达到5037小时。《中国能源“十二五”规划》中指出，到2015年火电供电标准煤耗下降到323克/千瓦时，而2013年供电煤耗已经达到321克/千瓦时，预计供电煤耗呈现逐步下降态势，2014年或将继续减少到317克/千瓦时。

“十二五”规划期间，中国将严格控制环渤海、长江三角洲、珠江三角洲和东北的部分地区的煤电发展，煤电开发不断向中西部移动。煤电发电比重将降低4~5个百分点，规划煤电开工规模约3亿千瓦时，2015年煤电装机容量达9.63亿千瓦时，占电力总装机容量的67%，火电装机容量占比较2013年下降2.1%，但中国的电力结构仍以火电为主，且火电装机容量将保持增长，预计2014年全年新增发电装机容量9600万千瓦左右，其中，煤电新增3000万千瓦左右，届时火电装机容量将达到8.92亿千瓦时，火力发电量预计达4.45亿千瓦时，煤炭消耗量约20.83亿吨。

2. 2014年冶金行业煤炭需求预测

2011—2013年，中国钢铁行业固定资产投资达到1.96万亿元，新增粗钢产能3.5亿~4亿吨。即便考虑在此期间累计淘汰的1亿吨左右落后产能，产能也明显过剩。2014年预计中国将有37座高炉投产，将新增炼铁产能4937万吨。考虑到有部分产能淘汰，预计到2014年钢铁产能将达到11亿吨左右，其中粗钢产量按8.08亿吨计算，产能利用率为73.6%，超过78%的产能过剩国际定量判定依据。可见，2014年中国钢铁工业产能过剩问题依然存在。国务院《关于化解产能严重过剩矛盾的指导意见》已经出台，化解过剩产能将成为未来一段时间全行业的主要工作。

从产业发展阶段看，钢铁工业逐渐由快速成长阶段向低速、平稳发展阶段过渡，产能过剩、同质化无序竞争、集中度偏低等问题具备长期性特征，钢材市场供大于求矛盾短期内难以根本扭转。

中国作为主要钢材出口国家，频繁遭受贸易摩擦。世界各国为振兴本国经济、保护本土企业和促进就业，加强了贸易保护，针对中国的反倾销、反补贴等贸易摩擦增多，2013 年针对钢铁产品的贸易救济措施调查就有近20起，涉及中国主要出口产品。2014 年，中国钢材出口环境依然不容乐观。一是面对全球性钢铁产能过剩问题，钢铁工业面临更加激烈的市场竞争，为保障自身利益，各国贸易保护主义将日趋严重；二是随着各国钢铁工业技术水平的不断发展，部分高附加值产品也将面临贸易摩擦。

随着环境污染问题的日益突出，环境治理进一步加强，2014 年中国钢铁工业将承受更大的环保压力。《京津冀及周边地区落实大气污染防治行动计划实施细则》对钢铁行业等高耗能、高污染的“两高”行业严格实施污染物排放总量控制，要求到 2017 年排污强度比 2012 年下降 30%以上。

因此，预计 2014 年粗钢产量将小幅增长，增幅在 5%以下，全年产量约 8.08 亿吨。

原材料方面，预计 2014 年钢铁行业的铁矿石需求为 11.72 亿吨，同比增长 3.0%，进口铁矿石为 8.5 亿吨；生铁需求量约为 7.36 亿吨，同比增长 3.8%；根据 0.56 的焦铁比，焦炭需求量为 4.12 亿吨，同比增长 3.7%；根据炼焦综合成焦率 1.34，炼焦洗精煤需求量为 5.52 亿吨，同比增长 5.3%；根据原煤回收率 55%，炼焦煤需求量约为 10.04 亿吨；喷吹煤需求量约为 1.47 亿吨；进口焦煤为 7000 万吨，基本与 2013 年持平。

3. 2014 年建材行业煤炭需求预测

建材行业耗煤主要由水泥、墙体材料和石灰组成，其中根据历史数据，水泥耗煤占建材行业耗煤量的 75%左右。因此，水泥产量和能耗是预测建材行业动力煤需求量的主要指标。

“十二五”是全面建设小康社会的关键时期，国民经济仍将保持平稳较快增长，水泥工业面临着发展机遇，也面临着更大的挑战。一是工业化、城镇化和新农村建设进一步拉动内需，保障性安居工程及高速铁路、轨道交通、水利、农业及农村等基础设施建设带动水泥需求持续增长；二是对水泥、水泥基材料及制品在质量、品种、功能等方面有了更高的要求；三是建设资源节约型、环境友好型社会，应对气候变化，迫切需要水泥行业加快转变发展方式，大力推进节能减排，发展循环经济。而影响水泥需求的因素主要城镇化水平的提高可以拉动房地产、城市基础设施建设的发展，从而拉动水泥的需求。据测算，城镇化水平每提高一个百分点，水泥需求增加 1.4 亿吨。而受政策因素的影响，随着政策因素对房地产市场的影响进一步加深，国内水泥消费的增速同比放缓。

根据《水泥工业“十二五”规划》，2015 年水泥需求量将达到 22 亿吨。2014 年中国经济增速进一步放缓，但经济总量仍将保持增长。随着中国城镇化的推进，建材行业发展将持续增长，预计 2014 年水泥产量约为 25 亿吨，煤炭需求量约为 7.67 亿吨。

4. 2014 年其他行业煤炭需求预测

其他行业用煤包括化工行业以及其他部分产业和生活用煤等。其中，化工行业是中国四大主要耗煤产业之一，煤炭作为原料或动力燃料使用。作为原料，化工行业消耗煤炭主要用于生产合成氨、甲醇、电石等煤化工产品和煤制油、煤制气、煤制烯烃、煤制二甲醚、煤制乙二醇等现代煤化工产品，其中合成氨和甲醇耗煤量占总行业耗煤量的比重较高。

按《煤炭工业“十二五”规划》，中国将控制煤炭消费总量，2015 年约 39 亿吨。同时受节能减排以及环保压力的影响，合成氨及甲醇作为化工行业两大耗煤产业将面临巨大压力。

“十二五”期间，煤制合成氨能源转化率约为 42%，单位产品综合能耗分别不得超过 1.5 吨标准煤（下同）/ 吨合成氨，新鲜水耗不得超过 6 吨 / 吨合成氨。煤制合成氨系列应达 60 万 ~ 100 万吨 / 年。合成氨生产原料主要是煤、天然气、焦炉气及油等，2010 年中国合成氨原料煤、天然气、焦炉气及油所占比例分别为 76.2%、21.9%、1.3%及 0.3%，随着中国能源结构与产量的变化，合成氨使用的原料比重也有所变化，其趋势是煤为原料的比重上升，天然气为原料的比重下降，焦炉气为原料的比重上升，油的比重趋于零，预计 2014 年合成氨耗煤量约 0.95 亿吨。

按照《甲醇行业“十二五”发展规划(草案)》(以下简称《规划》),到2015年中国甲醇总产能将控制在5000万吨,“十二五”期间将淘汰甲醇落后产能300万~500万吨。《规划》预测“十二五”期间,中国甲醇需求增速将明显放缓,年均增长在15%左右。明确甲醇企业数量控制在150家以内,建成20个具有核心竞争力的大型甲醇企业集团。其中，大型企业甲醇产能比例占到75%以上。采用加压连续气化技术的甲醇产能由目前的24%提高至50%以上。预计2014年甲醇耗煤量约0.92亿吨。

目前,煤代油产业所占煤炭消费的比重很低,但随着替代石油战略的推进以及规模与成本形成良性循环,煤代油产业将会迅速发展,从而扩大对煤炭的需求。但目前中国煤制油项目缺乏大规模工业化生产经验,煤炭液化技术尚处于产业化初期阶段,无论是产品方向、工艺路线、技术装备,还是运营管理、经济效益上均存在诸多不确定因素。而《煤炭工业“十二五”规划》将控制煤炭消费总量,主要增加发电用煤、提高煤炭机采率和就近转化率。

综上分析,2014年化工行业由于产业结构没有大规模的优化提升,对煤炭的需求不会出现较大幅度的增长。化工及其他行业煤炭需求预测量见表1-2。

**表1-2 2014年中国其他行业煤炭需求预测**

单位:亿吨

| 耗煤量 | 2014年 |
|---|---|
| 其他行业耗煤量 | 4.63 |
| 其中:化工行业耗煤量 | 1.87 |
| 合成氨耗煤量 | 0.95 |
| 甲醇耗煤量 | 0.92 |

数据来源:蓝皮书编写组

## 二、2014 年中国煤炭市场运行情况预测

### (一)2014 年国际国内宏观经济前景预测

IMF 最新的《世界经济展望》报告认为,全球经济发展仍面临一些不确定性因素,世界经济下行风险持续存在,这些因素也可能拖累中国经济发展。一是新兴经济体近期增速明显放慢,2013 年二季度金砖国家中的巴西、印度和南非经济增长分别为 1.5%、5.5%和 3%,均为近年来的低点。由于新兴经济体在中国外贸中的比重已经显著上升,其经济减速对中国的影响也要高于以往。二是发达国家的政策调整带来的不确定性。美联储 2014 年退出量化宽松政策的概率很大,由此可能对新兴经济体的资产市场、汇率和贸易等多方面产生较大冲击。三是国际地缘政策的风险仍然存在。中东地区持续不稳定,中国周边地区的安全环境也更趋于严峻,对正常经贸关系产生了一定干扰。

然而,全球经济复苏在波动中逐步加强,美、日等主要发达经济体复苏,发达经济体重新成为世界经济增长的主要驱动力。联合国经济与社会事务部发布的《2014 年世界经济形势与展望》报告中指出,欧元区最终将走出持续衰退,包括中国在内的少数新兴大国的经济增速将企稳回升。据估计,2014 年和 2015 年的世界生产总值(WGP)将分别达到 3.0%和 3.3%。尽管各国经济增长千差万别,但增长的循环周期却保持同步。2014—2015 年,中等收入国家经济平均增长率将达到最高峰,而最不发达国家的增长也有望提高。同时,2014 年,由于发达国家经济增长仍低于潜在水平,而部分新兴市场国家经济增长减速,预计全球通胀形势仍将保持稳定。

2014 年,中国经济将面临体制改革带来的需求效应不确定、经济结构持续调整等问题,但国际环境会有所改善,改革也有利于稳定预期,虽然“稳增长”态势仍不巩固,但是在通货膨胀率仍然明显在调控目标之下,“稳增长”作为一种政策目标也将基本保持不变,所以 2014 年中国经济尽管可能会有

一定的短期波动,总体仍将保持平稳运行。

2014年中国政府工作报告中提出经济社会发展的主要预期目标是国内生产总值(GDP)增长在7.5%左右,通胀在3.2%左右。广义货币M2预期增长13%左右,低于2013年的增速13.6%,赤字率稳定在2.1%,中国政府将采取“紧货币,宽财政”的宏观经济政策。把投资作为稳定经济增长的关键。优化投资结构,保持固定资产投资合理增长。中央预算内投资拟增加到4576亿元,重点投向保障性安居工程、农业、重大水利、中西部铁路、节能环保、社会事业等领域。

### (二)2014年国内煤炭行业政策前景解析

#### 1. 煤炭资源税改或将实施

2013年11月国办下发的《关于促进煤炭行业平稳运行的意见》明确提出,2013年年底前要对重点产煤省份煤炭行业收费情况进行集中清理整顿,坚决取缔各种乱收费、乱集资、乱摊派,切实减轻煤炭企业负担。在清理整顿涉煤收费基金的同时,要加快推进煤炭资源税从价计征改革。煤炭资源税由从量计征改为从价计征已经势在必行。

促进资源税改革平稳过渡是国家政策的基本方向,但早在地方两会期间,主要产煤大省都已经将煤炭资源税改写进了政府工作报告中。山西省2014年的政府工作报告中提到将积极推进煤炭清费立税和资源税从价计征改革。内蒙古今年的政府工作报告中也提出,会推进资源性产品价格改革,落实国家煤炭等资源税从价计征改革。贵州省政府工作报告中明确提出今年推动煤炭资源税从价计征。

从山西、内蒙古这两个产煤大省来看,目前吨煤附加的各种税费基金都在100元以上,如果实行煤炭资源税从价计征,吨煤附加费用可能再增加5~10元,这将进一步增加煤炭生产成本。

根据粗略统计,如果清理相关收费能够切实得到落实,2014年的煤炭资源税改革对煤炭行业来说影响不会太大。但是,投资对经济增长的贡献恐怕会下降,受此影响,煤炭等产业的产能过剩会更加严重,煤炭企业将面临更加艰难的处境。

因此,国家可能会在清理收费基金的同时推进资源税改。

2. 商品煤质量国家标准或将出台

2013年5月,有关部门曾拿出《商品煤质量管理暂行办法(征求意见稿)》公开征求意见,但由于存在限制煤炭进口之嫌,遭到用煤企业和贸易商激烈反对,最终不了了之。目前,中国煤炭工业协会正在研究《中国商品煤质量评价指南》,在2014年可能还会有相应的限制劣质煤使用的政策出台。

近年来,随着经济持续较快发展,大气环境快速恶化也引起了社会各界高度重视,而燃煤被一致认为是主要污染源之一,加强商品煤质量管理被认为是治理大气污染的重要环节和措施之一。9月份发布的《大气污染防止行动计划》提出了禁止进口高灰分、高硫分的劣质煤炭,研究出台煤炭质量管理办法。11月份发布的《关于促进煤炭行业平稳运行的意见》再次提出按照节能减排和环境保护要求,研究制定商品煤质量国家标准。而2014年两会期间,全国人大代表、陕西煤业化工集团董事长、党委书记华炜提案《关于调整煤炭进出口关税控制劣质煤进口》,根据国家标准,研究制定差别化的煤炭进口关税政策,鼓励进口优质煤炭,控制劣质煤进口;加强对进口煤炭产品的商品质量检验,禁止高灰分、高硫分、含有有害物质的劣质煤炭进口,将褐煤纳入法定检验目录。

此外,大量进口劣质煤冲击中国市场,推行商品煤质量标准势在必行。

3. 取消煤炭进出口关税

中国对煤炭出口仍执行暂定税率,对烟煤、褐煤、泥煤征收10%的出口关税。制定相对较高的出口关税意在控制中国的煤炭出口,缓解前些年国内煤炭市场供应紧张的局面。而随着煤炭行情走低,控制煤炭出口的必要性已经大不如前。由于中国对煤炭出口实行配额制管理,能够受益于取消出口税率的企业有限,中国具备出口经营权的仅有神华集团、中煤集团、山煤集团、五矿集团4家企业。虽然短期内对这些企业的状况能够起到缓解作用,但在全球煤炭市场供大于求的形势下,中国重新加大对国际煤炭市场的供给将引发连锁反应,中国煤炭市场将会受到冲击。

在2000年之前，中国曾经一度是全球煤炭市场重要的供应国，进口煤炭量不足出口煤炭量的5%，中国政府也在当时鼓励煤炭出口，对煤炭出口执行出口退税政策，最高时出口退税率曾达到15%；从2002年开始，中国的煤炭进口量快速增长，显示出中国国内煤炭需求量大幅提高，因此在2004年中国出台煤炭出口配额制的相关政策，开始了对煤炭出口的控制；到2006年煤炭出口退税政策退出了历史舞台，中国结束了鼓励煤炭出口的时代。此后，中国开始对煤炭征收出口关税，并逐步上调；到2008年8月20日，中国的焦炭的出口暂定税率由25%提高到40%，炼焦煤出口暂定税率由5%提高至10%，并且对其他烟煤等征收出口暂定关税，暂定税率为10%；到了2009年，中国已经成了煤炭净进口国，2010—2013年中国煤炭进口量呈逐年上涨趋势，出口量逐年下降。

2014年两会期间提出取消煤炭出口关税，或将煤炭进出口关税调整到同一水平。在全球煤炭市场还是供大于求的情况下，中国取消出口关税后会进一步拉低国际煤炭市场的价格。由于国内仍然是中国煤炭企业的主要市场，在国内需求不足的情况下，煤炭企业只好进一步压低价格，从而形成了一个价格竞争的恶性循环，但煤炭市场低迷也会促使煤炭企业降低成本。

### （三）2014年国内煤炭运输状况前景展望

#### 1. 铁路方面

2014年，中国铁路总公司成立后的第一次工作会议指出，国家铁路将安排固定资产投资6300亿元，投产新线6600公里以上，并且要以中西部地区铁路建设为重点。

从近年铁路投资实际完成情况看，实际兑现额度往往超过规划，预计2014年铁路固定资产实际投资有望突破7000亿元。整体看，未来较长一段时间内，国内铁路固定投资仍将稳定增长。

铁路总公司数据显示，2013年中国铁路营运里程突破10万公里，其中高铁运营里程突破1万公里。旅客发送量突破20亿人、高峰日突破1000万人。2014年，国家铁路预期完成旅客发送量22.7亿人，货物发送量32.8亿吨，同比分别增长 10%、2%。

2014 年全路以中西部地区铁路建设为重点，确保年内开工建设 44 个新项目，开工的项目包括京沈高铁、蒙西到华中煤运通道、京张铁路等重大铁路项目。2013 年，宁杭、杭甬、津秦、厦深、西宝高铁等重点项目建成投产，渝黔、呼张、九景衢铁路等 49 个项目全面开工建设，完成固定资产投资 6638 亿元，投产新线 5586 公里。2014 年的固定投资量相比 2013 年减少了 338 亿元，要完成的投产新线却增加了 1014 公里。

2014 年，中国煤炭铁路运能主要集中在兰新线和宁西线运能的释放。2013 年兰新线电气化改造完成后，货运能力从 7000 万吨增长到 14000 万吨，增长了 1 倍，随着 2014 年兰新第二双线的建成，兰新线将成为货运专线，货运能力逐渐释放，预计货运能力达 1.8 亿吨，新疆煤炭外运能力将从现在的 3000 万吨增加到 5000 万吨，大大提升新疆煤炭产能的释放；宁西复线预计 2014 年建成开通，运能增加 4000 万吨，届时陕西运往中南地区的运力进一步加强，宁西复线对陕西煤炭外运的贡献在 500 万吨左右。

2. 公路方面

根据《国家新型城镇化规划（2014—2020 年）》，中国未来几年要强化综合交通运输网络支撑，加强铁路、公路等建设。规划中提到“两横三纵”城镇化战略格局，为支撑这一布局，未来加强东中部城市群对外交通骨干网络薄弱环节建设，加快西部城市群对外交通骨干网络建设，形成以铁路、高速公路为骨干，以普通国省道为基础，与民航、水路和管道共同组成的连接东西、纵贯南北的综合交通运输网络。普通国道规划总计 26.5 万公里，其中利用原国道 10.4 万公里、原省道 12.4 万公里、原县乡道 2.9 万公里，合计占规划里程的 97%，其余 3%约 0.8 万公里需要新建；目前达到二级及以上技术标准的普通国道路线约占 60%，按照未来基本达到二级及以上标准测算，共约 10 万公里需要升级改造。国家高速公路规划总计 11.8 万公里，目前已建成 7.1 万公里，在建约 2.2 万公里，待建约 2.5 万公里，分别占 60%、19%和21%。

3. 水运港口方面

“十二五”期间，受煤炭产消布局和铁路煤运布局变化的影响，中国水路煤运布局将发生重大变化。随着沿海地区消费增长速度放缓和铁路南北向运力增强，多年来快速增长的北方沿海港口煤炭下水量将趋于平稳；在沿海电厂掺烧蒙东褐煤具有良好效益的驱动下，辽宁沿海港口煤炭下水量将迅速增加；在煤炭进口量保持较高水平的情况下，沿海煤运船舶部分运力将转向远洋；铁路南北向煤炭运量大幅度增加后，为内河煤运提供了机遇，内陆地区铁水联运将进一步增强。

根据《"十二五"综合交通运输体系规划》，中国沿海港口交通网络重点工程有建设锦州、唐山、黄骅、天津等港口煤炭装船码头工程及华东、华南地区煤炭中转储运基地。建设大连、日照、宁波—舟山、湛江等港口大型原油接卸码头工程，结合石油石化企业扩能与布局、原油管道建设及油品储备需要，配套建设接卸和转运码头。建设唐山、青岛、日照、宁波—舟山等港口大型铁矿石接卸码头工程，结合沿海大型钢铁基地布局和铁路新通道，配套建设铁矿石码头。建设天津、上海、宁波—舟山、广州、深圳等干线港及支线港集装箱码头工程。

神华黄骅港四期工程建成后，有 5460 万吨年通过能力，5 万吨级泊位 1 个，1 个 10 万吨级、2 个 7 万吨级、1 个 3.5 万吨级煤炭泊位，11 台套大型装卸设备，堆场区采用组合方案，单仓仓容 3 万吨的储煤筒仓 24 个，露天堆场面积 39 万平方米。

华能海门煤炭中转基地建成后，将有 7 万吨级 2 号煤码头，10 吨级卸煤码头，配套建设 10 万吨级航道，以及煤炭中转堆场、皮带廊道及转运站等陆上装卸转运设施。华能海门煤炭中转基地的煤炭堆场已经基本建成，面积达到 11.2 万平方米，最多可以堆放 66 万吨的煤炭。

华能集团二期工程包括省级建设 15 万吨级煤码头和港池航道，一个 5 万吨级煤码头，使中转基地年中转量达到 2270 万吨，届时基地除满足华能海门电厂 6 台百万千瓦机组每年 1200 万吨发电用煤需求外，每年还有约 1000 万吨的煤炭接卸转运能力，并通过疏港铁路、疏港公路及海运方式中转，满足粤东内陆腹地的梅州及江西等地的煤炭中转运输需求。

珠海秦发码头工程建成后将有 1500 万吨通过能力，承接大船转运及水水中转至西江流域腹地，10万吨级泊位1个（水工结构按靠泊15万吨级散货船设计），3000吨级泊位3个，2000吨级泊位1个。码头岸线长709米，陆域纵深480米，堆场面积为24.7万平方米。

大型港口码头的建成，将会增强中国煤炭运输中转能力，煤炭运输瓶颈将会进一步释放。

4. 煤炭运输费用方面

根据国家发展改革委发布的《关于调整铁路货物运价有关问题的通知》，自2014年2月15日起，调整铁路货物运价，铁路货物运价由政府定价改为政府指导价。此次全国铁路货物运价调整，货物平均运价水平每吨公里提高人民币1.5分。

这之前铁路货运最近的一次提价是2013年2月，当时全国铁路货物运价从每吨公里11.51分钱提高到13.01分钱。因此，今年这一轮调整，提价幅度为11.5%。自2005年以来，中国的铁路运输基本上每年均会提价，但涨幅较为温和。目前铁路总收入2/3来自货运，即便是动车组大量开行以来，铁路以货运收益补贴客运的状况也没有改变。因此，货运提价将显著改善铁路高投资超常规建设带来的还本付息压力，并增强铁路融资能力。按照国家铁路货运总周转量约2.7万亿吨公里计算，这次提价带来的总收益超过400亿元。

铁路货运价格连续上调，一个重要原因是铁路运营成本上涨。目前国内公路运价在0.2～0.5元之间浮动，总体是铁路货运价格的两三倍。与公路运价相比，铁路运价相对较低。

### （四）2014年国内煤炭市场价格行情走势预测

受国际经济弱势运行，国内经济增速平稳回落以及煤炭市场下行等因素的影响，2014年煤炭市场仍然呈现供过于求的态势。2014年上半年供需总量宽松，结构性过剩，下半年供给或将趋于总体平衡，煤炭价格仍然面临较大的下行压力，煤炭价格仍将继续下跌。

2014年国内煤炭需求不会出现大幅增加，国际煤炭需求要好于2013

年，进口煤炭增幅微弱放缓基本可以肯定。国内小型煤炭企业的产量不会有太大增幅，大型企业煤炭产量随时有增加的可能。虽然煤炭新的市场化交易方式正在提速，但煤炭市场仍将以传统交易为主。随着国际经济的逐步复苏以及新一轮煤炭企业的兼并重组，政府对未来煤炭产能扩张的有效控制，对改善目前煤炭供应宽松的形势有一定作用。同时，结合中国煤炭消耗和港口库存情况，2014 年中国煤炭价格将继续下滑，其中动力煤及冶金煤价格较 2013 年有大幅下跌的趋势，化工煤亦难有重大利好。

### （五）2014 年国内新能源及煤化工产业对煤炭市场的影响分析

#### 1. 2014 年中国新能源对煤炭市场的影响分析

受节能减排以及环保要求日趋严格等因素的影响，非石化能源消费比重上升。2013 年中国能源消费结构有所优化。根据国家能源局初步统计显示，煤炭消费占一次能源消费的比重为 65.7%，同比下降 0.9 个百分点；石油占一次能源消费的比重为 18.6%，同比下降 0.3 个百分点；天然气占一次能源消费的比重为 5.9%，同比增长 0.4 个百分点；非化石能源消费占一次能源消费的比重由 2012 年的 9.1%提高到 2013 年的 9.8%，如图 1-1 所示。

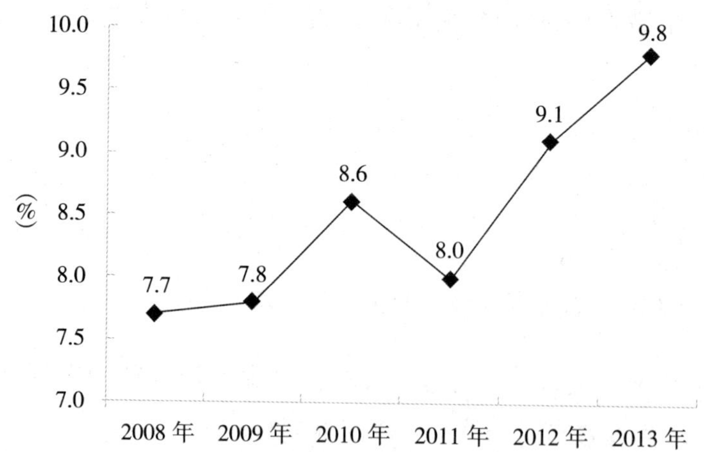


**图 1-1　2008—2013 年非石化能源发电在中国能源消费中的比例**

数据来源：国家能源局

尽管煤炭消费占一次能源消费的比重下降，但其仍然是一次能源消费的主体，非石化能源仅仅是石化能源的补充。受新能源技术发展、电力成本高等因素的制约，煤炭在今后相当长一段时间内仍将是中国的主要能源。

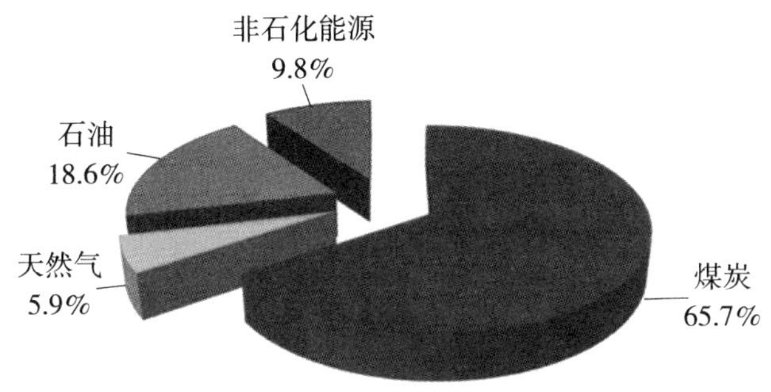


**图1-2　2013年中国能源消费结构**

数据来源：国家能源局

2013年，新能源及可再生能源发电装机容量比例上升。根据中电联快报统计，2013年全国发电装机实现平稳较快发展，全年新增发电装机9400万千瓦。其中：水电新增2993万千瓦，火电3650万千瓦，核电221万千瓦，并网风电1406万千瓦，并网太阳能发电1130万千瓦。截至2013年末，全国发电装机总量达124738万千瓦，同比增长9.3%。其中：水电装机28002万千瓦，同比增长12.3%；火电86238万千瓦，同比增长5.7%；核电1461万千瓦，同比增长16.2%；风电7548万千瓦，同比增长24.5%；太阳能发电装机容量1479万千瓦，增长3.4倍。新能源和可再生能源发电装机占比31.6%，同比提高2.4个百分点，如表1-3所示。

**表1-3　2013年中国发电装机容量占比情况**

| 指标 | 水电 | 火电 | 核电 | 风电 | 太阳能及其他 | 合计 |
|---|---|---|---|---|---|---|
| 装机容量（万千瓦） | 28002 | 86238 | 1461 | 7548 | 1489 | 124738 |
| 增幅（%） | 12.3 | 5.7 | 16.2 | 24.5 | 333 | 9.3 |
| 占总装机容量比例（%） | 22.4 | 69.1 | 1.2 | 6.1 | 1.2 | 100.0 |

数据来源：中电联规划与统计信息部

2013年发电量53450亿千瓦时，同比增长7.5%，其中火力发电量42153亿千瓦时，同比增长6.9%；水力发电量7891亿千瓦时，同比增长7.2%；核电发电量1107亿千瓦时，同比增长14.0%；风电发电量1401亿千瓦时，同比增长36.3%；火电、水电、风电、核电分别占总发电量的78.9%、14.8%、2.6%、2.1%，如表1–4所示。

**表1–4 .2013年中国发电量情况**

| 指标 | 水电 | 火电 | 核电 | 风电 | 太阳能及其他 | 合计 |
|---|---|---|---|---|---|---|
| 发电量(亿千瓦) | 7891 | 42153 | 1107 | 1401 | 898 | 53450 |
| 增幅(%) | 7.2 | 6.9 | 14.0 | 36.3 | — | 7.5 |
| 占总发电量比例(%) | 14.8 | 78.9 | 2.1 | 2.6 | 1.7 | 100.0 |

数据来源：中电联规划与统计信息部

根据电力行业“十二五”规划，电力行业发展的基本格局是优先开发水电，优化发展煤电，大力发展核电，积极推进新能源发电，适度发展天然气集中发电，因地制宜发展分布式发电。煤炭发电量的比重每五年下降4～5个百分点，而风电、太阳能等清洁能源在2020年之后将迎来大发展。

“十二五”期间，水电开发的基调是继续加快开发长江上游、乌江、南盘江红水河、黄河中下游及北干流、湘西、闽浙赣和东北7个水电基地，重点开发金沙江、雅砻江、大渡河、澜沧江、怒江、黄河上游干流等6个分布在西部地区的水电基地，推进雅鲁藏布江等西藏流域开发，同时开发缅甸水电，向中国输电。根据规划，2015年中国常规水电装机预计2.84亿千瓦左右，2020年中国水电装机预计达3.3亿千瓦，抽水蓄能电站规划装机容量4100万千瓦，2020年达6000万千瓦。

“十二五”期间，国家对环渤海、长江三角洲、珠江三角洲和东北的部分地区，严格控制煤电发展，煤电开发不断向中西部移动，将会重点开发山西、陕北、宁东、准格尔、鄂尔多斯、锡盟、呼盟、霍林河、宝清、哈密、准东、伊犁、淮南、彬长、陇东、贵州等大型煤电基地，大型煤电基地成为电力主要来源。全国规划煤电开工规模3亿千瓦，2015年煤电装机预计达9.33亿千瓦。

到2015年中国在辽宁、山东、江苏、浙江、福建、广东、广西、海南等沿海省区加快发展核电，形成“东中部核电带”，同时稳步推进江西、湖南、湖北、安徽、吉林等中部省份内陆核电项目。“十二五”期末，中国核电装机容量约 4294 万千瓦，2020 年核电规划装机容量 9000 万千瓦。

中国风电开发的重点在西北、华北北部和东北地区的规划，建设大型和特大型风电场，研究大型风电基地风能资源特点，以及结合电力市场、区域电网和电力外送条件，积极有序推进河北、蒙东、蒙西、吉林、甘肃、山东、江苏、新疆和黑龙江等大型风电基地建设。预计到 2015 年，上述大型风电基地装机容量总计或达到 7900 万千瓦以上，海上风电装机容量或达 500 万千瓦，投入运行的风电装机容量或达 1 亿千瓦，年发电量或达到 1900 亿千瓦时，风电发电量在全部发电量中的比重或将超过 3%。到 2020 年，风电总装机容量或将超过 2 亿千瓦，其中海上风电装机容量或达到 3000 万千瓦，风电年发电量或达到 3900 亿千瓦时，力争风电发电量在全国发电量中的比重超过 5%。同时，将加快风能资源较丰富内陆地区的风能资源，包括山西省的朔州、大同、运城和忻州地区，辽宁省的阜新、锦州、沈阳、营口地区，宁夏的吴忠、银川和中卫地区。在河南、江西、湖南、湖北、安徽、云南、四川、贵州以及其他内陆省份，因地制宜开发建设中小型风电项目，扩大风能资源的开发利用范围。

“十二五”期间，中国将在甘肃敦煌、青海柴达木盆地和西藏拉萨建设大型并网型太阳能光伏电站示范项目，在内蒙古、甘肃、青海、新疆等地选择荒漠、戈壁、荒滩等空闲土地，建设太阳能热发电示范项目。到 2015 年太阳能发电规划容量 200 万千瓦，到 2020 年太阳能发电规划将跃升至 2000 万千瓦。

天然气发电主要解决核电、风电、水电季节性电能对电网的压力，2020 年天然气发电装机容量为 4000 万千瓦。

在电网延伸不经济的地区，发挥当地资源优势，在小水电资源丰富地区，优先开发建设小水电站，根据风、光和地热资源发展小型风力发电、太阳能发电和地热发电。

受制于环境保护及节能减排等，2014 年中国将调整能源消费结构。2014

年2月，国家能源局召开落实大气污染防治有关工作专题会议，明确国家能源局大气污染防治重点工作时限及责任，部署国家能源局大气污染防治重点工作。2014年非化石能源消费比重将进一步优化至10.7%，非化石能源发电装机比重达到32.7%，天然气消费比重提高到6.1%，煤炭消费比重下降到65%以下。2014年新增火电装机将进一步减少，在3000万千瓦左右。新增煤电将主要集中在9大煤电基地。

光伏发电将继续爆发式增长。在2013年新增光伏装机达千万千瓦规模的基础上，2014年中国规划新增1400万千瓦光伏发电，其中分布式光伏发电占到60%，增长80%左右。到2014年底，中国光伏发电装机将有望超过3000万千瓦，从装机容量上超过核电和生物质能发电，位居火电、水电和风电之后。

核电将迎来投产高峰。2014年预计新增容量超过500万千瓦，超过2013年新增容量的2倍，核电总装机容量有望突破2000万千瓦，增长35%左右。

风电继续保持有序发展。2014年中国将新增风电装机1800万千瓦左右，增长25%左右，并网风电装机容量将超过9000万千瓦。更有预测认为，2014年并网风电有望一举突破1亿千瓦，提前1年实现“十二五”规划目标，成为继煤电和水电之后第三个进入“亿千瓦俱乐部”的成员。

中国继续积极开发水电。但在2013年3000万千瓦的投产高峰后，2014年新增容量将有所回落，预计将投产2000万千瓦左右。2014年中国水电总装机将突破3亿千瓦，提前1年多实现“十二五”规划目标。

中国还积极开发利用生物质能和地热能。《“十二五”国家战略性新兴产业发展规划》提出，“十二五”期间，中国生物质能发电装机容量规模确定在1300万千瓦。其中，农林生物质发电占80万千瓦、沼气发电占200万千瓦、垃圾焚烧发电占300万千瓦。“十二五”末将增加500至700个生物质能发电厂。而2014年生物质能发电装机规模有望突破1000万千瓦。

中国地热资源是以中低温为主，全国地热资源潜力接近全球的8%。中国深度2000米以内的地热资源所含的热能相当于2500万亿吨标煤，可以开发约500亿吨。预计到2015年全国地热能利用总量相当于6880万吨标准煤,届时占我国能源消耗总量的1.7%。

2. 2014年中国煤化工对煤炭市场的影响分析

煤化工是近年来产业投资的热点，以神华集团开展的煤制油和煤制气项目为首,国内多家企业包括国有和民营企业都涉足这一领域,规划投资额高达数千亿元。而此前,按照国家发改委的态度,是严格控制相关煤化工项目建设的。

《煤炭工业“十二五”规划》提出,在内蒙古、陕西、山西、云南、贵州、新疆等地选择煤种适宜、水资源相对丰富的地区，重点支持大型企业开展煤制油、煤制天然气、煤制烯烃、煤制乙二醇等升级示范工程建设,加快先进技术产业化应用。

中国在“十二五”时期要搞现代煤化工升级示范工程,首先是选择能源转换效率更高的项目;其次是地域的选择,煤炭调度省不考虑安排,没有水的地方不考虑安排,环境容量不够的地方也不考虑安排;最后是搞现代煤化工一定要有一条长的产业链,能把煤里面凡是有用的东西都能拿出来,要发展循环经济,延长产业链,带动地方就业,带动地方经济社会发展。

目前,以煤制甲醇、煤制油、煤制烯烃、煤制乙二醇、煤制天然气为代表的现代煤化工产业示范工程已在中国取得重大进展。目前已经建成投产世界首套百万吨级煤直接液化装置,3套16万吨级煤间接液化装置、3套大型煤制烯烃装置、1套20万吨级煤制乙二醇装置,2个40亿立方米/年煤制天然气项目的一期工程也已经建成投产，煤制甲醇能力达到5000余万吨/年(含联醇)。从2012年的发展情况看,除煤制甲醇由于下游产品发展不平衡保本或微利外,其他项目只要实现长周期运行,经济效益都比较好,和油气化工相比,部分产品还具有一定的比较优势。

中国现代煤化工是煤炭企业延伸产业链条,调整产业结构,提升产品附加值的必然选择。科学发展现代煤化工,推动煤炭由燃料向原料与燃料并重转变,替代和置换部分石油和天然气资源,对于加快煤炭结构调整,转变经济发展方式,促进煤炭生产和利用方式变革,减少分散直接燃煤造成的环境污染，保障国家能源安全，都具有十分重要的意义。

由于最近两年煤炭行情低迷，诸多煤企利润缩水，为谋求新的利润增长点，煤炭企业必须尽快转变长期沿用的单一挖煤、卖煤的发展模式，促进煤炭清洁高效转化，并加快煤炭行业转型升级，提高应对市场风险的能力，因此将会加大对煤化工项目的投资。

2013 年年底，中国出台了酝酿多年的《关于促进煤炭工业现代煤化工产业科学发展的指导意见》（以下简称《指导意见》）。《指导意见》提出，要优先搞好煤化工发展的顶层设计，做好总体规划，实现统筹协调发展。

根据《指导意见》，力争到 2020 年，完成现代煤化工大规模工程化示范、技术升级示范和新技术、新产品示范，实现示范工程长周期商业化运行；2030 年前后，力争实现 10 亿吨煤炭的化工原材料转化（不含炼焦），各项技术和工艺、装备实现商业化，能效和产排污达到新水。

## 三、2013 年中国煤炭市场供需情况分析

### （一）2013 年中国煤炭产能及产量情况分析

#### 1. 2013 年中国煤炭产能分析

据统计，2013 年全国煤矿数量 1.2 万处。其中：年产 120 万吨以上的大型煤矿 850 多处，产量占全国的比重提高到 65%；年产 30 万吨以下的小型煤矿 9800 多处，产量占全国的比重下降到 16%以下。

2013 年，全国整顿关闭煤矿 770 余处，技改提升小煤矿 490 多处，兼并重组小煤矿 610 处，累计淘汰落后产能 2 亿多吨。

2013 年，全国煤炭产能约 43.19 亿吨，其中煤炭大省山西、内蒙古、陕西以及贵州产能占全国产能的 63%，产能分别为 10.74 亿吨、9.85 亿吨、4.11 亿吨和 2.31 亿吨。产能过亿吨的省市共有 11 个，占全国产能的 84%，如图 1-3 所示。

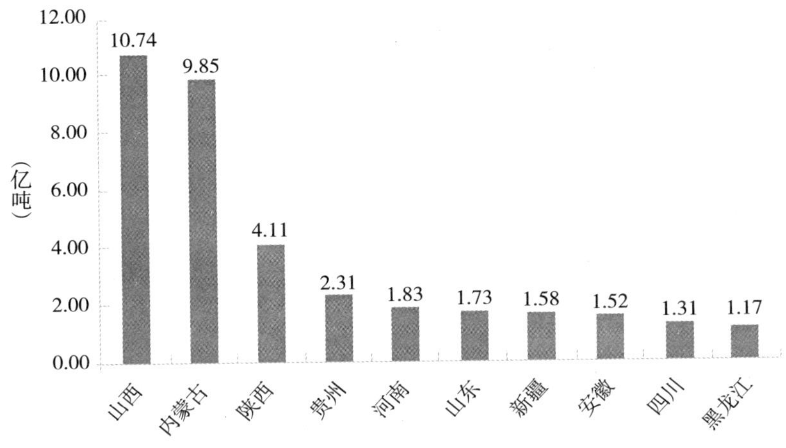


**图 1-3　2013 年中国煤炭产能上亿吨省份**

数据来源：蓝皮书编写组

2. 2013 年中国煤炭产量分析

2013 年，中国煤炭产量约 40.75 亿吨，同比下降 1.71%。内蒙古、山西和陕西位列全国原煤产量前三甲，约占全国原煤产量的 60%，分别完成原煤产量 10.30 亿吨、9.58 亿吨和 4.93 亿吨，同比分别下降 2.8%、增长 5.1%和增长 6.5%。产量过亿吨的省市共计 9 个，合计原煤产量约 33.39 亿吨，约占全国原煤产量的 82%，如图 1-4 所示。

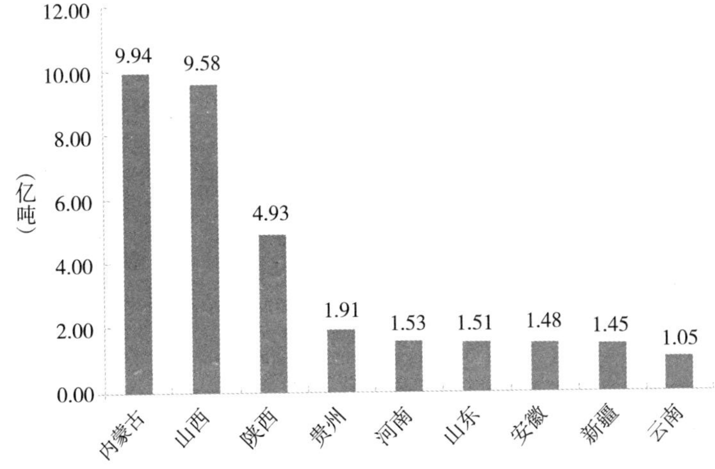


**图 1-4　2013 年中国过亿吨省市煤炭产量**

数据来源：蓝皮书编写组

## (二)2013年中国煤炭进出口情况分析

### 1. 2013年中国煤炭进口分析

近年来,国际上煤炭需求量下降以及中国煤炭价格一直表现强势,致使大量进口煤涌入中国市场。中国煤炭进口呈现数量逐年增加趋势,品种逐步优化,来源日趋广泛等特点。2008—2013年,中国煤炭进口量整体呈现上升态势。2008年由于受金融危机影响,煤炭进口量呈下降趋势,较2007年同比下降20.80%。2009年国际经济开始好转,煤炭进口量激增,同比增长211.43%。2010年开始,煤炭进口增幅逐步趋于稳定,2013年煤炭进口量达32703万吨,较2012年同比增长14.03%,刷新煤炭进口纪录,复合年均增长率50%。2008—2013年中国煤炭进口量如图1-5所示。

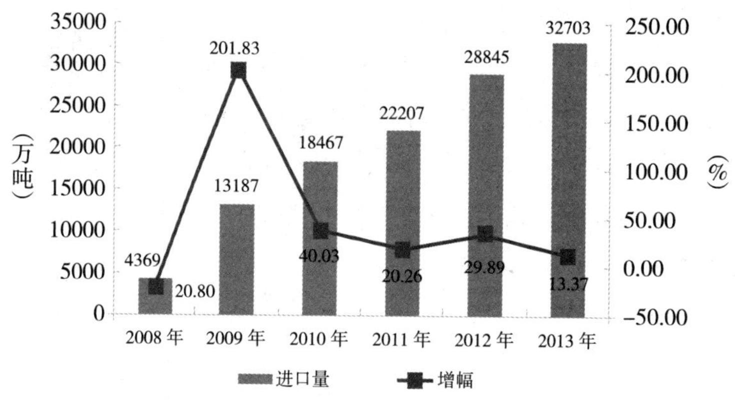


**图1-5 2008—2013年中国煤炭进口量情况**

数据来源:中国海关总署、蓝皮书编写组

2013年2月份主要受春节小长假因素的影响,中国煤炭下游市场需求减弱,进口量最低;随着春节后耗煤企业的逐步复工生产以及两会前煤炭生产停产等,煤炭需求量开始增加,进口量也随着增加,到4月份煤炭进口2868万吨;6月份国内煤价大跌,进口量减少,约为2236万吨;7月份和8月份伴随着高温天气的到来,用煤增加,进口量加大,分别为2865万吨和2596万吨;10到12月份由于受国内气候变冷以及需求转暖等因素的影响,进口量大幅增长,到12月份进口量达3545万吨。2013年各月煤炭进口量如图1-6所示。

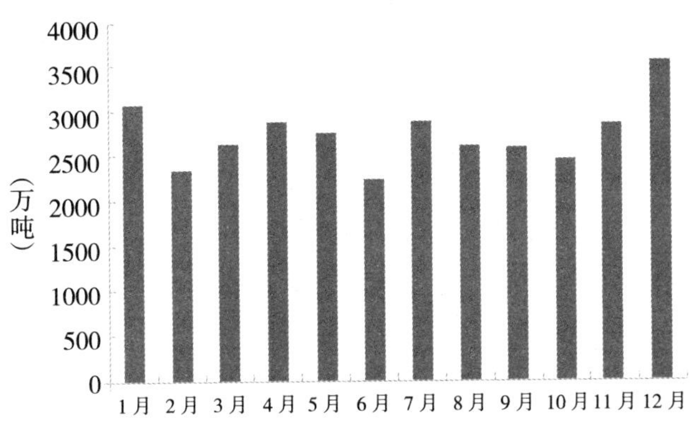


**图 1-6 2013 年各月煤炭进口量情况**

数据来源：中国海关总署、蓝皮书编写组

2013 年煤炭进口总量为 3.27 吨，进口金额约 289.90 亿美元。受国际煤炭市场疲软、国内经济平稳回落以及国内煤炭市场弱势运行等因素的影响，中国进口煤炭单价下跌至 88.65 美元 / 吨，较 2012 年下降 10.90%，如表 1-5 所示。

**表 1-5 2013 年中国煤炭分国别进口情况**

| 国别 | 金额（亿美元） | 进口量（亿吨） | 平均单价（美元 / 吨） | | |
|---|---|---|---|---|---|
| | | | 2013 年 | 2012 年 | 增幅（%） |
| 澳大利亚 | 100.75 | 0.88 | 114.24 | 129.95 | -12.09 |
| 印度尼西亚 | 82.51 | 1.26 | 65.64 | 79.13 | -17.05 |
| 俄罗斯联邦 | 27.81 | 0.27 | 101.94 | 118.81 | -14.19 |
| 加拿大 | 17.37 | 0.12 | 145.15 | 176.02 | -17.54 |
| 朝鲜 | 13.85 | 0.16 | 83.99 | 102.15 | -17.77 |
| 蒙古 | 11.90 | 0.17 | 68.02 | 76.89 | -11.54 |
| 美国 | 11.39 | 0.08 | 134.66 | 130.91 | 2.86 |
| 南非 | 10.97 | 0.13 | 86.11 | 109.73 | -21.53 |
| 越南 | 8.44 | 0.13 | 64.37 | 76.37 | -15.71 |
| 其他 | 4.91 | 0.07 | 70.14 | 70.15 | 0.00 |
| **合计** | 289.90 | 3.27 | 88.65 | 99.49 | -10.90 |

数据来源：中国海关总署、蓝皮书编写组

2013 年，中国煤炭进口来源国主要是澳大利亚、印度尼西亚、俄罗斯、蒙古国、朝鲜等国家。从这五国进口煤炭约 2.75 亿吨，占中国煤炭进口总量的 84%，如图 1-7 所示。

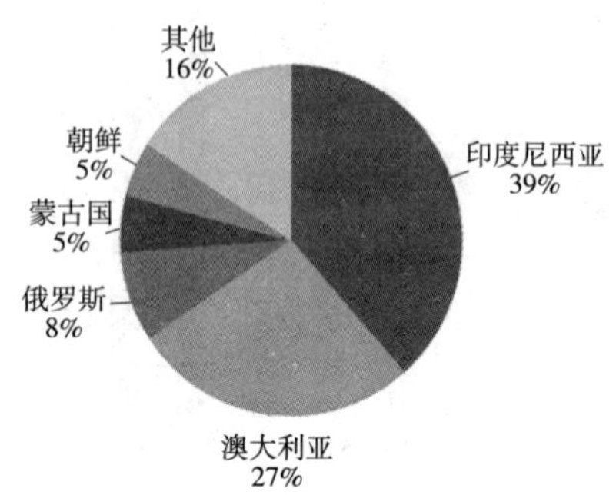


**图 1-7 2013 年中国煤炭主要进口国进口量分布**

数据来源：中国海关总署、蓝皮书编写组

2013 年，中国煤炭进口量同比增长约 0.39 亿吨，增幅为 13.37%。在主要进口国中来自澳大利亚的进口量增幅最大，同比增长约 0.29 亿吨，增幅为 48.32%；其次是印度尼西亚，同比增长 0.07 亿吨，增幅为 6.11%；增量排在第三的是俄罗斯，同比增长约 0.07 亿吨，增幅约 35.09%。越南由于需首先满足国内需求，出口量同比减少 400 万吨，从 2012 年的第五位下降到 2013 年的第六位。朝鲜出口量同比增加 500 万吨，从 2012 年的第七位上升到 2013 年的第五位，如图 1-8 所示。

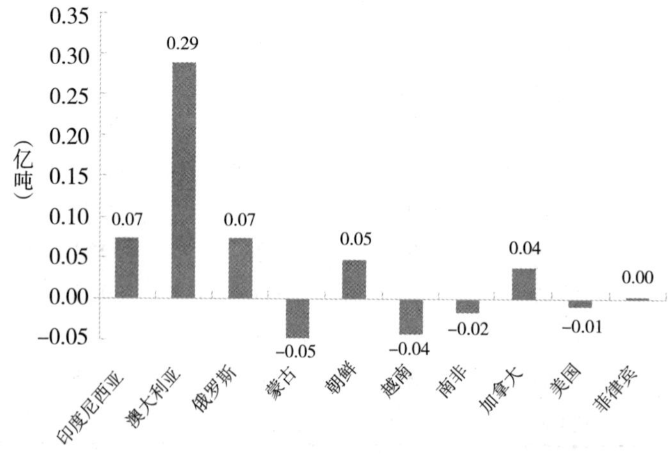


**图 1-8 2013 年主要煤炭进口国同比增量情况**

数据来源：中国海关总署、蓝皮书编写组

中国煤炭进口省份主要集中在东南沿海一带，2013 年广东、福建、广西、河北、江苏、山东、浙江 7 省共计进口煤炭 2.51 亿吨，约占煤炭进口总量的 77%，其中：广东省进口 0.58 亿吨，约占进口总量的 18%；排在第二位的是福建，约占进口总量的 12%；排在第三位的是广西，约占进口总量的 11%；河北、江苏、山东及浙江煤炭进口量分别占进口总量的 10%、9%、9%和 8%，如图 1-9 所示。

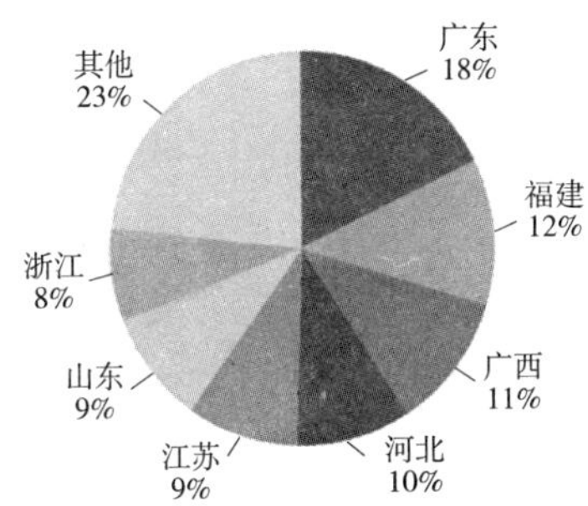


图 1-9　2013 年中国煤炭主要进口省份进口量分布

数据来源：中国海关总署、蓝皮书编写组

2. 2013 年中国煤炭出口分析

中国煤炭出口量呈逐年下降趋势，2013 年中国煤炭出口量约 735 万吨，比 2012 年减少 179 万吨，同比下降 19.54%，如图 1-10 所示。

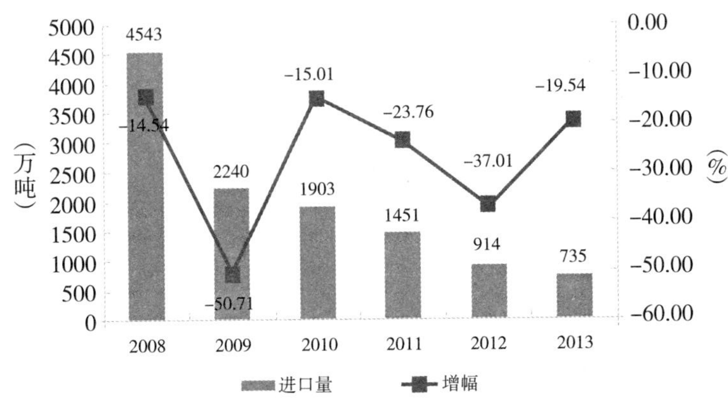


图 1-10　2008—2013 年中国煤炭出口情况

数据来源：中国海关总署、蓝皮书编写组

2013 年 7 月份中国煤炭出口量最大，达 81.48 万吨，其次是 4 月份，出口量达 80.40 万吨，10 月份煤炭出口量最少，仅为 39.22 万吨，如图 1-11 所示。

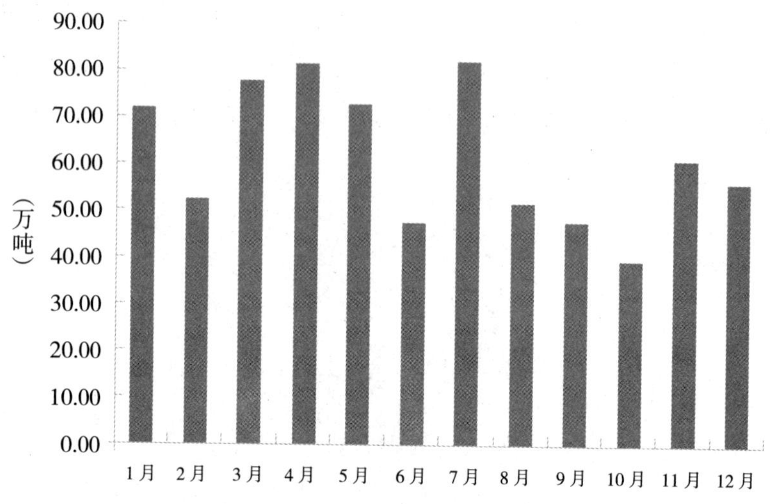


**图 1-11 2013 年各月中国煤炭出口情况**

数据来源：中国海关总署、蓝皮书编写组

2013 年中国煤炭出口主要流向日本、韩国等国家与地区，具体占比如图1-12 所示。

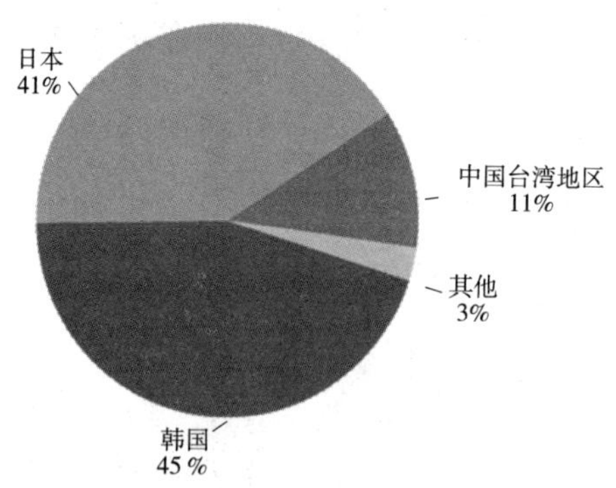


**图 1-12 2013 年中国煤炭分国别（地区）出口情况**

数据来源：中国海关总署、蓝皮书编写组

2013 年中国对日本、韩国以及中国台湾地区出口煤炭均有大幅减少，降幅最大的中国台湾地区，达 34.65%，出口量减少最多的是日本，达 97 万吨，如表1-6 所示。

**表 1-6　2013 年中国煤炭主要出口国和地区统计**

单位:万吨,%

| 国家或地区 | 2012 年 | 2013 年 | 增量 | 增幅(%) |
|---|---|---|---|---|
| 日本 | 399 | 302 | -97 | -24.31 |
| 韩国 | 366 | 330 | -36 | -9.83 |
| 中国台湾地区 | 127 | 83 | -44 | -34.65 |
| 其他 | 22 | 20 | -2 | -9.09 |
| **合计** | 914 | 736 | -178 | -19.47 |

数据来源:中国海关总署、蓝皮书编写组

2013 年中国主要出口煤炭省份为内蒙古、山西、北京、山东以及陕西,出口量约占总出口量 88%,其中内蒙古出口量最多,达 197 万吨,占总出口量的 27%,其次是山西省,出口量约 158 万吨,占总出口量的 22%,北京市、山东省以及陕西省出口量分别为 155 万吨、81 万吨和 53 万吨,分别占总出口量的 21%、11%和 7%,如图 1-13 所示。

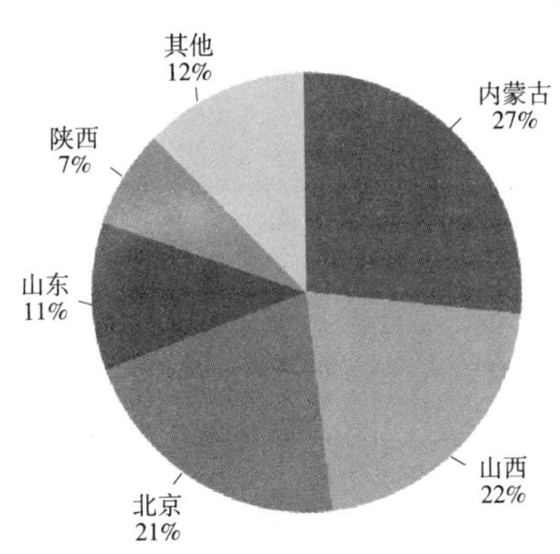


**图 1-13　2013 年中国煤炭分省市出口情况**

数据来源:中国海关总署、蓝皮书编写组

## (三)2013 年中国分行业煤炭需求分析

### 1. 电力行业煤炭需求分析

截至 2013 年 12 月底,全国全口径发电设备容量 124738 万千瓦,同比增长 9.2%。火电装机容量 86238 万千瓦，同比增加 5.7%。

2013 年，全国发电设备累计平均利用小时为 4511 小时，同比减少 68 小时。火电设备平均利用小时为 5012 小时，增加 30 小时。

2013 年中国全年发电量 53450 亿千瓦时，同比增长 7.5%，其中火力发电量 42153 亿千瓦时，同比增长 6.9%，占全年发电量的 78.9%。

在优化发展煤电，大力发展核电，积极推进新能源发电的电力布局下，尽管新能源应用技术不断发展，但成本较高，目前火力发电量仍是全部发电量的主体。2013 年电力行业耗煤约 20.59 亿吨，同比增长 8.44%，如表1–7 所示。

**表 1–7　2008—2013 年中国电力行业煤炭需求量**

| 指标 | 2008 年 | 2009 年 | 2010 年 | 2011 年 | 2012 年 | 2013 年 |
|---|---|---|---|---|---|---|
| 火电装机容量（万千瓦） | 60286 | 65108 | 70967 | 76546 | 81917 | 86238 |
| 火力发电量（亿千瓦时） | 27857 | 29814 | 32958 | 38137 | 39108 | 42153 |
| 每度电耗标煤量（克） | 349 | 340 | 335 | 330 | 326 | 321 |
| 电力行业耗煤量（亿吨） | 12.84 | 14.19 | 15.77 | 17.98 | 18.99 | 20.59 |

数据来源：国家统计局、蓝皮书编写组

2. 冶金行业煤炭需求分析

随着中国经济的发展，钢铁行业不论在产量还是质量均取得巨大成果，粗钢产量从 2008 年的 4.89 亿吨增长到 2013 年 7.79 亿吨，复合年均增长率为 9.8%。然而，如今钢铁行业正面临一些不利因素的制约，一是中国经济的潜在增速下降，这将直接影响钢材的下游需求；二是近年来，中国雾霾现象较为严重，鉴于大气污染防治的要求，从而钢铁、水泥、玻璃等行业的发展将明显受到抑制；三是产能严重过剩，转型迫在眉睫。

2013 年全国粗钢产量 7.79 亿吨，同比增长 8.8%，生铁产量 7.09 亿吨，同比增长 7.8%。受粗钢、生铁产量持续增加的影响，中国焦炭需求量从 2008 年的 2.64 亿吨增加到 3.97 亿吨。炼焦综合成焦率按 1.34 测算，原煤回收率按 55%测算，2013 年炼焦精煤和炼焦煤的需求量分别为 5.32 亿吨和 9.67 亿吨，冶金行业煤炭需求量共计 11.09 亿吨，如表 1–8 所示。

表 1-8 2008—2013年中国冶金行业煤炭需求量

单位:亿吨

| 指标 | 2008 年 | 2009 年 | 2010 年 | 2011 年 | 2012 年 | 2013 年 |
|---|---|---|---|---|---|---|
| 粗钢产量 | 4.89 | 5.00 | 6.27 | 6.83 | 7.16 | 7.79 |
| 生铁产量 | 4.71 | 5.44 | 5.90 | 6.30 | 6.58 | 7.09 |
| 动力煤消耗量 | 0.94 | 1.09 | 1.18 | 1.27 | 1.33 | 1.42 |
| 焦炭消耗量 | 2.64 | 3.05 | 3.30 | 3.53 | 3.68 | 3.97 |
| 炼焦精煤消耗量 | 3.53 | 4.08 | 4.43 | 4.73 | 4.94 | 5.32 |
| 炼焦原煤消耗量 | 6.43 | 7.42 | 8.05 | 8.60 | 8.98 | 9.67 |
| 冶金行业耗煤量 | 7.37 | 8.51 | 9.23 | 9.87 | 10.31 | 11.09 |

数据来源:国家统计局、蓝皮书编写组

3. 建材行业煤炭需求分析

中国建材行业近几年发展迅速,其中以水泥产量为代表,呈逐年上升趋势。2008–2013 年水泥产量呈逐年上升趋势。2008 年,由于受国家宏观调控和世界金融危机影响,水泥产量增幅不大。2009 年随着国家 4 万亿扩张性财政政策的实施,国内基础设施建设和房地产行业投资快速增长,水泥产量大幅增加 2.41 亿吨,增幅高达 17.36%。2010 年受国家房地产调控政策的影响,房地产行业投资增速有所回落,水泥产量增长速度同比有所下滑。2011 年全国水泥产量达到 20.63 亿吨,同比增长 10.68%。2012 年受宏观经济增速放缓及房地产调控政策的影响,全年水泥产量 21.8 亿吨,同比增长 5.9%,增速较上年回落 4.8 个百分点。2013 年,随着基建投资快速回升、农村需求增长明显及房地产投资平稳增长,水泥产量保持了约 9%的平均同比增速,2013 年水泥产量达 24.14 亿吨,复合年均增长率为 11.7%。

随着城市化进程的加快, 中国住宅建筑和基础设施对水泥用量不断增加,虽然有些建材厂用新的燃料(煤气、石油)、新的工艺和节能措施,降低了单位能耗,但建材用煤仍然保持增长。2013 年,中国建材行业消耗煤炭 7.41 亿吨,同比增长 10.6%,增速较 2012 年提升 0.8 个百分点,如表 1-9 所示。

表 1-9 2008—2013 年中国建材行业煤炭耗煤量

单位:亿吨

| 指标 | 2008 年 | 2009 年 | 2010 年 | 2011 年 | 2012 年 | 2013 年 |
|---|---|---|---|---|---|---|
| 水泥产量 | 13.88 | 16.29 | 18.64 | 20.63 | 21.84 | 24.14 |
| 建材行业耗煤量 | 4.10 | 4.82 | 5.51 | 6.10 | 6.70 | 7.41 |

数据来源:国家统计局、蓝皮书编写组

4. 化工行业煤炭需求分析

化工行业是中国主要耗煤产业之一。煤炭作为生产化工产品的原料,主要用于生产合成氨和甲醇。

在一系列惠农政策以及粮食保护性收购的鼓励政策下,以及对粮食的需求量增加,中国粮食产量从 2010 年的 54640 万吨增加到 2013 年的 60194 万吨,突破了 6 亿吨大关。粮食产量的增长推动了以合成氨为原料的化肥需求量逐年增加,2013 年合成氨产量达 5745 万吨。

煤化工的另一重要领域则是甲醇行业。中国城镇化进程的加快推动的房地产等相关行业的迅速发展,在甲醇下游需求保持增长的态势下,甲醇产量从 2008—2013 年一直保持增长态势,2013 年甲醇产量达 2879 万吨。

化工行业对煤炭的需求也保持着增长趋势,2013 年达 1.64 亿吨, 同比增长 6.5%。化工行业煤炭需求情况如表 1-10 所示。

表 1-10 2008—2013 年中国化工行业煤炭消费量

| 指标 | 2008 年 | 2009 年 | 2010 年 | 2011 年 | 2012 年 | 2013 年 |
|---|---|---|---|---|---|---|
| 甲醇产量(万吨) | 1126 | 1133 | 1574 | 2227 | 2640 | 2879 |
| 甲醇耗煤量(亿吨) | 0.28 | 0.29 | 0.40 | 0.56 | 0.67 | 0.73 |
| 合成氨产量(万吨) | 4995 | 5136 | 4963 | 5069 | 5459 | 5745 |
| 合成氨耗煤量(亿吨) | 0.80 | 0.83 | 0.82 | 0.81 | 0.87 | 0.92 |
| 化工行业耗煤量(亿吨) | 1.08 | 1.12 | 1.22 | 1.37 | 1.54 | 1.64 |

数据来源:国家统计局、蓝皮书编写组

5. 其他行业煤炭需求分析

其他行业煤炭需求主要是对动力煤的需求,需求主要来自民用、热力、煤制乙烯、煤制油以及煤制天然气等。随着农村城镇化建设的推进，民用动力煤消耗量呈下降趋势，但随着新型煤化工在近年来的快速发展，煤化工动力煤消耗量在逐年增加。

2008—2013 年其他行业煤炭消耗量波动下降，受金融危机影响，2008 年其他行业煤炭消耗量约 2.73 亿吨；2009 年到 2010 年，国家经济高速发展，煤化工等行业的发展，煤炭消耗量从 3.16 亿吨增长 3.24 亿吨；2011 年开始，中国经济增速放缓及受节能减排、清洁能源的推广运用等影响，其他行业煤炭消耗量从 3.2 亿吨降至 2013 年 2.58 亿吨。

**表 1-11　2008—2013 年中国其他行业煤炭消耗量**

| 消耗量 | 2008 年 | 2009 年 | 2010 年 | 2011 年 | 2012 年 | 2013 年 |
|---|---|---|---|---|---|---|
| 其他行业煤炭消耗量(亿吨) | 2.73 | 3.16 | 3.24 | 3.20 | 3.18 | 2.58 |

数据来源：国家统计局、蓝皮书编写组

6. 2013 年中国煤炭需求情况

对煤炭的需求来自电力行业、冶金行业、建材行业、化工行业以及其他行业，共计煤炭需求约 43.31 亿吨，其中来自电力行业的需求最大，约占总需求量的 47%，其次是冶金行业，约占总需求量的 26%，排在第三位的是建材行业，约占总需求量的 17%，如图 1-14 所示。

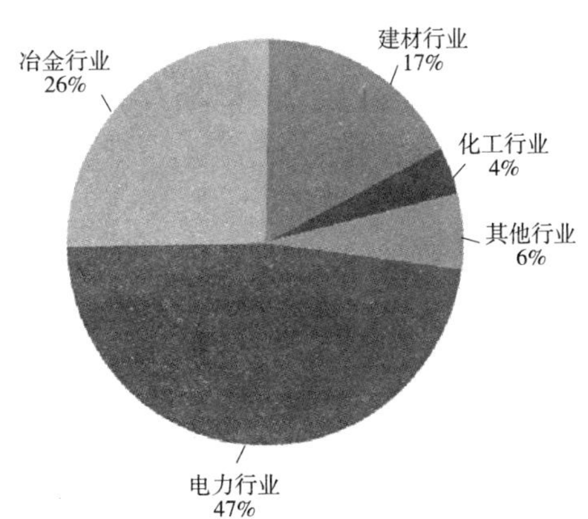


**图 1-14　2013 年中国煤炭分行业需求占比**

数据来源：蓝皮书编写组

7. 2013 年中国煤炭供需对比

2013 年，受国际经济持续低迷、国内经济增速回落、煤炭产能的快速释放以及进口煤大量涌入中国市场等因素的影响，煤炭行业整体弱势运行。

供应方面，2013 年中国原煤产量完成 40.75 亿吨，同比下降 1.71%。大量低价进口煤冲击着中国市场，2013 年累计净进口量约 3.20 亿吨，同比增长 14.5%。全国煤炭供应总量约 43.95 亿吨。

需求方面，煤炭市场需求疲软，煤炭市场整体呈供过于求的态势。受国家经济结构调整的影响，中国经济增速放缓，同时，随着节能减排和环保要求日趋严格，下游耗煤企业对煤炭的需求曾放缓，煤炭需求量约 43.31 亿吨。

2013 年中国煤炭市场供应大于需求，供需差额约 0.64 亿吨，如表1-12所示。

表 1-12 2013 年中国煤炭供需对比

单位：亿吨

| 需求 | | | | | 供应 | | 供需差 |
|---|---|---|---|---|---|---|---|
| 43.31 | | | | | 43.95 | | 0.64 |
| 电力行业 | 冶金行业 | 建材行业 | 化工行业 | 其他行业 | 产量 | 净进口量 | |
| 20.59 | 11.09 | 7.41 | 1.64 | 2.58 | 40.75 | 3.20 | |

数据来源：蓝皮书编写组

## 四、2013 年中国煤炭行业运行状况及绩效分析

### （一）2013 年国际国内宏观经济综述

2013 年，全球工业生产和贸易疲弱，价格水平回落，国际金融市场持续波动，世界经济增速继续小幅回落。其中，发达国家增长动力略有增强，发展中国家困难增多。而中国经济受国际环境的影响，经济增速放缓，煤炭市场弱势运行，煤炭需求受到抑制。

1. 2013 年国际宏观经济

2013 年国际经济增速放缓。据国际货币基金组织 2014 年 1 月份估计，

按照购买力平价法GDP汇总,2013年全球经济增长3.0%，比上年放缓0.1个百分点;据世界银行2014年1月份估计,按汇率法GDP汇总,2013年全球经济增长2.4%,比上年放缓0.1个百分点。2013年,美国经济增长1.9%,比上年放缓0.9个百分点;日本经济增长1.6%,比上年加快0.2个百分点。英国共识公司2014年1月份预计,2013年欧元区经济下降0.4%,降幅比上年扩大0.2个百分点;俄罗斯、印度和南非经济增长1.6%、4.7%和1.9%,增速分别比上年放缓1.9、0.3和0.6个百分点;巴西经济增长2.4%,比上年加快1.4个百分点。

世界工业生产低速增长。2013年,世界工业生产增长2.7%,增速比上年放缓0.6个百分点,其中发达国家增速放缓1个百分点,发展中国家增速放缓0.1个百分点。

全球价格水平走低,但发展中国家通胀压力加大。2013年,世界消费价格（CPI）上涨3.2%，涨幅比上年回落0.1个百分点；发达国家CPI上涨1.6%,涨幅回落0.4个百分点;发展中国家CPI上涨5.8%,涨幅扩大0.5个百分点。印度、印度尼西亚、巴西和俄罗斯CPI分别上涨10.1%、7.0%、6.2%和6.8%,涨幅比上年扩大0.3、2.7、0.4和1.7个百分点。

世界贸易持续低迷。据国际货币基金组织最新估计,包括货物和服务在内,2013年世界贸易量增长2.7%,增速与上年持平。其中发达国家进口量增长1.4%,比上年加快0.4个百分点;发展中国家进口量增长5.3%,放缓0.4个百分点。

2013年,美国经济复苏,量化宽松政策(QE)迎来转折点;日本货币和财政刺激起效,经济复苏加快;欧元区艰难摆脱衰退,但全年仍为负增长;东亚和东南亚经济保持较快增长,而金砖五国(印度、印度尼西亚、巴西、土耳其、南非)受制于内、外经济失衡,加上资本外流的冲击,经济发展较为困难。

2. 2013年国内宏观经济

2013年,面对错综复杂的国内外形势,国内经济发展稳中有进、稳中向好。全年国内生产总值568845亿元,比上年增长7.7%。其中,第一产业增加值56957亿元,增长4.0%;第二产业增加值249684亿元,增长7.8%;第三产业增加值262204亿元，增长8.3%。第一产业增加值占国内生产总值的比重为10.0%，第二产业增加值比重为43.9%，第三产业增加值比重为46.1%，第三产业增加值占比首次超过第二产业。

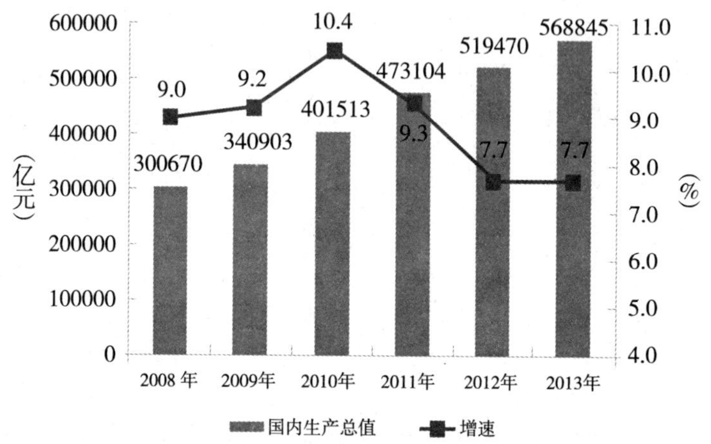


图1-15 2008—2013年国内生产总值及其增速变化情况

数据来源：国家统计局

2013年，全年居民消费价格比上年上涨2.6%，其中食品价格上涨4.7%。固定资产投资价格上涨0.3%。工业生产者出厂价格下降1.9%。工业生产者购进价格下降2.0%。农产品生产者价格上涨3.2%。

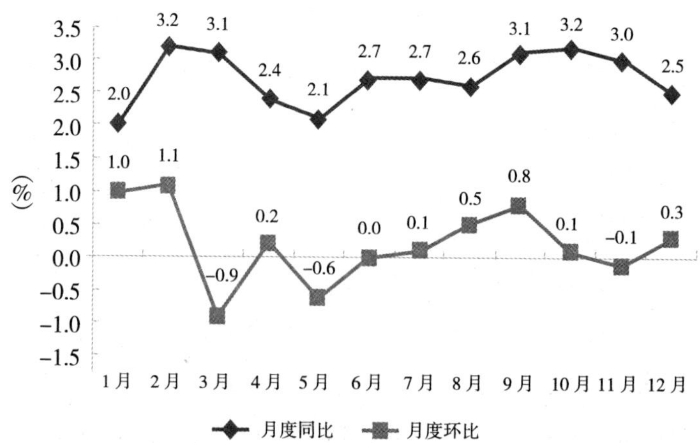


图1-16 2013年中国居民消费价格月度涨跌幅度

数据来源：国家统计局

2013年，固定资产投资较快增长。全年全社会固定资产投资447074亿元，比上年增长19.3%，扣除价格因素，实际增长18.9%。其中，固定资产投资（不含农户）436528亿元，增长19.6%。

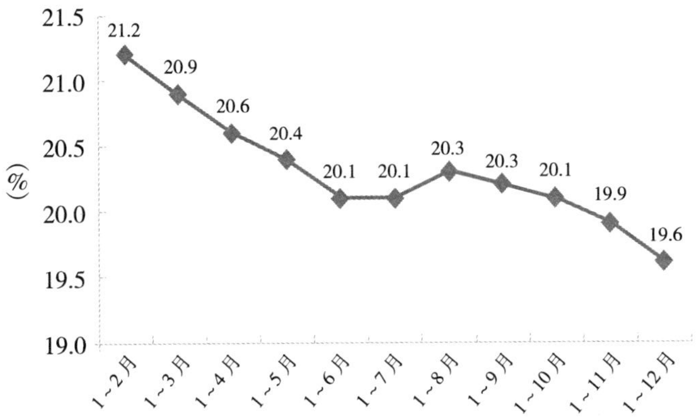


**图1-17　2013年中国固定资产投资（不含农户）累计同比增速**

数据来源：国家统计局

在固定资产投资（不含农户）中，第一产业投资9241亿元，比上年增长32.5%；第二产业投资184804亿元，增长17.4%，其中煤炭开采和洗选也完成投资5263亿元，减少2%；第三产业投资242482亿元，增长21.0%。2013年固定资产投资新增主要生产能力中新增铁路投产5586公里，新建公路70274公里，港口万吨级码头泊位新增吞吐能力33119万吨，如表1-13所示。

**表1-13　2013年中国固定资产投资新增主要生产能力**

| 指标 | 单位 | 绝对数 |
|---|---|---|
| 新增220千伏及以上变电设备 | 万千伏安 | 19631 |
| 新增铁路投产里程 | 公里 | 5586 |
| 其中：高速铁路 | 公里 | 1672 |
| 新增铁路复线投产里程 | 公里 | 4180 |
| 电气化铁路投产里程 | 公里 | 4810 |
| 新建公路里程 | 公里 | 70274 |
| 其中：高速公路 | 公里 | 8260 |
| 港口万吨级码头泊位新增吞吐能力 | 万吨 | 33119 |
| 新增光缆线路长度 | 万公里 | 266 |

数据来源：国家统计局

2013年，进出口稳中有升。全年货物进出口总额258267亿元人民币，以美元计价为41600亿美元，比上年增长7.6%。其中，出口137170亿元人民币，以美元计价为22096亿美元，增长7.9%；进口121097亿元人民币，以美元计价为19504亿美元，增长7.3%。进出口差额（出口减进口）16072亿元人民币，比上年增加1514亿元人民币，以美元计价为2592亿美元，增加289亿美元。2013年煤炭进口总额为289.90亿美元，比上年增长1.0%，占进口总额的1.49%；煤炭出口总额为10.21亿美元，比上年下降33.93%，占出口总额的0.4%。

### （二）2013年国内煤炭行业政策综述

1.《商品煤质量管理暂行办法》

面对国内煤炭价格持续下挫的状况，国家能源局5月中旬发布《商品煤质量管理暂行办法》（征求意见稿），对动力商品煤和进口动力用商品煤的灰分、发热量和含硫量等指标提出了新要求。动力商品煤又分为褐煤及其他煤种，其中：褐煤必须符合的条件是发热量大于2870大卡，灰分小于40%，全水分小于40%，全硫分小于3.0%；其他煤种的发热量大于3588大卡，灰分小于40%，全水分小于20%，全硫分小于3.0%。远距离运输和进口动力用商品煤应当符合下列三项条件：全硫分小于1%，灰分小于25%，发热量大于4545大卡。

但随着6月份国内煤价低于国际煤价，国际煤炭价格优势不再，此办法限制进口劣质煤的意义已经不大。

2. 褐煤30%进口关税的恢复性征收

依据海关总署公告2013年第49号，经国务院批准，自2013年8月30日起，对褐煤进口关税税率进行调整，决定取消褐煤的零进口暂定税率，恢复实施3%的最惠国税率。这是2013年煤炭企业提出限制低卡劣质煤进口后，中国政府首次做出的回应，也与中国政府鼓励进口优质煤炭资源的政策相符合。

由于褐煤的进口价格比较低，3%的关税对于其成本的影响有限，政策发布以后，2013 年 9、10 月份褐煤进口量相比 8 月并没有受到显著影响，进口量的相对低位更多是由于国内煤价下降导致的国内外褐煤价格倒挂所致。褐煤进口量相比于国内动力煤的需求量而言，可谓是沧海一粟，即使政策显效，对国内动力煤市场的影响也极其有限。另外，褐煤进口量占比 95%以上的印度尼西亚和菲律宾两个进口国免税也使得褐煤进口关税政策大打折扣。

尽管商品煤质量管理办法由于影响主体的反对和情势的变化没有执行，褐煤 3%关税对褐煤进口影响程度有限，但一定程度上都表明了国家的态度，对商品煤市场秩序规范化的决心和鼓励优质煤炭进口，禁止高灰分、高硫分劣质煤炭的生产、使用和进口的政策导向，今后也将继续通过修改办法或出台相关规定来逐步具体实现。

3.《关于促进煤炭行业平稳运行的意见》

2013 年 11 月 18 日，国务院办公厅印发《关于促进煤炭行业平稳运行的意见》，从坚决遏制煤炭产量无序增长、切实减轻煤炭企业税费负担、加强煤炭进出口环节管理、提高煤炭企业生产经营水平、创造煤炭企业良好发展环境 5 个方面，为煤炭行业健康发展做了制度性安排。

### （三）2013 年国内煤炭运输状况分析

2013 年，中国交通运输平稳较快增长。全年货物运输总量 451 亿吨，比上年增长 9.9%。货物运输周转量 186478 亿吨公里，同比增长 7.3%。全年规模以上港口完成货物吞吐量 106.1 亿吨，比上年增长 8.5%，其中外贸货物吞吐量 33.1 亿吨，增长 9.2%。规模以上港口集装箱吞吐量 18878 万标准箱，增长 6.7%。目前中国货物运输主要的 5 种方式中铁路运输总量 39.7 亿吨，同比增长 1.6%，占运输总量的 9%；公路运输总量 355.0 亿吨，同比增长 11.3%，占运输总量的 79%；水路运输总量 49.3 亿吨，同比增长 7.5%，占运输总量的 11%。铁路、公路和水路运输周转量约占总货物运输周转量的 99%，如表 1-14 所示。

表 1-14 2013 年各运输方式完成货物运输量及其增幅情况

| 指标 | 单位 | 绝对数 | 增幅(%) |
|---|---|---|---|
| 货物运输总量 | 亿吨 | 450.6 | 9.9 |
| 铁路 | 亿吨 | 39.7 | 1.6 |
| 公路 | 亿吨 | 355 | 11.3 |
| 水运 | 亿吨 | 49.3 | 7.5 |
| 民航 | 亿吨 | 557.6 | 2.3 |
| 管道 | 亿吨 | 6.6 | 6.3 |
| 货物运输周转量 | 亿吨公里 | 186478.4 | 7.3 |
| 铁路 | 亿吨公里 | 29173.9 | 0.0 |
| 公路 | 亿吨公里 | 67114.5 | 12.7 |
| 水运 | 亿吨公里 | 86520.6 | 5.9 |
| 民航 | 亿吨公里 | 168.6 | 2.9 |
| 管道 | 亿吨公里 | 3500.9 | 9.0 |

数据来源:国家统计局

1. 中国煤炭运输概况

中国煤炭资源北多南少,西富东贫,煤炭消费地主要在东部地区,而煤炭生产与供应地基本在中西部地区,这种错位布局导致中国煤炭运输基本上形成了“北煤南运”、“西煤东运”的格局。

具体来看,神东、晋北、晋中、晋东、陕北大型煤炭基地处于中西部地区,主要担负向华东、华北、东北等地区供给煤炭,并作为“西电东送”北通道电煤基地。黄陇(含华亭)、宁东基地担负向西北、华东、中南地区供给煤炭。冀中、河南、鲁西、两淮基地处于煤炭消费量大的东中部,担负向京津冀、中南、华东地区供给煤炭。蒙东(东北)基地担负向东北三省和内蒙古东部地区供给煤炭。云贵基地担负向西南、中南地区供给煤炭,并作为“西电东送”南通道电煤基地。

中国煤炭运输方式主要有铁路、公路和水路三种,其中主要以铁路运输为主。

2. 铁路运输情况

在中国铁路货物发送量中，煤炭向来都是最大的货种，占货物发送量的一半以上；其次为冶炼物资，占 20%左右；其余为石油、粮食、集装箱、化肥农药和其他物资。2009—2013 年，煤炭所占比例一直不断提高。2013 年，煤炭在铁路货运量中的占比为 58.93%，同比提高了 0.82 个百分点，如图 1-18 所示。

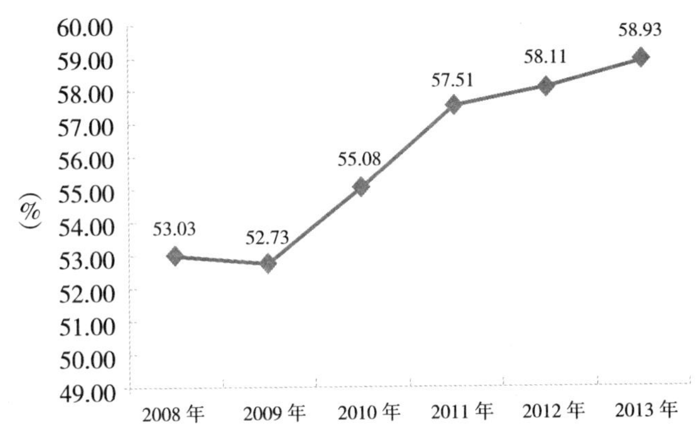


图 1-18 2008—2013 年铁路煤炭运量占货运量比例情况

数据来源：中华人民共和国原铁道部

根据铁道部数据，2013 年全国铁路煤炭运量完成 23.2 亿吨，同比增长 2.6%，如图 1-19 所示。其中电煤 16.1 亿吨，同比下降 1.3%。由于电煤比炼焦煤等煤种更多地具有北煤南运的特点，运输距离长，运输成本高，而售价却相对较低，因此在煤炭市场不景气的时候，运输需求会受到更大影响。

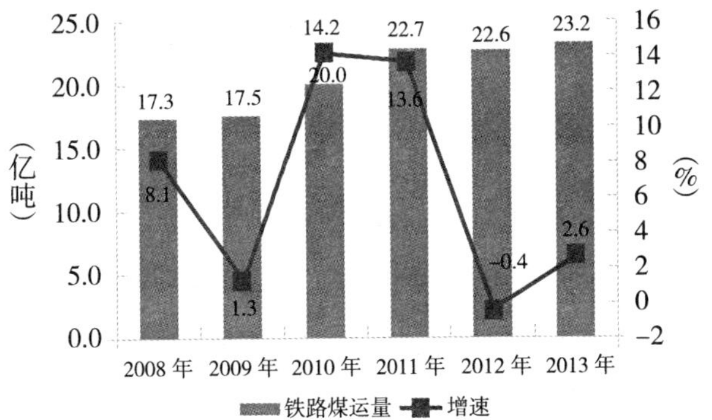


图 1-19 2008—2013 年铁路煤炭运量情况

数据来源：中华人民共和国原铁道部

2013年，多条煤运铁路通道正在建设中，如蒙华铁路、山西中南部铁路、张唐铁路、兰新铁路二线、兰渝铁路等，这些铁路大多于2015年左右可建成，建成后将至少增加中国煤炭铁路运力8亿吨。

2014年2月15日，全国铁路货物统一运价平均每吨公里提价1.5分钱，这意味着，运价从之前的平均每吨公里13.01分提高到14.51分，涨幅约为11.53%。从2002年至今，铁路货物平均运价从2003年的每吨公里8分开始逐步攀升。虽然每年涨幅相差较大，但从2012年开始该涨幅趋于稳定，基本维持在10%以上，前一次上调在2013年2月份，当时涨幅约13%。

但在基本运价提高的同时，2013年铁路灰色费用却有所下降。由于铁路运输价格比公路运输价格要低很多，近些年铁路运力一直处于供不应求状态，紧缺的铁路运力为铁路系统个别部门及个人留下巨大的寻租空间。在2010年、2011年煤炭需求旺盛时期，煤炭运输企业往往需要支付高额的“计划费”和“点装费”才能得到车皮，这两项灰色费用加起来一般为每吨几十元甚至上百元不等。但随着2013年中国宏观经济增速的下滑，煤炭市场价格下跌，煤炭发运需求萎缩，铁路灰色费用收取空间缩小，未来随着新建铁路不断增多，运力极度紧张的局面一去不返，灰色费用的比例将会基本保持下降趋势。

3. 公路运输情况

公路运输煤炭具有方便、灵活，可“门到门”等优点，是为铁路和水路集运以及短途煤运的重要方式。在主要的煤炭生产基地和煤炭中转港腹地，一直有部分中、短距离的公路直达运输或公路集港运输。公路承担着京津冀地区较大的煤炭调入任务，公路运输的煤炭占该地区煤炭调入量的50%以上。

跨地区公路煤炭运输主要集结在山西、内蒙古等地区。大规模的长距离煤炭运输并不是公路运输方式的优势所在，然而近几年来，随着经济发展对煤炭需求的大幅度增长，铁路运力不断趋紧，公路煤炭运输发展较快。根据山西省各主要煤炭产区公路调出量的统计，运距在200公里以内的占52%，200～300公里运距的占37%，合计运距在300公里以内的占到煤炭公路运输量的39%。

“三西”地区的煤炭需求量每年超过上亿吨。由于这部分煤炭运距短，铁路装不上车，因而成为铁路运输的“盲区”，也造成了近年公路运输的压力激增。近 5 年来，“三西”地区的公路外运量年均增长接近 10%。这一情况，与煤炭产能的绝对增量有关，也与传统的运输瓶颈制约有关系。

2012 年，随着中国煤炭市场需求与价格的大幅下滑，煤炭运输需求也大幅下滑。与铁路和水路相比，公路运输由于成本最高，其运量也受到较大影响。2013 年，中国煤炭市场依旧低迷，公路运输价格一再下降，相比上年而言，公路煤炭运量略有回升。2013 年，山西省公路煤炭运量 47118 万吨，同比增长了 20.4%，如图 1–20 所示。

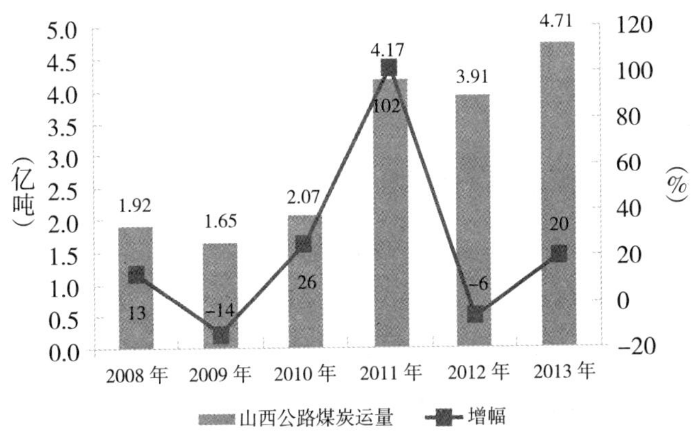


**图 1–20　2008—2013 年山西公路煤炭运量情况**

数据来源：中华人民共和国原铁道部

除 2012 年外，2006—2013 年，中国公路建设投资连年增加，预计 2013 年全年完成公路建设投资 1.35 万亿元，同比增长 8.7%。基于前几年的大力投资和近年来的不断建设，2013 年中国公路通车里程在增加。据统计，截至 12 月下旬，2013 年新增高速公路里程 8268 公里，中国高速公路总里程已达 104468 公里。

虽然公路运输具有方便、灵活、难度小的优势，同时近几年公路网建设速度也很快，但更适合短途运输，在长途运输中，它依然存在以下弊端：

一是公路运煤成本高。货车的本身运费加上过路费、超载罚款等所有高额成本全部转嫁到消费终端，造成煤价高涨。例如 1 吨成本在 320 元左右的煤炭，自鄂尔多斯出发经过 1000 公里的运输到达秦皇岛码头，就变成了

800～900 多元 1 吨，身价翻倍。

二是存在高能低用的情况，不经济、不环保。用柴油作为燃料或用天然气作为货车燃料，再用来运输煤炭，都是既不经济又不环保，既浪费了大量的稀缺能源石油，又增加了高额碳排放，加重了环境污染。

三是存在安全隐患。众多运煤车辆经常会由于各种原因形成蔓延数十甚至上百公里的大堵车，加上很多运煤车违章超载，存在安全隐患和破坏道路的问题，严重扰乱了正常的交通。

四是受天气影响较大。冬季雨雪天气时候，公路运煤容易受阻，而如湖北、湖南等地区容易造成供应不足。

4. 水路运输情况

由于 2013 年全国宏观经济增速继续下降，中国港口煤炭发运量同比下降至个位数。根据交通运输部最新数据，2013 年中国主要港口煤炭及制品吞吐量增速略有回升。2013 年 1 至 10 月份，规模以上港口煤炭及制品吞吐量增长 9.3%，比上年加快 7.1 个百分点，但后半年增速有所下调，其中 10 月份规模以上港口煤炭及制品吞吐量、煤炭外贸进港量同比增长 5.7%和 17.4%，环比分别回落 4.4 个和 35.9 个百分点。

根据中国煤炭资源网最新统计，2013 年中国主要港口煤炭发运量为 66856 万吨，同比增长 7.8%，如图 1–21 所示。

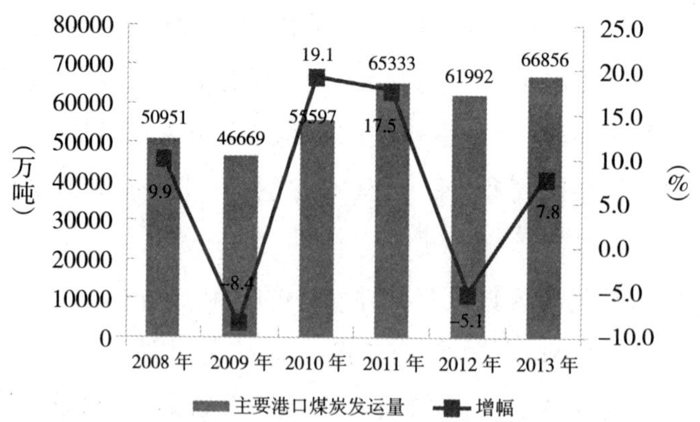


**图 1–21 2008—2013 年主要港口煤炭发运量情况**

数据来源：蓝皮书编写组

海上煤炭运输主要存在北方港口船舶压港严重、电煤输出与输入港口之间的设施不匹配、铁路运力与港口通过能力布局不够协调、港口综合集疏运系统需要进一步完善以及港口企业的重复建设等。2012—2013年中国主要海运港煤炭发运量情况如表1-15所示。

**表1-15 2012—2013年中国主要海运港煤炭发运量**

单位:万吨,%

| 港口 | 2012年 | 2013年 | 增长率(%) |
|---|---|---|---|
| 北方七港合计 | 56300 | 61677 | 9.6 |
| 1.秦皇岛港 | 23455 | 23564 | 0.5 |
| 2.天津港 | 7390 | 6486 | -12.2 |
| 3.唐山港 | 12486 | 16036 | 28.4 |
| (1)曹妃甸 | 5561 | 7860 | 41.3 |
| (2)京唐港 | 6925 | 8175 | 18.1 |
| 4.黄骅港 | 10202 | 13223 | 29.6 |
| 5.青岛港 | 907 | 773 | -14.8 |
| 6.日照港 | 1221 | 1152 | -5.7 |
| 7.连云港 | 639 | 444 | -30.5 |
| 沿海其他港口合计 | 3242 | 2898 | -10.6 |
| 1.营口港 | 977 | 314 | -67.9 |
| 2.锦州港 | 1533 | 2015 | 31.4 |
| 3.烟台港 | 97 | 167 | 72.2 |
| 4.防城港 | 636 | 402 | 36.8 |
| 合计 | 61992 | 66856 | 7.8 |

数据来源:中国煤炭资源网

内河水路运输是长江、京杭运河、淮河、珠江等内河流域煤炭运输的重要方式,具有运价低、方便可直接到达用煤企业专用码头等优势。内河煤炭运输通道主要包括长江和京杭运河,主要是将来自晋、冀、豫、皖、鲁、苏及海进江(河)的煤炭经过长江或运河的煤炭中转港或主要支流港中转后,用轮船运往华东和沿江(河)用户,从而形成了中国水上煤炭运输"北煤南运"、"西煤东运"的水上运输格局。

目前中国内河运输存在航道等级低,航道堵航严重,港口码头建设滞后，航道污染严重等问题。由于长期以来资金投入不足，航道、港口等基础设施条件还比较薄弱，内河水运仍是综合运输体系的短板。中国内河三级及以上航道仅占全国总里程的约8%，远低于世界水平。而美国是61%，德国是76%。内河运输船舶平均吨位仅450载重吨，仅为美国的3/8，不足德国的1/3。在中国现有通航河流上共建有水利水电枢纽4000余座，其中建有船闸、升船机等过船设施的仅有不足1/4，造成航道中断4万余公里。中国内河运输市场仍以个体户为主，个体经营者达3万，企业仅350家，企业平均规模仅为1300载重吨，竞争力极低。表1–16比较了2012年和2013年中国主要内河港口煤炭发运量。

**表1–16 2012—2013年中国主要内河港口煤炭发运量**

单位：万吨，%

| 港口 | 2012 | 2013 | 增长率(%) |
| --- | --- | --- | --- |
| 长江港口合计 | 1201 | 1067 | –11.14 |
| 1.宜昌 | 167 | 87 | –47.78 |
| 2.武汉 | — | — | — |
| 3.芜湖 | 602 | 633 | 5.18 |
| 4.南京 | 432 | 347 | –19.72 |
| 大运河港口 | 1249 | 1213 | –2.86 |
| 其中：徐州港 | 1249 | 1213 | –2.86 |
| 合计 | 2450 | 2281 | –6.92 |

数据来源：中国煤炭资源网

（四）2013年国内煤炭库存情况分析

2013年底，全国煤炭社会库存量约3.32亿吨。受煤炭市场整体弱势运行的影响，煤炭库存高企，全年煤炭社会库存量整体呈上升趋势，如图1–22所示。

其中，国有重点煤矿库存约3855万吨，较年初增加了250万吨，增长约6.9%；重点港口库存约3243万吨，较年初减少141万吨，下降约4.2%；重点电厂库存约8159万吨，较年初增加46万吨，如图1–23所示。

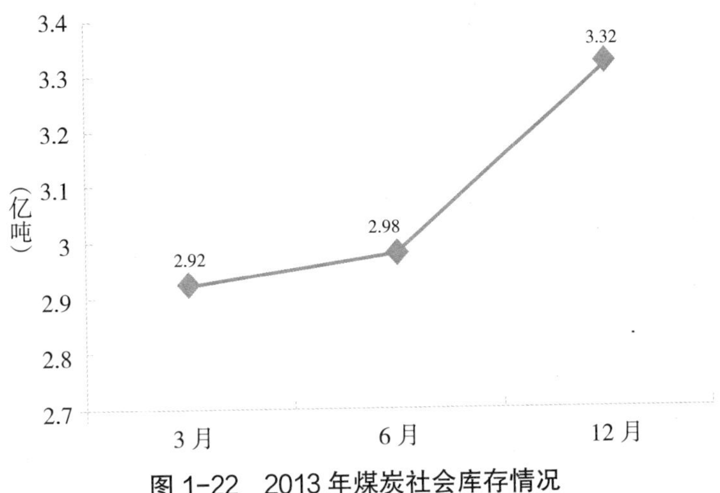


图 1-22　2013 年煤炭社会库存情况

数据来源：蓝皮书编写组

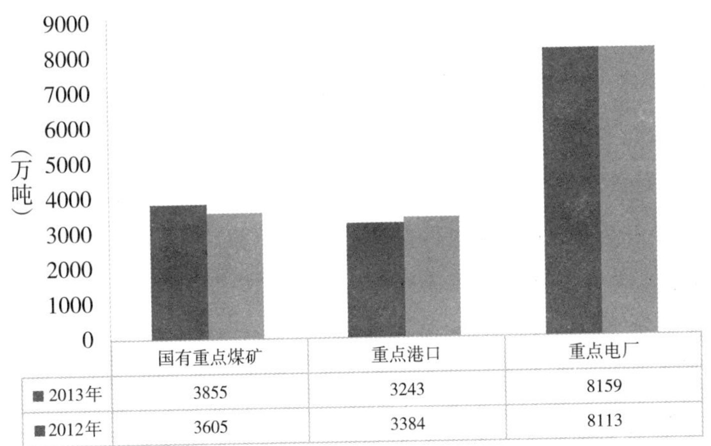


图 1-23　2012—2013 年中国煤炭库存情况

数据来源：蓝皮书编写组

具体来看，2013 年中国国有重点煤矿煤炭库存总体呈先升后降的趋势，在 7 月份达到峰值，随着后半年需求逐步回升，国有重点煤矿煤炭库存不断消减，如图 1-24 所示。

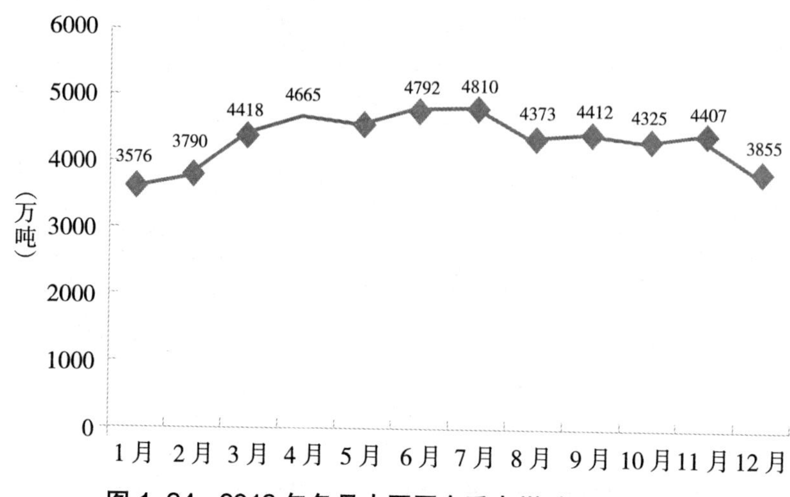


图 1-24 2013 年各月中国国有重点煤矿煤炭库存情况

数据来源:蓝皮书编写组

而下游电力行业煤炭库存整体保持高位。2 月份,受春节小长假的影响,日耗降低,库存上升;随着春节过后下游耗煤耗电企业陆续复工生产,电厂库存降低;经过一段时间的去库存后,电厂开始补库存,6 月份库存攀升;随着夏季高温天气来临,耗电增加,7、8 月份电厂库存消耗明显,8 月份库存最低;随着电厂补库存及冬季气取暖等因素的影响,电厂库存增加,12 月份开始了又一轮去库存过程,如图 1-25 所示。

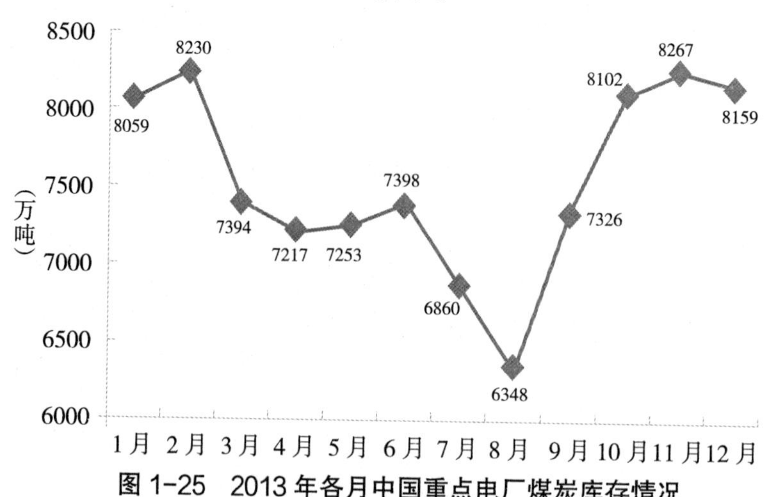


图 1-25 2013 年各月中国重点电厂煤炭库存情况

数据来源:蓝皮书编写组

## (五)2013 年中国煤炭行业绩效分析

### 1. 固定资产投资

2008—2013 年，全国煤炭开采和洗选业固定投资从 2411 亿元增长至 5263 亿元,复合年均增长率为 16.9%。其中,2013 年中国煤炭开采和洗选业固定资产投资为 5263 亿元,比 2012 年增加 250 亿元,同比增长 5.0%,增幅较 2012 年提高 2.6 个百分点,如图 1-26 所示。

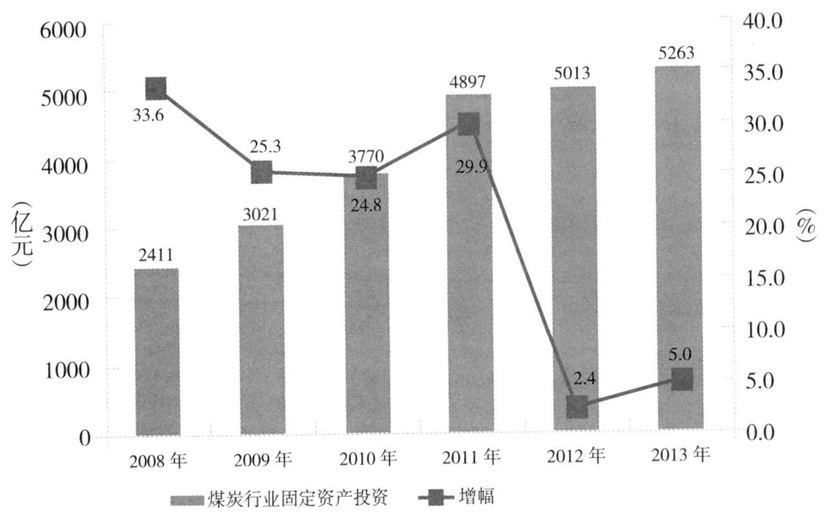


图 1-26 2008—2013 年中国煤炭行业固定资产投资

数据来源:国家统计局

### 2. 煤炭行业经营情况

2013 年,煤炭企业经营困难增加,企业偿债能力下降,经营风险加大。煤炭行业规模以上企业实现利润总额 2369.9 亿元,比上年减少 33.7%。前 11 个月规模以上企业主营业务成本同比增长 4.56%，其中大型煤炭企业主营业务成本同比增长 21.1%，行业利润同比下降 38.8%，亏损企业亏损额 405.54 亿元,同比增长了 80.7%,大型企业利润同比下降 37.03 %,有 33 家企业亏损,亏损面 36.7%,亏损额比 2012 年增加了 16.7 个百分点。

# 第二篇

# 分品类报告

# 第二部分 2014年中国动力煤市场预测及2013年分析报告

## 一、2014年中国动力煤供需及进出口预测

2014年，中国经济依旧处于结构性调整、增速换挡时期，一季度煤炭价格持续下跌，预计后期国内煤炭价格整体将继续保持跌势。随着国内煤价的不断探底，进口电煤的价格优势逐渐削弱或消失。同时，随着国内煤炭产能和运力的释放，中国动力煤供应将会保持缓慢增长，动力煤供应宽松的局面将成为一种常态。

### （一）2014年中国动力煤供给预测

2014年，中国煤矿产能的逐步释放以及运输瓶颈的进一步缓解，都将带动动力煤产量增加；但考虑2014年作为国内经济结构性转型的关键时期，受节能减排目标的不断提高、环保要求日趋严格，以及进口煤冲击等因素的制约影响，动力煤产量增幅将受限。

1. 新增产能产量预测

"十一五"期间，中国煤炭采选业固定资产投资累计达2.2万亿元，经过多年大规模的煤炭投资、资源整合和技术改造，煤矿产能大幅度提高。中国煤矿大规模投资已趋于结束，未来产能的形成主要依赖于新建已开工、新建未开工及规划新增产能的释放。据汾渭能源煤矿数据库分析，截至2013年末，中国煤炭产能达42.78亿吨，2014年随着新建矿井的陆续投产，预计中国煤炭产能将新增1.88亿吨，达44.66亿吨，其中，炼焦烟煤产能15.88亿吨，一般烟煤产能18.31亿吨，无烟煤产能6.51亿吨，褐煤产能3.96亿吨，考虑新增产能利用率逐步提高和需求对供应的动力支撑，预计2014年新增动力煤产能1.5亿吨，新增产能产量4500万吨。

2. 运力释放产量预测

2014 年，中国煤炭铁路运能增加主要集中在兰新线和宁西线运能的释放。2013 年兰新线电气化改造完成后，货运能力从 7000 万吨增长到 14000 万吨，增长了 1 倍。随着 2014 年兰新第二双线的建成，兰新线将成为货运专线，货运能力逐渐释放，预计货运能力达 1.8 亿吨，新疆煤炭外运能力将从现在的 3000 万吨增加到 5000 万吨，大大提升新疆煤炭产能的释放。2013 年受全国经济增速放缓，高耗能行业减速，水电发力相比往年同比明显增长等多重因素影响，国内煤炭总体需求表现不振，具体到新疆主要的煤炭外运区域甘肃、青海等省需要增量有限，疆煤外运全年约 2200 万吨；2014 年在经济增速温和回落的预期下，预计甘青两省煤炭需求增长仍然有限，新疆煤炭外运需求增幅也不会太大，外运量预计达 2500 万吨。

宁西复线预计 2014 年建成开通，运能增加 4000 万吨，届时陕西运往中南地区的运力进一步加强，预计 2014 年宁西复线对陕西煤炭外运的贡献在 500 万吨左右。

3. 关闭、减产矿井的复产机会预测

2014 年，关闭、减产矿井复产的利益驱动力就是煤炭价格上涨到其成本线以上，煤矿复工后利润能够得到有效保障。汾渭能源预计，2014 年煤炭价格出现大幅上涨的可能性较小，煤炭需求增速的进一步放缓，新增煤炭产能的投产，都将成为关闭、减产矿井复产的阻力。另外，在市场压力下，现有生产企业不断压缩生产成本提升竞争力，而关闭、减产矿井复产成本较大，复工前工人的重新召集、组织生产和复产后需要重新构建销售网络和营销渠道，复工复产后面临的困难较多，都导致复产成本的加大。所以，2014 年关闭、停产矿井复产率较小。

4. 其他影响产量的因素

产业行业政策、环保力度、安全事故等因素都是影响中国煤炭生产的重要因素，2014 年政府继续推进产业的结构性调整，煤炭行业的资源整合，税费改革的制定出台，环保力度和标准的加大从严，安全事故的突发和应急，需要我们随时关注其对生产的影响。

安全生产的平稳推进，有助于煤炭产量的稳定增长。2013 年，全国煤矿安全监管监察系统狠抓煤矿安全“双七条”落实，深入开展煤矿安全大检查，严格监管监察执法，切实以事故教训推动工作，扭转了全国煤矿安全生产的被动局面，推动煤矿安全生产继续保持总体稳定、持续好转的发展态势。据统计，2013 年全国煤矿事故起数和死亡人数下降 22.5%和 22.9%；较大以上事故起数和死亡人数下降 31%和 24.8%；煤矿百万吨死亡率下降23%。

目前国家政府对煤炭产消的“双控”，是中国煤炭生产的政策导向。煤炭产能过剩局面的缓解，一定程度上有赖于产能释放的有效控制，从而达到消化社会库存的目的，缓解产能过剩压力。煤炭产业行业政策作为解决问题的措施，将在较长时期对煤炭生产形成影响。

环保和节能减排等属于措施型政策。企业为了环保和节能减排达标，需要使用更为清洁的能源，提高生产、销售和使用商品煤的质量，进而对煤炭最终有效供应数量和质量有所影响。

### （二）2014 年中国动力煤需求预测

2014 年，预计国际形势经济复苏预期有所加快，出口会对中国经济形成利好，城镇化建设的加快推进，保障房政策的进一步实施，基础设施投资的逐步加大，都将拉动中国经济稳步发展。但房地产投资的下行预期，国内动力煤需求在保持总量增加的基础上，增速也将有所下降。

就动力煤消耗的四大行业而言，电力行业火电装机容量继续增加，火电机组利用率进一步提高，电煤消耗稳定增长将达 20.83 亿吨。建材行业在发展机遇和面临挑战的双重因素下持续增长，水泥产量将达 25 亿吨，动力煤消耗量 7.67 亿吨。在中国城镇化建设和工业化进程的推动下，冶金行业生铁产量还将继续减速增长，冶金动力煤消耗量也随之增加。化工行业对煤炭的依赖也将使得动力煤消耗量稳步提升。综上，在四大动力煤消耗行业发展的推动下，预计 2014 年中国动力煤消耗量 34.60 亿吨，同比增长 2.85%，比上年下降 3.15 个百分点。

1. 2014 年中国电力行业动力煤需求预测

2014 年电力行业面对的最大变化就是从 7 月 1 日开始，现有火电机组将执行大气排放物新标准，新标准的实施将提高火电准入门槛，降低发电煤耗，加快淘汰落后产能、节能减排和关闭小机组，在加快电力行业发展方式转变和产业结构调整方面产生积极的作用，促进电力工业健康和可持续发展。

国家在“十二五”规划中的目标为 GDP 年均增长 7%，同时城镇化率提高 4%。2014 年，国内经济仍会稳健增长，同时带动电力需求。根据《中国能源“十二五”规划》，2015 年全社会用电量预计会达到 6.15 万亿千瓦时，“十二五”期间年均增长将达到 8%。火电耗煤量的影响因素有发电量和每度电耗煤量，其中发电量又由火电装机容量和年均利用小时数决定。预计未来电力行业将呈现以下特点：

第一，火电装机容量低速增长。截至 2013 年中国火电装机容量即火力发电的总功率为 8.6 亿千瓦，占总装机容量的 69.1%。根据能源“十二五”规划，2015 年火电装机容量将达到 9.63 亿千瓦，占电力总装机容量的 67%，火电装机容量占比较 2013 年下降 2.1%，但可以看出中国的电力结构仍以火电为主，且火电装机容量将保持增长，预计 2014 年火电装机容量达到 8.9 亿千瓦。

第二，年均利用小时数稳定增加。年均利用小时数是衡量火电机组利用率程度的指标。火电单机机组正在向百万千瓦级过渡，同时继续淘汰小火电机组，《节能减排“十二五”规划》中指出“十二五”期间重点淘汰小火电 2000 万千瓦，同时加大机组的利用效率，2013 年中国火电机组累计平均利用小时数 5012 小时，预计 2014 年火电机组年均利用小时数将保持增长的趋势，达到 5037 小时。

第三，每度电耗煤逐步减少。《中国能源“十二五”规划》中指出，到 2015 年火电供电标准煤耗下降到 323 克 / 千瓦时，2013 年供电煤耗已经达到 321 克 / 千瓦时，提前达标，预计供电煤耗呈现逐步减少态势，2014 年继续减少到 318 克 / 千瓦时。

2014 年，火电装机容量继续增加，火电机组利用率进一步提高，届时火力发电量预计达 4.45 亿千瓦时，动力煤消耗量 20.83 亿吨。

2. 2014 年中国建材行业动力煤需求预测

建材行业耗煤主要由水泥、墙体材料和石灰耗煤组成，根据历史数据，水泥耗煤占建材行业耗煤量的 75%左右。因此，在进行建材行业动力煤需求量预测时，主要考虑水泥行业动力煤需求，并以水泥产量和能耗来折算建材行业煤炭消耗。

“十二五”是全面建设小康社会的关键时期，国民经济仍将保持平稳较快增长，水泥工业面临着发展机遇，同时也面临着更大的挑战。机遇是工业化、城镇化和新农村建设进一步拉动内需，保障性安居工程及高速铁路、轨道交通、水利、农业及农村等基础设施建设带动水泥需求持续增长；据测算，城镇化水平每提高 1 个百分点，水泥需求增加 1.4 亿吨。

挑战方面主要是人民生活水平不断提高，防灾减灾意识增强，对水泥、水泥基材料及制品在质量、品种、功能等方面有了更高的要求；建设资源节约型、环境友好型社会，应对气候变化，迫切需要水泥行业加快转变发展方式，大力推进节能减排，发展循环经济。这些从水泥生产方式到产品质量的要求，政策影响对房地产市场的影响，都将进一步对国内水泥消费的增速同比放缓。

根据《建材行业“十二五”规划》，2015 年水泥产量将达到 22 亿吨。2014 中国经济增速进一步放缓，但经济总量将仍保持增长。随着中国城镇化的推进，建材行业发展将持续增长，预计 2014 年水泥产量达到 25 亿吨，动力煤消耗量 7.67 亿吨。

3. 2014 年中国化工行业动力煤需求预测

化工行业是中国四大主要用煤领域之一，作为能源、高耗能的化工行业对煤炭的依赖程度较高。目前以天然气合成氨的比例维持在 20%左右，2012 年出台的《天然气利用政策》规定限制天然气合成氨，禁止天然气制甲醇，未来以天然气制甲醇的比例不会出现大的变动。根据国家标准《合成氨单位产品能耗限额》单位合成氨优质无烟块煤能耗限值≤1900 吨标准 / 吨，非优质无烟块煤能耗限值≤2200 吨标准 / 吨，根据国家标准《甲醇单位产品能耗限额》，现有甲醇企业单位甲醇无烟块煤能耗限值≤1820 吨标准 / 吨，新建甲醇企业单位甲醇无烟块煤能耗限值≤1400 吨标准 / 吨，可参考得出单位甲醇和合成氨煤耗。

中国合成氨和甲醇均存在产能过剩的问题，虽然未来准入门槛较高，但合成氨和甲醇行业将继续保持扩张。据金银岛不完全统计，截至 2013 年 12 月底，我国甲醇年生产能力 5629 万吨，涉及失效产能 39.5 万吨，初步统计 2013 年我国甲醇有效产能为 5590 万吨，较 2012 年增幅有所放缓。2014 年仍有增加之势。从 2013 年甲醇生产企业发展情况来看，目前我国甲醇生产企业逐步往大型化发展，未来几年西部地区也不乏大型甲醇项目建设；整体行业集中度略有提高，且随新型下游产品项目的快速发展，甲醇企业竞争力加强，产能相对过剩情况也出现一定缓解。截至 2013 年，中国合成氨产能突破 7408 万吨，产能过剩 30%多，尽管 2013 年工信部发布禁止批准新建合成氨装置，但 2015 年前中国合成氨产能仍有继续扩张态势。

综合以上分析，2014 年合成氨和甲醇产量仍将保持增长态势，预计合成氨产量 5950 万吨，甲醇产量 3655 万吨，动力煤消耗量为 1.87 亿吨。

4. 2014 年中国冶金行业动力煤需求量预测

冶金行业动力煤主要是在烧结阶段作为燃料使用和喷吹煤使用。钢铁工业是中国国民经济的重要基础产业，在中国工业化、城镇化进程中发挥着重要作用。随着未来中国城镇化和工业化进程的持续，中国钢铁需求也将会持续增长。中国在“十二五”期间将以内需拉动为主，经济发展仍将保持平稳增长，经济发展对钢铁消费需求还将继续增长，但增速减缓。根据以往中国经济增速和生铁产量增速数据研究发现，近几年，中国经济发展生铁产量弹性系数有下降趋势，2014 年预计为 0.5，以 2014 年中国经济增速 7.5%计，预计 2014 年中国冶金行业生铁产量 7.36 亿吨，吨生铁耗煤 0.2 吨计，将消耗动力煤 1.47 亿吨。

5. 2014 年中国其他行业动力煤需求量预测

除上述四大动力煤消耗行业外，其他行业动力煤消费包括民用、热力、煤制乙烯、煤制油以及煤制天然气等，约占动力煤总消耗量的 8%，预计 2014 年其他行业动力煤消耗量约 2.76 亿吨。

(三)2014年中国动力煤供需形势及价格预测

1. 2014年动力煤供需形势

2014年,国内外经济将温和增长,国内煤炭价格持续低位波动,进口电煤的价格优势不大,随着新建产能的投产,动力煤供应保持缓慢增长,需求总量增加,增速放缓,2014年动力煤将继续保持供需弱势平衡态势,社会库存进一步增加。

2. 2014年动力煤价格预测

从1998年到2013年历年动力煤价格走势来看,除2008年受冰雪灾害导致煤价出现剧烈波动外,1998—2011年,国内动力煤煤价整体呈现快速增长态势,但增幅从2009年开始有逐渐放缓之势,自2012年下半年起,受国内动力煤供需过剩压力,国内动力煤一路下跌到目前低位水平,如图2-1所示。

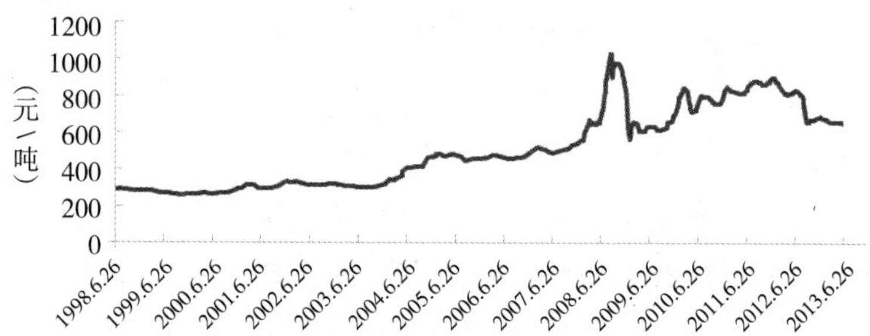


**图2-1 1998—2013年中国秦皇岛港5500大卡动力煤价格走势**

数据来源:中国煤炭资源网

研究2009—2011年中国动力煤逐年价格波动,发现其呈现以下的周期性规律。一季度受春节传统节日放假影响,价格会有一个回落;4月份随着取暖的结束,价格低位平稳。5~7月份夏季高温天气拉动动力煤价格上涨,之后8、9月份又会有一个回落,10月中下旬开始,煤炭冬储推动煤价上涨达到一个新的年度最高点。各个价格拐点出现、持续时间和波动幅度受影响因素出现、持续时间和影响程度有所不同。

随着中国动力煤生产能力的发展,2010年、2011年中国动力煤市场已经开始出现上涨动力受限的迹象,波峰、波谷差距不断缩小,加之动力煤社会库存的不断积累,2012 年下半年集中爆发，动力煤价格开始承压下行,国内动力煤市场进入结构调整重要时期，去产能化和市场秩序的规范法将成为下一阶段重点解决的问题。

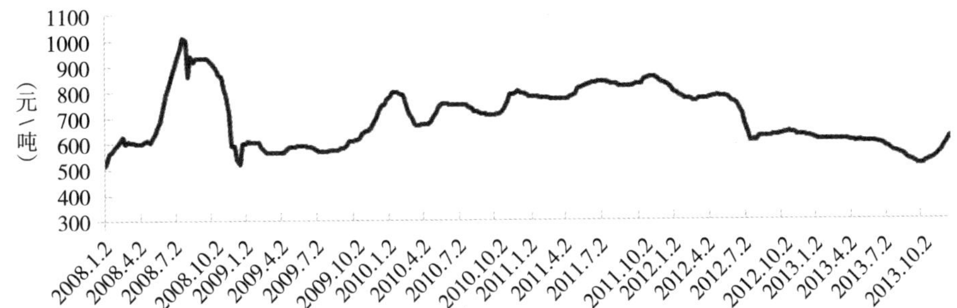


**图 2-2 2008—2013 年分季度中国秦皇岛港 5500 大卡动力煤价格走势**

数据来源:中国煤炭资源网

2014 年中国动力煤价格预计继续低位波动，在 6 月达到年度最低 500 元/吨,年末反弹至 540 元/吨左右。

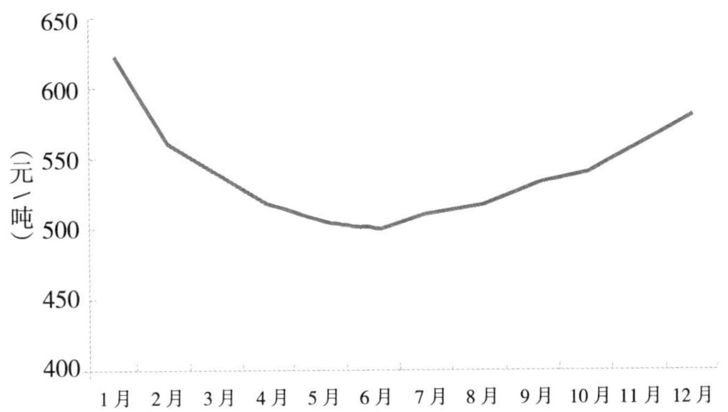


**图 2-3 2014 年中国秦皇岛港 5500 大卡动力煤价格预测**

数据来源:蓝皮书编写组

(四)2014 年中国动力煤进出口预测

动力煤进出口量的多少在很大程度上取决于国内外市场需求、国内外煤炭价差、海运费以及国家进出口政策等多方面因素的影响。

中国动力煤自 2009 年以来呈现进口增长、出口减少的净进口态势，

2013 年 1~5 月，动力煤进口量除 2 月份春节期间需求下降影响外，均保持高位运行。6 月份开始，随着国内动力煤价格的不断下探，国外动力煤价格优势曾一度减少到 9.86 元 / 吨（CCI1 和 CCI8 价差），平均进口量相比前 5 个月下降明显。全年进口量达 2.52 亿吨，同比增长 6.8%。

2014 年，预计中国的 GDP 增速 7.5%，经济保持中速稳定增长，能源需求量增速也将保持合理增速，需求总量继续上升，中国仍然是世界上最大的煤炭消费市场，保持煤炭净进口格局。同时，随着国内动力煤价的拉低，国外动力煤价格优势递减，进口量将小幅下降，2014 年中国动力煤净进口将降为 2.25 亿吨。

## 二、2013 年中国动力煤供给情况分析

### （一）2013 年中国动力煤产量

2008—2013 年，中国动力煤产量由 21.8 亿吨增至 32.4 亿吨，其间年复合增长率为 8.25%。近年来，随着一批新建、改扩建和资源整合煤矿技改完成陆续投产，国内煤炭供应能力显著增强。2008 年，中国动力煤市场由前半年的供给紧张转移为下半年的供过于求。2009 年，山西煤炭资源整合产量减少，但由于动力煤主产区内蒙古和陕西动力煤产量增幅较大，使中国动力煤产量仍有较大增长。2010 和 2011 年动力煤主产区内蒙古和陕西产量仍保持高速增长，同时山西煤矿在煤炭资源整合后逐步复产。2012 年由于国民经济增速放缓，特别是高耗能产业增幅回落，前三季度全社会用电量增速持续疲弱下行，加之进口电煤大幅增加，夏秋水电对火电冲击明显，国内动力煤市场总体上呈现供应持续增长，下游需求不振、电厂库存持续高位和市场煤价处于低位等四大特点，全年动力煤产量 31.8 亿吨，同比增长 6.4%。2013 年上半年，动力煤产业的生产情况延续了 2012 年末的趋势，月度产量连续负增长，下半年市场需求缓慢回升，从年中开始产量同比降幅逐步收窄进而转负为正，2013 年全年产量 32.4 亿吨，同比增长 1.9%，同比下降 4.5 个百分点，如图 2-4 所示。

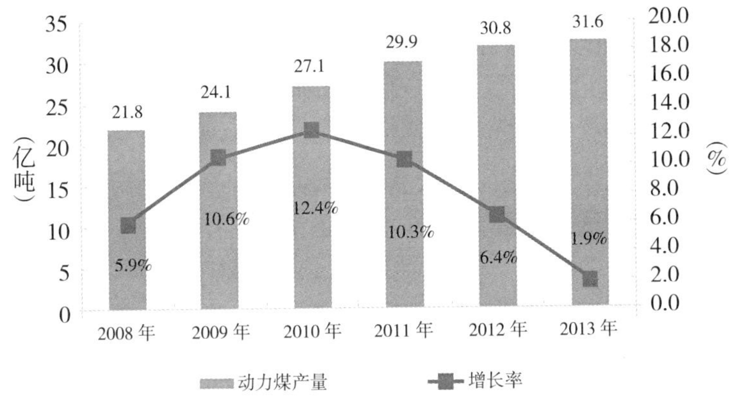


图2-4 2008—2013年中国动力煤产量及增长率

数据来源:汾渭能源

(二)2013年中国动力煤供给特点

2013年中国动力煤供给整体呈现如下特征:

第一,从总量上看,受国民经济增速放缓,社会库存高企,2013年动力煤供给实现小幅增长,增幅1.9%。2013年国内动力煤产能35亿吨/年,供应能力较为充沛。

第二,从趋势上看,2013年国内动力煤产量先减后增、价格先降后升、库存逐渐下降。下半年受经济好转形势带动,动力煤需求和产量开始止降回升;港口现货价格于10月开始回升,至年底恢复性反弹略超过年初价格;消费地电厂的库存水平全年逐步降低,去库存化趋势明显,年底接近常规年份的库存水平。

第三,分地区来看,内蒙古虽仍是中国动力煤产煤第一大省,但产量同比2012年出现明显下降,"三西"地区仍然为动力煤供给量最高的地区,而随着西北地区煤炭资源的开发及西北地区铁路设施的建设,西北地区动力煤供给量在全国的比重逐年上升。山西、陕西和新疆为动力煤产量增长的主要来源,煤炭生产持续向西部转移。

第四,从所有制结构来看,国有重点煤矿产量保持稳定增长,乡镇煤矿产量有所下降,2013年动力煤价格不断探底,部分乡镇煤矿煤价跌破成本线，被迫采取停产限产来降低亏损，而国有重点煤矿多属于大矿，集约化程度较高，成本优势和政府支持的双重保障下，基本都保持正常有序生产，国有重点煤矿产量比重进一步得到提高。

## 三、2013 年中国动力煤需求情况分析

### （一）2013 年动力煤消费总量

2008—2012 年，受国内经济快速发展的推动，中国动力煤消费量持续增加。2013 年国民经济增速基本与 2012 年持平，全年固定资产投资同比增速 19.6%，较 2012 年回落 1.1 个百分点。全年火力发电量同比增长 11.32%。随着火力发电量及动力煤其他下游行业的稳定持续增长，2013 年动力煤消费量 33.64 亿吨，同比增长 6.0%，如图 2–5 所示。

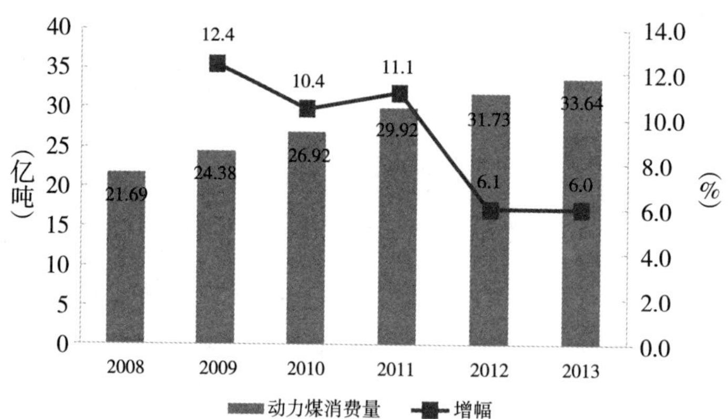


图 2–5 2008—2013 年动力煤消费量及增长率

数据来源：汾渭能源

### （二）2013 年中国动力煤分行业消费情况分析

1. 电力行业消费量分析

中国动力煤主要消费于电力、冶金、建材、化工及民用等领域。2013 年，中国动力煤总消费量 33.64 亿吨。其中，电力行业动力煤需求量占总消费量的比

重为 61%，建材行业动力煤消耗量占总消耗量的比重为 22%，同比 2012 年均下降了 1 个百分点，化工和冶金行业动力煤消耗量占比与 2012 年持平，以民用为主的其他行业动力煤消耗量随着农村城镇化建设的推动呈缓慢下降态势，如图 2-6 所示。

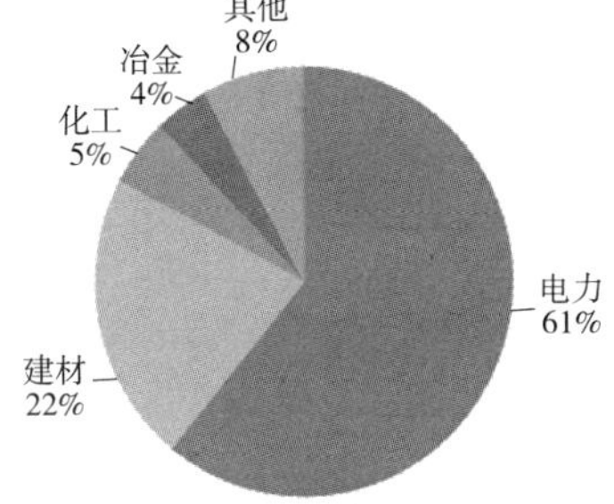


**图 2-6 2013 年中国分行业动力煤消费量占比**

数据来源：汾渭能源

(1)中国电力行业的发展

从 2008 年至 2013 年，中国电力行业总装机容量从 7.92 亿千瓦增长到 12.47 亿千瓦，其中火电装机容量从 6.01 亿千瓦增长到 8.60 亿千瓦，火电容量在总装机容量中的占比从 75.9%下降到 69.0%。随着水电、核电、风电和太阳能发电等新能源的发展，中国火电装机容量占总装机容量的比例呈下滑态势。

2013 年中国电力行业装机容量和火电量预测如表 2-1 所示。

**表 2-1 2013 年中国电力行业装机容量和火力发电量**

| 年份 | 全国总装机容量（亿千瓦） | 火电装机容量（亿千瓦） | 火电所占比例（%） | 火力发电量（亿千瓦时） |
|---|---|---|---|---|
| 2013 | 12.47 | 8.60 | 69.0 | 42153 |

数据来源：中国电力企业联合会、汾渭能源

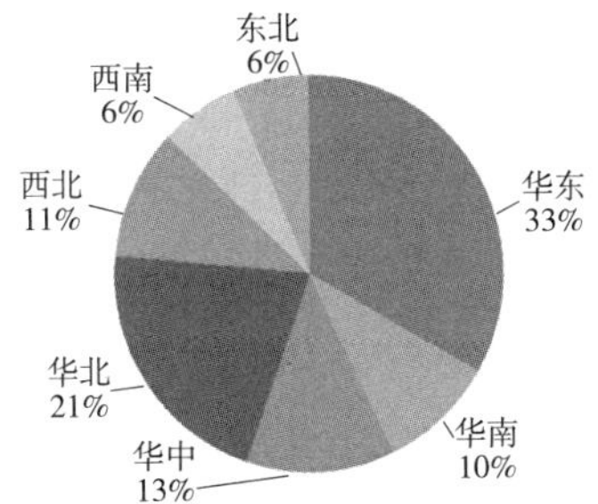


**图 2-7 2013 年中国分地区火力发电量占比**

数据来源：国家统计局

分地区来看，中国火力发电量主要集中在华东、华北和华中地区。2013年中国火力发电量为42153亿千瓦时，同比增长6.9%，其中：华东地区火力发电量占全国火力发电量的33%；华北地区占全国火力发电量的21%；华中地区火力发电量占全国火力发电量的13%，如图2-7所示。东北、西南和西北地区火力发电量相对较少。

（2）中国电力行业的煤炭消耗量

2013年，全国火电装机容量86238万千瓦，设备累计利用平均小时数5012小时，同比增加了30小时。近年来，尽管新能源应用技术不断发展，但成本较高，目前火力发电量仍是全部发电量的主体，2013年火电占比80%。2013年，火力发电量达42153亿千瓦时，消耗动力煤20.59亿吨，耗煤量同比增长8.44%，如表2-2所示。

**表2-2 2008—2013年中国电力行业消耗动力煤量**

| 指标 | 2008年 | 2009年 | 2010年 | 2011年 | 2012年 | 2013年 |
|---|---|---|---|---|---|---|
| 电力动力煤需求（万吨） | 128407 | 141916 | 157729 | 179789 | 189882 | 205906 |
| 火电装机容量（万千瓦） | 60286 | 65108 | 70967 | 76546 | 81917 | 86238 |
| 火力发电量（亿千瓦时） | 27857 | 29814 | 32958 | 38137 | 39108 | 42153 |
| 每度电耗标煤（克） | 349 | 340 | 335 | 330 | 326 | 321 |
| 每度电耗标煤与上年相比（克） | | -9 | -5 | -5 | -4 | -5 |

数据来源：国家统计局、汾渭能源

第二产业是拉动电力需求增长的主要力量，2013年第二产业用电量39143亿千瓦时，同比增长7.0%，占全国全社会用电量的73.5%。由于中国各地区电力需求以及火电装机容量分布不同，各地区火力发电量以及电煤需求量表现不同（东北区域电力供应能力富余较多，西北区域电力供应能力有一定富余，华北区域电力供需平衡偏紧，华东、华中、南方区域电力供需总体平衡）。2013年，全国跨区送电完成1.02万亿千瓦时，同比增长17.9%，跨省输出电量7853亿千瓦时，同比增长9.1%。

2. 建材行业消费量分析

建材行业耗煤主要由水泥、墙体材料和石灰耗煤组成。水泥耗煤占建材行业耗煤量的 75%。

(1)中国建材行业的发展

中国建材行业近几年发展迅速,其中以水泥产量为代表,呈逐年上升趋势。2008 年,由于受国家宏观调控和世界金融危机影响,水泥产量增幅不大仅为 4.63%。2009 年随着国家 4 万亿扩张性财政政策的实施,国内基础设施建设和房地产行业投资快速增长,水泥产量大幅增加 2.48 亿吨,增幅高达 17.98%。2010 年受国家房地产调控政策的影响,房地产行业投资增速有所回落,水泥产量增长速度同比下滑 2.91 个百分点。2011 年全国水泥产量达到 20.63 亿吨,同比增长 10.69%。2012 年受宏观经济增速放缓及房地产调控政策的影响,全年水泥产量 21.8 亿吨,同比增长 5.9%,增速较上年回落 4.8 个百分点。2013 年,随着基建投资快速回升、农村需求增长明显及房地产投资平稳增长,水泥产量保持了约 9%的平均同比增速,达 24.14 亿吨。

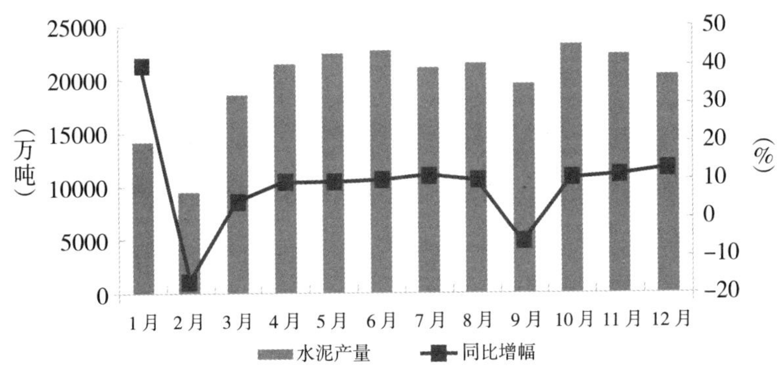


图 2-8 2013 年水泥产量及同比增速

数据来源:国家统计局、汾渭能源

(2)中国建材行业的煤炭消耗量

随着城市化进程的加快,中国住宅建筑和基础设施对水泥用量不断增加,虽然有些建材厂用新的燃料(煤气、石油)、新的工艺和节能措施降低了单位能耗,但建材用煤仍然保持增长。2013 年,中国建材行业消耗动力煤 7.4 亿吨,同比增长 10.5%,增速较 2012 年提升 0.7 个百分点,其中水泥耗煤量最大,其次是玻璃等,如表 2-3 所示。

表 2-3 2008—2013 年建材行业水泥耗煤量

| 指标 | 2008 年 | 2009 年 | 2010 年 | 2011 年 | 2012 年 | 2013 年 |
|---|---|---|---|---|---|---|
| 建材行业动力煤消费(万吨) | 410148 | 48161 | 55106 | 60997 | 66987 | 74050 |
| 火电装机容量(万千瓦) | 138838 | 162898 | 186390 | 206317 | 218405 | 241440 |

数据来源:国家统计局、汾渭能源

3. 化工行业消费量分析

(1)中国化工行业的发展

化工行业是中国四大主要耗煤产业之一,作为原料,化工行业消耗的动力煤主要用于生产合成氨、甲醇。

自 2010 年以来,国内食品价格上涨过快,截止到 2012 年底,粮食价格上涨幅度超过 12%,加上国家一系列惠农政策和实行粮食保护价收购的刺激下,粮食产量从 2010 年的 54640 万吨增加到 2013 年的 60194 万吨,突破了 6 亿吨大关。粮食产量的增长推动了以合成氨为原料的化肥需求量逐年增加,2013 年合成氨产量达 5745 万吨。

自 2005 年以来,中国甲醇的生产能力一直保持快速增长的态势,2013 年甲醇的产能增加约 600 万吨,总产能达到 5900 万吨,产量 2879 万吨,同比增长 8.3%。

(2)中国化工行业的煤炭消耗量

2013 年化工行业消耗动力煤 1.64 亿吨,同比增长 6.82%,其中以合成氨最大,甲醇次之,如表 2-4 所示。

表 2-4 2008—2013 年中国化工行业动力煤消耗量

| 指标 | 2008 年 | 2009 年 | 2010 年 | 2011 年 | 2012 年 | 2013 年 |
|---|---|---|---|---|---|---|
| 化工行业动力煤需求(万吨) | 10808 | 11156 | 12194 | 13730 | 15397 | 16447 |
| 合成氨产量(万吨) | 4995 | 5136 | 4963 | 5069 | 5459 | 5745 |
| 合成氨耗煤量(万吨) | 7969 | 8300 | 8227 | 8119 | 8743 | 9192 |
| 甲醇产量(万吨) | 1126 | 1133 | 1574 | 2227 | 2640 | 2879 |
| 甲醇耗煤量(万吨) | 2838 | 2856 | 3967 | 5611 | 6654 | 7255 |

数据来源:国家统计局、汾渭能源

4. 冶金行业消费量分析

冶金行业动力煤主要是在烧结阶段作为燃料使用。钢铁工业是中国国民经济的重要基础产业，在中国工业化、城镇化进程中发挥着重要作用。“十二五”时期，工业化、城镇化将不断深入，保障性安居工程、水利设施、交通设施等大规模建设拉动国内钢材消费持续增长，但增速有所减缓。

**表2-5　2008—2013年中国冶金行业动力煤消耗量**

| 指标 | 2008年 | 2009年 | 2010年 | 2011年 | 2012年 | 2013年 |
|---|---|---|---|---|---|---|
| 冶金行业动力煤消耗量（万吨） | 9413 | 10875 | 11804 | 12745 | 13281 | 14179 |
| 生铁产量（万吨） | 47067 | 54375 | 59022 | 62969 | 65791 | 70897 |

数据来源：国家统计局、汾渭能源

5. 其他行业消费量分析

除上述四大动力煤消耗行业外，其他行业动力煤消费包括民用、热力、煤制乙烯、煤制油以及煤制天然气等。随着农村城镇化建设的推进，民用动力煤消耗量呈下降趋势，但随着新型煤化工在近年来的快速发展，煤化工动力煤消耗量在逐年增加，如表2-6所示。

**表2-6　2008—2013年其他行业动力煤消耗量**

| 指标 | 2008年 | 2009年 | 2010年 | 2011年 | 2012年 | 2013年 |
|---|---|---|---|---|---|---|
| 其他行业动力煤消耗量（万吨） | 27312 | 31631 | 32415 | 31973 | 31789 | 25778 |

资料来源：汾渭能源

### （三）2013年中国动力煤消费特点

2013年中国动力煤需求呈现以下特点：

第一，中国动力煤市场全年在整体上呈现供给旺盛，需求相对不足的态势。前半年，动力煤供给过剩，电厂库存持续高位，6月份开始部分省份中小煤矿开始大面积限产停产，随着供应的持续减少，10月份起下游需求开始发力，供需过剩紧张局面得到了有效缓解。

第二，火力发电受水力发电影响较大。上半年，火力发电量受水电的冲击，发电量低迷，7～8月份随着南方持续高温天气的影响，火力用电量大幅增长,火电厂日耗显著增加。下半年随着水电贡献的减少,火力发电耗煤持续较高。

第三,2013 年动力煤中低热值煤的消费占比加大。由于中低热消费量的增加,9 月末动力煤重要港口秦皇岛曾出现过货源紧张的状况,中低热值动力煤消费量比重的提升,也使得 2013 年国内动力煤消费量相比上年增幅较大。

## 四、2013 年中国动力煤价格情况分析

### (一)中国动力煤主产地价格

山西、陕西和内蒙古西部是动力煤的主产地,2013 年上述三省动力煤价格波动基本一致,都表现为先抑后扬态势,但各地价格拐点出现的时间先后略有不同,如图 2-9 所示。山西大同动力煤坑口含税价格由年初的 500 元 / 吨一路下跌到 9 月最低 360 元 / 吨,12 月中旬回升至 405 元 / 吨, 较年初下跌 95 元 / 吨,跌幅 19%。陕西榆林动力煤坑口含税价格年初为 410 元 / 吨,8 月下旬降至年度最低 280 元 / 吨后开始反弹,12 月中旬达 335 元 / 吨, 较年初下跌 75 元 / 吨,跌幅 18%。内蒙古鄂尔多斯动力煤坑口含税价格年初为 320 元 / 吨, 持续下跌了近 10 个月,10 月中旬达价格谷底为 200 元 / 吨,之后恢复性增长了 35 元 / 吨,12 月中旬价格上升至 235 元 / 吨,比年初下跌了 85 元 / 吨,跌幅 26%,跌幅最大。

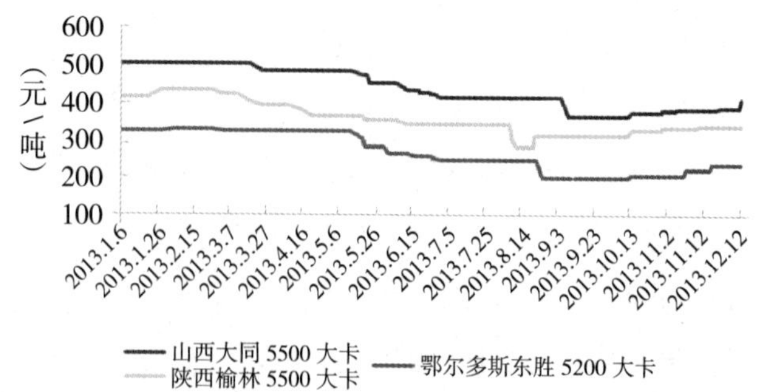


图 2-9 2013 年中国动力煤主产地坑口含税价格走势一览

数据来源:中国煤炭资源网

### (二)中国动力煤主要港口价格

从过去 5 年情况来看,2008 年初,受南方地区冰雪灾害影响,秦皇岛动力煤价格加快上涨,到 2008 年 7 月,大同优混(5800 大卡 / 千克)最高平仓价为 1070 元 / 吨,山西优混最高平仓价达 1010 元 / 吨。2008 年 8 月后,受世界金融危机影响,动力煤需求下降,秦皇岛港库存持续上升,动力煤价格出现大幅下滑局面。2008 年,秦皇岛港大同优混平均价格为 815 元 / 吨,山西优混平均价格为 752 元 / 吨,秦皇岛港动力煤价格呈现先跌后涨局面。2009—2010 年秦皇岛动力煤价格受中国经济增长对能源需求的影响,整体平稳上涨,大同优混的价格由年初 750 元 / 吨上涨到年末的 835 元 / 吨,涨幅 11.3%。

2011 年受季节气候及传统用煤旺季的影响,7 月份和 11 月份动力煤价格保持高位运行,5800 大卡动力煤价格一度达到 900 元 / 吨,2011 年 10 月份受发改委限价令的影响,价格才有所回落。

2012 年由于下游需求不振、供给过剩,动力煤价格持续承压下行,5500 大卡动力煤平仓价从年初的 805 元 / 吨跌至年末的 625 元 / 吨,跌幅达 22%,环渤海动力煤价格指数从 797 元 / 吨跌至 633 元 / 吨,跌幅达 21%。2012 年秦皇岛煤炭库存从年初的 687 万吨增长到 7 月中旬的 860 万吨,最高时的 6 月中旬高达 945 万吨,几乎为 10 年之最。

2013 年,秦皇岛港各煤种价格波动走向基本一致(见图 2-10),以山西优混(5500 卡 / 千克)的价格来看,全年以 9 月份为分水岭,整体呈现先降后升态势。年初价格为 625 元 / 吨,在 9 月下旬降到最低点 525 元 / 吨,10 月份价格开始回升,12 月中旬上升到 635 元 / 吨,略高于年初水平,全年平均价格为 594 元 / 吨,较 2012 年同比下降了 109 元 / 吨,降幅 15.5%。

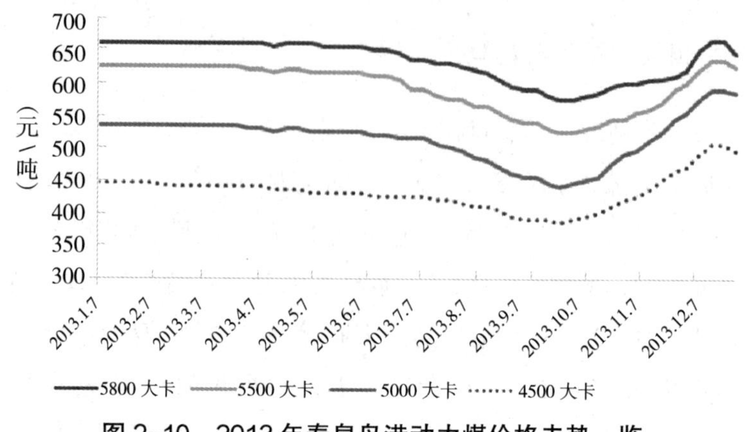


**图 2-10 2013 年秦皇岛港动力煤价格走势一览**

数据来源:中国煤炭资源网

(三)2013 年中国动力煤价格变化特点

2013 年全年,国内动力煤价格呈现先抑后扬态势。10 月份之前,国内动力煤供需格局延续 2012 年过剩的态势,动力煤价格一路承压下跌,以秦皇岛港 5500 大卡的动力煤价格累计下跌 105 元/吨,随着部分中小煤矿纷纷限产停产,供需矛盾得到部分缓解,随着下游需求的回暖,10 月份动力煤价格开始上调。

## 五、2013 年中国动力煤进出口情况分析

(一)中国动力煤进口分析

1. 中国动力煤进口量分析

2009—2013 年,中国动力煤进口量逐年增长,年复合增长率为 29.0%,但期间增速在逐年下滑。2009 年,国内出台 4 万亿的投资策略,国内动力煤需求增加,带动动力煤进口量上扬,为避免国际大宗商品市场价格波动的影响,国内将动力煤进口关税率调整为 3%,2009—2011 年动力煤进口量在 1 亿~2 亿吨的范围内稳步较快上升;2012—2013 年,由于国内动力煤需求减

弱，动力煤进口量增速下降，动力煤进口关税恢复为零对进口量的下滑起到减速作用，2012 年动力煤进口量达到 2.36 亿吨，同比增长 29.7%，增速较 2011 年回落 23.4 个百分点。

2013 年，国内需求在缓慢复苏，进口关税依然为零，国家对进口动力煤的煤质和贸易商做了准入限制，鼓励优质煤炭进口，禁止进口高灰分、高硫分劣质煤炭。由于通过长距离海运的进口煤到港价格比相同热值国内煤炭价格平均要低 50 元 / 吨左右，国内沿海地区的进口量未减，全年进口 2.52 亿吨，同比小幅增长 6.8%。

2. 中国动力煤进口分国别分析

印度尼西亚、澳大利亚、俄罗斯、朝鲜和越南是中国动力煤的主要进口国。2013 年中国动力煤总进口量是 2.52 亿吨，其中从印度尼西亚进口的动力煤量为 1.23 亿吨，占总进口量的 48.9%，较上年减少 13.4 个百分点；从澳大利亚进口 0.58 亿吨，占动力煤总进口量的 23.1%，较上年增加 6.6 个百分点；从俄罗斯、朝鲜和越南分别进口 0.19 亿吨、0.16 亿吨和 0.13 亿吨，分别占动力煤总进口量的 7.5%、6.6%和 5.2%。2013 年中国动力煤进口分国别统计情况如图 2-11 所示。

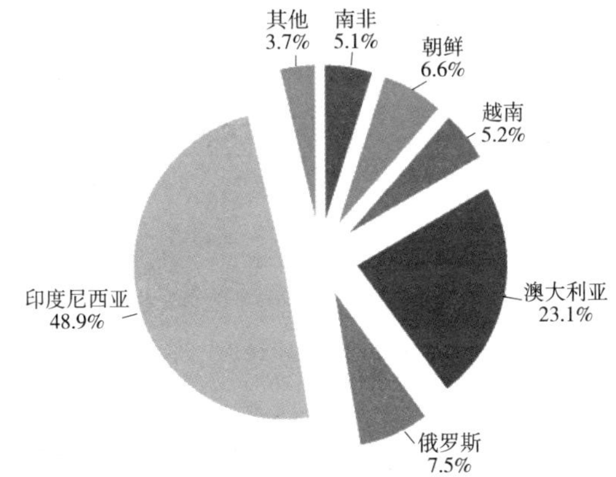


**图 2-11　2013 年中国动力煤进口分国别统计**

数据来源：中国海关总署

3. 中国动力煤进口分省份分析

由于中国煤炭资源分布的不均衡，中国动力煤进口省份主要集中在华东和华南地区。华东地区主要是山东、江苏、浙江、福建等省，华南地区主要是广东和广西。受广东、福建和广西沿海工业加速发展的需求拉动，煤炭进口连创新高。

2013 年，广东动力煤进口量达到 5732 万吨，占动力煤总进口量的 22.8%；福建动力煤进口量为 3851 万吨，占动力煤总进口量的 15.3%；浙江动力煤进口量 2346 万吨，占动力煤总进口量的 9.3%；山东动力煤进口量 2142 万吨，占动力煤总进口量的 8.5%；广西动力煤进口量为 2825 万吨，占动力煤总进口量的 11.2%；江苏动力煤进口量为 2426 万吨，占动力煤总进口量的 9.6%，其他省份动力煤进口占动力煤总进口量的 17.5%。2013 年中国动力煤进口分省份统计情况如图 2-12 所示。

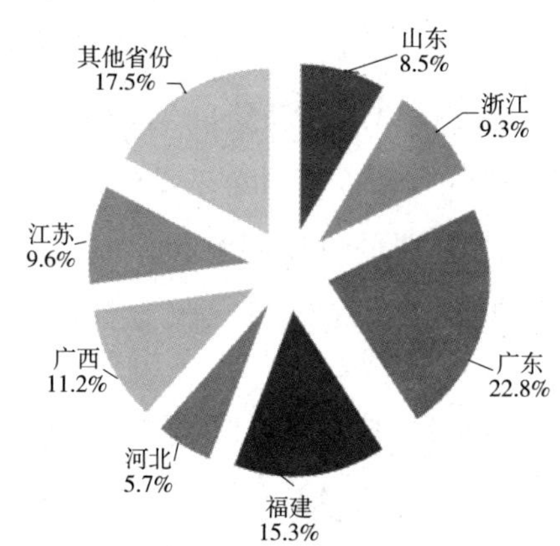


**图 2-12　2013 年中国动力煤进口分省份统计**

数据来源：中国海关总署

（二）中国动力煤出口分析

1. 中国动力煤出口量分析

近年来，随着中国经济的高速发展，国内煤炭缺口逐渐加大，加之国家在“控制出口，鼓励进口”的政策影响下，中国动力煤出口总量呈逐年下降趋势，逐年降幅 17%以上。

2008 年受世界金融危机影响，国际经济发展放缓，煤炭需求呈下降趋势，对中国动力煤需求减少，中国动力煤总出口量为 0.36 亿吨，同比下降了

17%。2009 年，国际煤炭需求继续低迷，煤炭价格持续下跌，受此影响，中国动力煤出口量大幅下降到 0.22 亿吨，同比降幅达 39.6%。2010 年，由于中国经济快速增长，对煤炭需求量快速增长，动力煤出口量进一步下降到 0.18 吨，同比降幅为 17.78%。2011 年，中国经济保持 9.2%的增速，国内动力煤需求旺盛，动力煤的出口量降至 0.11 亿吨，同比减少 38%，而 2012 年出口量不足 800 万吨，降幅为 27.1%。2013 年，由于外需持续低迷，动力煤出口量降至 624 万吨，降幅为 12.48%。

2. 中国动力煤出口分国别分析

日本、韩国和中国台湾地区是中国动力煤主要出口国和地区。日本、韩国经济发达而煤炭资源匮乏，动力煤需求主要依靠进口。2013 年，动力煤出口主要国别没有发生变化，仍以上述三地为主。

2013 年中国动力煤出口总量为 624 万吨，其中：出口韩国的动力煤为 278.1 万吨，占动力煤总出口量的 44.5%；出口日本的动力煤为 256.2 万吨，占动力煤总出口量的 41.0%；出口到中国台湾地区的动力煤为 83.5 万吨，占动力煤总出口量的 13.4%；出口到其他国家的动力煤占总量的 1.1%。同比看，2013 年中国动力煤出口量总量下降，降幅为 25.0%，对日本、韩国和中国台湾地区的出口量均有不同程度的降低。2013 年中国动力煤主要出口国和地区情况如图 2-13 所示。

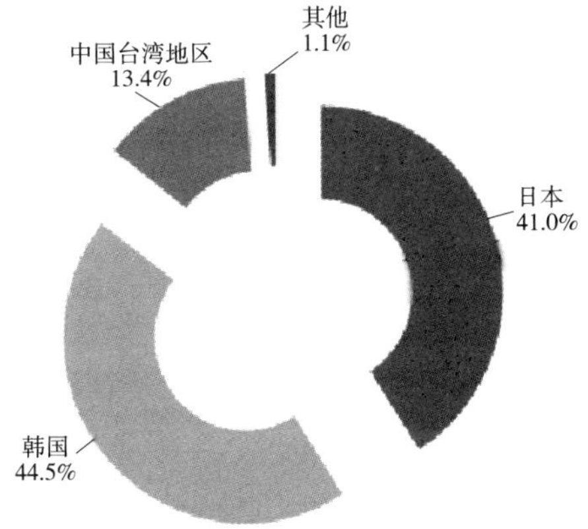


**图 2-13　2013 年中国动力煤主要出口国和地区**

数据来源：中国海关总署

3. 中国动力煤出口分省份分析

2013 年，中国煤炭的动力煤主要出口省份是内蒙古、北京、山西和陕西，其中内蒙古动力煤出口量为 197.1 万吨，占中国动力煤出口量的 31.6%；北京动力煤出口量为 155.5 万吨，占动力煤总出口量的 24.9%；山西动力煤出口量为 124.0 万吨，占动力煤总出口量的 19.9%；陕西动力煤出口量为 53.2 万吨，占动力煤总出口量的 8.5%；其他省份动力煤出口占动力煤总出口量的 15.1%。2013 年中国动力煤出口分省所占比情况如图 2-14 所示。

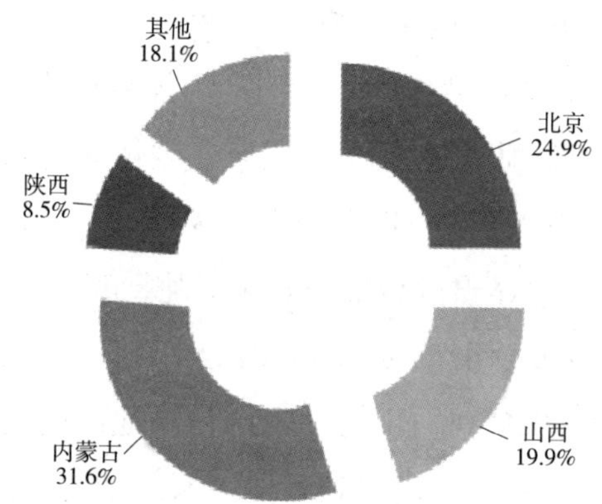


**图 2-14 2013 年中国动力煤出口分省所占比例**

数据来源：中国海关总署

## 六、2013 年中国动力煤供需形势分析

### （一）一季度春节及两会期间，中小煤矿关停限产导致动力煤供应偏紧

2013 年一季度，国内动力煤累计产量 6.92 亿吨，累计消费量 7.44 亿吨，供需缺口 5200 万吨，供需总体以偏紧为主。1 月末 2 月初，受下游电厂春节之前积极补充库存影响，电煤需求向好，加之临近春节假期，中小煤矿限产停产较多，电煤供应偏紧；3 月上旬，全国两会召开，煤矿尤其是地方煤矿受保安全生产因素影响，停产、限产情况较为普遍，煤炭供应总体以偏紧为主。中旬开始，两会结束以后，停产煤矿相继复产，各矿生产开始恢复正常，煤炭

产量增加，但下游需求仍以偏弱为主，电力需求处于逐步恢复当中，电厂电煤库存回落缓慢。

在国内动力煤供应不足的情况下，一季度动力煤进口持续保持高位，累计进口动力煤 6126 万吨，有效地补充了国内动力煤市场，同时也对国内动力煤市场形成了冲击，由于国外动力煤的价格优势，沿海电厂会优先考虑购买进口煤。

### （二）二季度需求持续弱势，主产地中小煤矿被迫大面积停产减产

4 月份，停产煤矿陆续复产，但由于煤矿安全事故频发，煤矿复产进度依旧不乐观，煤炭产量增加的趋势并不明显。大秦铁路检修期间，沿海动力煤市场供应略有偏紧。进口动力煤继续高位，对国内动力煤市场形成压力，而随着冬季取暖的结束，下游电厂日耗有所下降，由于库存高位，购煤积极性较差。

5 月份，内蒙古鄂尔多斯煤矿关停严重，中小煤矿因为亏损出现大量停产减产现象，据统计，当地 330 多家煤矿将近 1/3 停产，产量显著下挫。需求方面，大型基建项目陆续开工，工业形势开始好转，下游工业用电量日耗量以增加为主。

6 月份，下游需求持续弱势，环渤海各港口库存量增加明显。南方水电出力增多，也压缩了火力发电量，电力用煤需求减少，各动力煤主产地地方煤矿大面积停产或以销定产，但国有煤矿基本正常生产，进口动力煤下降明显。

### （三）三季度南方高温天气拉动需求上涨，煤市低迷局面难有改观

7 月份，山西出台煤炭经济 20 条进行救市，直接减少了煤炭企业的生产成本，减产范围得以缩小。国内煤价继续下跌，各地煤矿生产积极性较差，跌破成本线的煤矿被迫关停，限产面积继续扩大，全国动力煤产量环比大幅下降。夏季用电高峰的到来，尤其是南方高温天气的持续，助推了动力煤进口较上月有明显增加，重回高位。

8 月份，随着南方高温天气的持续，下游电厂日耗明显增加，拉动了电煤

需求，一定程度刺激了国内煤炭生产企业，国内动力煤产量创下年内最高水平。而进口煤随着国内煤价的不断下探，价格优势逐渐消失，进口量进一步回落。

9 月份，随着高温天气的逐渐褪去，下游需求回落，煤企生产重回 6 月份的水平。下旬开始，受国庆节前备货的影响，港口拉煤船只有所增长，部分低热值煤出现缺货现象。

### （四）四季度多因素推动需求上涨，煤矿供应压力有所缓和

10 月份，供应方面，各主产地生产保持平稳；需求方面，建材行业需求大幅增长，大秦线检修和冬季屯煤开始，使得供应紧张，尤其是低热值煤港口缺口较大，煤价开始出现反弹迹象，低热值煤率先涨价。进口煤继续保持较低水平。

11 月份，冬季取暖用煤和用电高峰的到来，动力煤市场相比之前变得活跃，港口外运量大增，国内海运紧张，海运费居高不下，煤价持续反弹。

12 月份，港口拉煤船只逐渐减少，海运费也开始下降，市场波动性减弱，价格开始趋于平稳，受春节假期临近和冬季降雪等因素影响，鄂尔多斯地区煤矿停产、减产范围扩大，煤企持谨慎态度继续以销定产，以降低库存为原则，以规避降价风险为首要任务。

# 第三部分　2014 年中国冶金煤市场预测及 2013 年分析报告

## 一、2014 年中国炼焦煤市场预测及 2013 年分析报告

### (一)2014 年中国炼焦煤供给预测

我国是世界上最大的炼焦煤生产国。受国内外炼焦煤市场需求拉动,近几年中国炼焦煤产量保持持续增长势头，但由于国内的煤炭资源整合和对包括炼焦煤资源在内的稀缺性资源的保护性开采，中国炼焦原煤产量占煤炭比例也呈现下降的趋势,产量增速低于煤炭产量增速。

未来炼焦原煤产量主要受以下因素影响:

第一,资源整合影响。山西是中国最主要的炼焦煤产地,而且主要炼焦煤生产地区吕梁、临汾、长治等地中小煤矿众多,安全生产得不到有效保障,市场秩序得不到有序管理，以山西带头开始在全国实施煤炭资源整合。自 2008—2009 年山西省煤炭资源整合以来,全国焦煤产量下降明显。据调查,山西多数被整合矿井的复产手续审批过程缓慢，加之 2013 年市场需求疲软,延缓了山西炼焦煤产能的释放。另外,河南、宁夏、贵州、山东、内蒙古各省资源整合产能都将逐渐释放。预计 2014 年炼焦煤产量的增长主要来源于资源整合产能的释放。

第二,安全生产影响。煤矿生产是发生事故频率较高的产业,每次发生事故后的关停政策都将对煤炭产量的增长起到一定的限制。2011 年 6 ~ 7 月,湖南、安徽、贵州等地相继发生矿难,而且均有人员伤亡,国家安监总局发起对全国各地进行安全整顿，部分不符合安全生产条件的炼焦煤煤矿关停整改,对煤炭产量造成影响。而 2012 年底,四川、黑龙江、贵州、山西、云南等地相继发生煤矿安全事故，安监局要求事故发生地全区停产整顿。2012

年2月，国家煤矿安全监察局发出《2012年煤矿安全工作要点》的通知，以新建技改、资源整合、兼并重组煤矿为重点，全面推进安全生产。2013年，国家煤矿安全监察局印发《煤矿安全质量标准化考核评级办法（试行）》和《煤矿安全质量标准化基本要求及评分方法（试行）》的通知，提出对煤矿安全质量进行标准化建设专题，对安全生产提出了更高要求。预计2014年安全要求力度将进一步提高，生产秩序更加严谨。

第三，煤炭企业固定资产投资。受煤炭需求旺盛拉动，2010年、2011年煤炭行业固定资产投入持续高涨。国家统计局资料显示，2011年煤炭行业固定资产投资为4896.9亿元，同比增幅仍为25.6%。2012年，煤炭行业固定资产投资为5079亿元，同比增幅为3.71%。2013年，煤炭行业固定资产投资为5263亿元，同比减少2%，说明中国煤矿建设步伐放缓，未来产能增速受限。

第四，运输持续改善。2008—2010年，中国铁路建设投入明显加大。2011年铁道部受甬温线发生特大动车事故及身背高负债等影响，当年基建投资大幅降至4611亿元。2012年、2013年，铁路基本建设投资为5200亿元和5300亿元，保持较快增长。考虑铁路建设的延续性，一批新建项目陆续展开，其中货运能力2亿吨的山西中南部铁路通道预计于2016年底通车，将带动山西中部、南部河东煤田、霍西煤田炼焦煤的开发。

第五，下游行业的市场需求。下游行业需求是炼焦煤生产的原动力，支撑着国内炼焦煤生产的持续增长。当前，国内下游钢铁产能过剩严重，国家正在实施一系列的产业政策转变经济发展方式、淘汰落后产能，对钢铁行业影响较大。

综合以上分析，预计2014年，中国炼焦原煤产量或达到14.97亿吨，炼焦精煤有效供应量或达57856万吨，同比增长1500万吨，增幅2.66%。分煤种而言，其中主焦煤增长最多可达857万吨，增幅4.8%，肥煤产量增幅最大或达12.23%，瘦煤和气肥煤或略有下降。2014年中国炼焦煤分煤种产量及其有效供应量预测情况如表3-1所示。

**表 3-1　2014 年中国炼焦煤分煤种产量及其有效供应量预测**

单位:万吨

| 分类<br>预测量 | 总供应量 | 贫瘦煤 | 瘦煤 | 焦煤 | 肥煤 | 1/3 焦煤 | 气肥煤 | 气煤 |
|---|---|---|---|---|---|---|---|---|
| 炼焦原煤 | 149725 | 10280 | 9050 | 38110 | 13185 | 20650 | 9000 | 49450 |
| 炼焦精煤 | 57856 | 4031 | 3885 | 18726 | 6259 | 10765 | 3787 | 10403 |

数据来源:汾渭能源

(二)2014 年中国炼焦煤需求预测

1. 2014 年焦炭行业发展预测

我国自取消了焦炭出口关税和配额管理制以来，焦炭出口数量也出现恢复性增长,但国际贸易焦炭进出口总量仍然有限,我国焦炭出口形势难有大的改观,焦化企业主要立足于满足国内市场需求。

目前我国固定资产投资和钢厂出口均保持较高增长速度，粗钢产量连创新高,带动焦炭产量企稳提升,但未来国家出台大规模经济刺激政策的可能性较低,焦炭需求增幅将有所收紧。而据中国炼焦行业协会数据,2013 年我国新投产焦炉共 43 座,年新增产能 2660 万吨,焦炭产能过剩压力进一步加大。2014 年淘汰落后产能的步伐还将继续,预计 2014 年焦化行业产能将达到 6.5 亿吨,新增产能将有下降的势头,增长点主要来自西部地区。

近年来,随着焦化行业产能不断过剩,产能利用率持续降低,其中山西由于独立焦化厂较多致使该地产能利用率降低最为明显,2013 年山西焦化行业产能利用率为 52.78%。而其他省市由于焦钢联合企业较多,产能利用率变化并不明显。

根据 2013 年山西省出台的《山西省人民政府关于化解钢铁焦化水泥电解铝行业产能严重过剩矛盾的实施方案》,将通过 5 年努力,化解重点行业产能严重过剩矛盾,产能利用率达到 80%以上,年均增速为 8.67%,则测算 2014 年山西省焦化行业产能利用率将提高至 57.34%。

另外,根据冶金工业规划院对钢材需求的预测,以及 2014 年国内高炉投产情况分析，预计 2014 年全国粗钢产量将超过 8.08 亿吨，对焦炭的需求量明显提升。

综合考虑，2014 年中国焦化行业产能利用率将有所提升，预测值为 77.75%。

根据上述焦化行业产能及产能利用率预测值，2014 年焦炭产量将达到 50658 万吨，同比增长约 6.34%，如表 3-2 所示。

**表 3-2 2014 年中国焦炭产量分品种预测**

| 产量 | 2014 年（万吨） | 2013 年（万吨） | 2014 年同比增速（%） |
|---|---|---|---|
| 焦炭产量 | 50658 | 47636 | 6.34 |
| 其中：冶金焦产量 | 45040 | 43100 | 4.50 |
| 铸造焦产量 | 880 | 840 | 4.76 |
| 兰炭产量 | 4738 | 3696 | 28.2 |

数据来源：国家统计局、蓝皮书编写组

2. 2014 年钢铁行业炼焦煤分煤种配比及需求预测

（1）2014 年冶金焦炼焦煤分煤种需求量预测主要考虑以下因素：

第一，高炉大型化及炼铁技术的发展。从目前高炉整体情况来看，炼铁高炉容积继续扩大，安钢 2013 年 4747 立方米高炉投产。随着高炉大型化趋势的发展，焦炭的块度、热态性质越来越重要。为提高焦炭热态强度，入炉煤中优质强粘结煤使用比例将加大。

第二，捣固技术发展。捣固技术可以在炼焦过程中减少焦煤、肥煤等强粘煤的比例，从而降低生产成本。全国中小焦化行业大规模采用捣固焦技术，弱粘结性煤配比最高可达 45%，节约了大量优质炼焦煤。目前使用捣固焦炼铁的主要是 1000 立方米以下的高炉，大型高炉对捣固焦的使用非常少。预计未来 10 年中国的捣固技术将有所发展，但为了保障焦炭的质量，入炉煤中强粘结煤的配比不会降低。

第三，喷吹技术发展。喷煤技术的发展一定程度上可减少焦炭使用量，从而大幅度降低炼铁成本。喷吹煤用量的提高将对焦炭和炼焦煤产生两方面影响。一方面，喷吹煤在炼铁中有替代焦炭的作用，减少焦炭使用量；另一方面，喷吹煤的大量使用，将对焦炭强度要求加大，促使入炉煤中焦煤、肥煤、1/3 焦煤等强粘煤的配比上升，而高挥发分的气肥煤、气煤等煤种比例下降。2014 年中国冶金焦炼焦分煤种配比及需求预测情况如表 3–3 所示。

**表 3–3　2014 年中国冶金焦炼焦分煤种配比及需求预测**

| 分类<br>指标 | 焦煤 | 肥煤 | 瘦煤 | 气肥煤 | 1/3 焦煤 | 气煤 | 其他炼焦配煤 |
|---|---|---|---|---|---|---|---|
| 占比（%） | 33.0 | 11.0 | 6.5 | 7.0 | 20.0 | 16.0 | 6.5 |
| 需求量（万吨） | 19917 | 6639 | 3923 | 4225 | 12071 | 9657 | 3923 |

数据来源：蓝皮书编写组

（2）2014 年铸造焦炼焦煤分煤种需求量预测主要考虑以下三个因素：第一，铸造焦生产中，炼焦煤配入强粘结煤的比例要求较大，其中主焦煤最低不得少于 50%，有企业达到 70%以上。出于成本考虑，生产企业不断提高技术工艺，减少焦煤配入比例，使得焦煤比例呈逐渐下降趋势。肥煤配入比例在 20% ~ 30%，相对较为稳定。第二，铸造焦质量要求的特殊性，需配入一定比例的无烟煤提高焦炭硬度，配入比例在 10%左右。第三，随着强粘结煤配入比例的逐渐下降，炼焦配煤配入比例相应提高，主要炼焦配煤为贫瘦贫煤，目前国内平均配入比例为 10% ~ 15%，如表 3–4 所示。

**表 3–4　2014 年中国铸造焦炼焦分煤种配比及需求预测**

| 分类<br>指标 | 焦煤 | 肥煤 | 贫瘦煤 | 无烟煤 |
|---|---|---|---|---|
| 占比（%） | 55 | 20 | 15 | 10 |
| 需求量（万吨） | 649 | 236 | 177 | 118 |

数据来源：蓝皮书编写组

3. 总需求分煤种预测汇总

综上，2014 年中国炼焦行业主焦精煤需求将达到 2.06 亿吨，占炼焦煤需求总量的 32.8%，其次是 1/3 焦煤为 1.21 亿吨，其他依次是气煤、肥煤等，强粘煤所占比重约为63%,如图3-1所示。

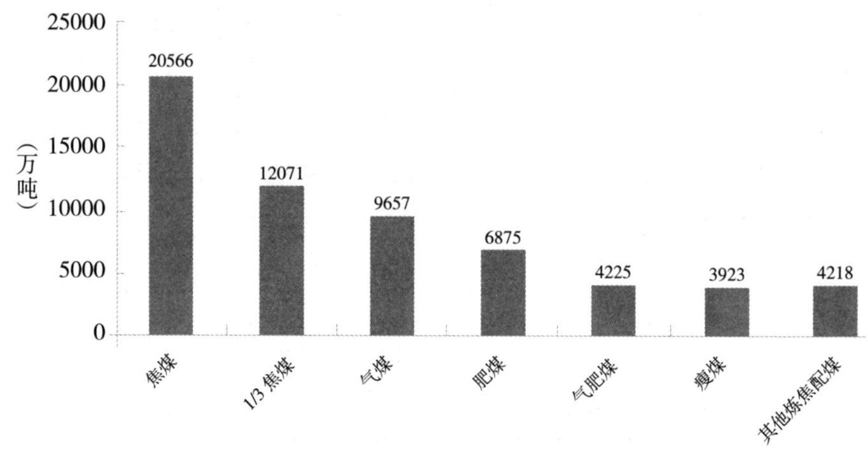


**图3-1 2014年中国炼焦煤分煤种总需求量预测**

数据来源:蓝皮书编写组

(三)2014年中国炼焦煤供需形势及价格预测

2014年,供应方面,中国炼焦煤资源整合产能继续释放,新建煤矿相继投产,炼焦煤生产能力进一步提高,由于国家对炼焦煤等稀缺性资源的保护性开采及清洁、环保、产业结构性过剩调整政策的推进实施,炼焦煤生产增速减慢。需求方面,下游钢铁行业产量规模和品质要求持续攀升,推动焦化产业不断优化升级,增速受产能过剩压力制约也有所放缓。综合供需情况对比来看,2014年中国炼焦煤供需缺口4767万吨。

分煤种预计,2014年中国炼焦煤缺口仍以强粘煤为主,缺口达3744万吨,占供需缺口总量的78.5%。其中,主焦煤1825万吨,肥煤621万吨,1/3焦煤1298万吨。炼焦配煤方面缺口相对较小,并且可以通过调整配煤方面得到相应缓解。

根据对历年炼焦煤价格的研究,中国正处于煤炭行业的调整期,近几年的主要任务之一就是去库存和去产能,价格将在市场的充分竞争中不断下行直至达到新的供需平衡。具体来说,2014年炼焦煤供大于需的格局仍不会改变,社会库存会继续攀升,炼焦煤价格震荡运行,整体继续回落,预计2014

年平均价格将下跌120元/吨左右，部分煤种下跌幅度达到180元/吨。

价格影响主要考虑以下几个因素：

(1)煤炭大环境仍将处于供需过剩局面。在激烈的市场竞争下，煤炭价格继续承压下行。

(2)炼焦煤国际国内价差的进一步缩小。国际炼焦煤价格优势势必会对国内市场价格形成影响，使得国内炼焦煤价格与国际炼焦煤价格差距不断缩小。

(3)成本中枢下行。面对严峻的市场竞争，预计2014年炼焦煤生产成本会继续下降，成本中枢下移，使得价格下行空间增大。

预测前提：

(1)中国经济稳定健康发展，GDP经济增速为7.5%。

(2)政府不会对产量强制干预，进行限产保价，价格由市场决定。

(3)不会发生严重影响产量的煤矿安全事故。

预测结论：

在炼焦煤价格下跌120元/吨左右的预期中，6月份达到最低点，各分煤种由于指标的差异跌幅会略有不同。

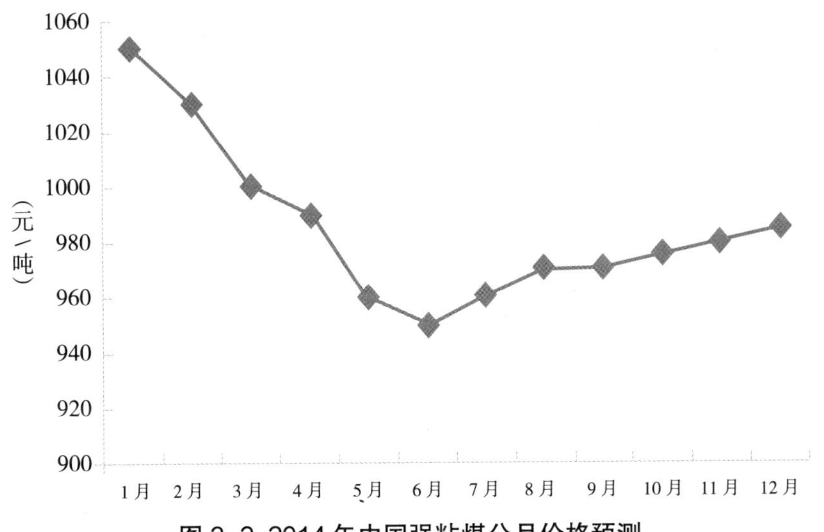


**图3-2 2014年中国强粘煤分月价格预测**

数据来源：蓝皮书编写组

### （四）2014年中国炼焦煤进出口预测

#### 1. 2014年中国炼焦煤进口量预测

为满足中国经济发展对煤炭的需求及对国内优质炼焦煤资源的保护性开采，中国实行“鼓励进口、限制出口”的煤炭进出口政策，对炼焦煤进口实行零关税。

中国炼焦煤供应整体较为充足，但随着国内对炼焦煤需求的不断增加，强粘煤从2008年开始出现短缺，进口炼焦煤呈逐年递增态势，2009年中国共进口炼焦煤3442万吨。2010—2011年，中国国内炼焦煤紧缺状况有所缓解，同时国际市场恢复，2011年中国共进口炼焦煤4466万吨，进口量减少主要是来自澳大利亚。2012年炼焦煤进口量达5355万吨。2013年，中国国内炼焦煤需求量继续增长，强粘煤供需缺口加大，进口量继续攀升至7539万吨。

决定中国炼焦煤进口量的主要因素为以下几点：

（1）中国国内的需求形势。2007—2013年间，中国炼焦煤需求一直保持高速增长，但供给相对于需求的增速缓慢。尤其是2009年，中国最大的炼焦煤产地山西省进行煤炭资源整合，许多中小煤矿被迫关闭，使炼焦煤供给量下降，国内炼焦煤短缺，导致炼焦煤进口量大幅增加。近5年，进口炼焦煤作为国内炼焦煤缺口的补充，沿海钢铁企业对进口炼焦煤的依赖度逐渐提高，进口炼焦煤量保持快速增长。

（2）进口国国情。2007年后在国际煤炭价格上涨的带动下，各国对于煤炭产业的固定资产投资增长较快，如澳大利亚、印度尼西亚等。产能的快速增长，带动各国产量的快速增加，但国内消费量有限，必须依靠出口缓解。在中国各进口来源国中，以澳大利亚、印度尼西亚、美国为例，炼焦煤国内市场需求少，中国未来仍将是其主要市场之一。蒙古国与中国北部毗邻，其炼焦煤全部出口中国。蒙古国曾经尝试将炼焦煤通过俄罗斯出口到其他国家，但是由于面临长途运输问题，经济效益低下，方案不可行。受地理位置的限制，未来蒙古国生产的炼焦煤仍将全部出口中国。

（3）进口炼焦煤价格优势。炼焦煤进口量一定程度取决于进口煤的价格，在中国炼焦煤进口来源国中，以蒙古国的价格优势最为明显，炼焦煤进口量占比较大。蒙古国煤炭生产成本较低，相比国内炼焦煤价格优势显著，未来决定蒙古国炼焦煤进口量的因素主要是蒙古国内的生产能力。另外，澳大利亚、印度尼西亚等国炼焦煤平均生产成本与国内炼焦煤平均生产成本相比均具有不同程度的优势，尽管随着国内炼焦煤成本的压缩，差距在不断缩小，但优势仍然存在，仍将成为出口到国内的主要竞争力指标。

(4)煤质的互补。尽管国内炼焦煤供应较为充足，但主焦煤现已出现缺口，尤其是生产一级焦的优质主焦煤缺口较大，而澳大利亚焦煤品质优良，能够有效弥补国内优质主焦煤的不足，为提高国内焦炭质量提供了有力的保障。

综上，2014 年随着国内炼焦煤需求的进一步增加，强粘煤缺口仍将存在，考虑国内炼焦煤生产成本将得到有效控制，进口炼焦煤价格优势减弱，另外主要进口国印度出口禁令的实施，将影响煤炭出口量。预计 2014 年中国炼焦煤进口量小幅下降，进口量约 7300 万吨，同比下降 3.2%。

2. 2014 年中国炼焦煤出口量预测

受地理位置限制，中国炼焦煤只出口亚洲国家。日本、韩国、中国台湾地区是中国炼焦煤出口的三个最主要地区。决定中国炼焦煤出口的主要因素是中国国内炼焦煤与国际炼焦煤价格比较。中国炼焦煤供应紧缺，并且与国际炼焦煤价格相比，中国炼焦煤优势不大，出口量较少。

2011—2013 年中国炼焦煤出口量基本稳定在 100 多万吨，2013 年为 111 万吨，同比下降 20 万吨。预计 2014 年中国炼焦煤出口量约为 100 万吨。

### (五)2013 年中国炼焦煤供给情况分析

中国是世界上最大的炼焦煤生产国和消费国。受国际国内炼焦煤市场需求拉动，近几年中国炼焦煤产量持续增长。2013 年，随着山西等炼焦煤主产地资源整合产能的逐渐释放，中国炼焦原煤产量继续增加到 14.67 亿吨，同比增长 6600 万吨，增幅 4.7%。2012—2013 年中国炼焦煤有效供应量情况如图 3-3 所示。

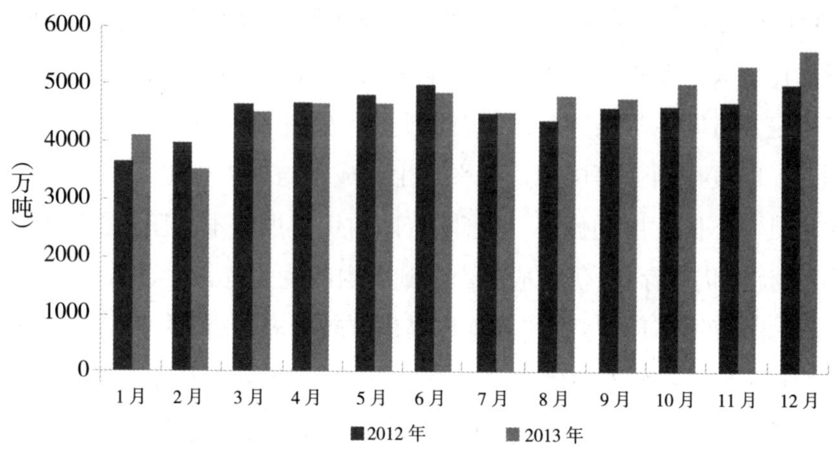


**图 3-3 2012—2013 年中国炼焦煤有效供应量**

数据来源:汾渭能源

分煤种而言,中国气煤产量最大,焦煤第二,1/3 焦煤次之。2013 年中国气煤产量为 4.93 亿吨,占全国炼焦煤的 33.57%,同比增长 1400 万吨;焦煤 3.66 亿吨,同比增长 3000 万吨,增幅 8.93%;1/3 焦煤 2.05 亿吨,占全国炼焦煤产量的 14%,同比增长 300 万吨,增幅 1.49%。

**表 3-5 2013 年中国炼焦原煤分煤种产量**

| 分类<br>指标 | 贫瘦煤 | 瘦煤 | 焦煤 | 肥煤 | 1/3 焦煤 | 气肥煤 | 气煤 | 合计 |
|---|---|---|---|---|---|---|---|---|
| 产量(万吨) | 10225 | 9070 | 36613 | 11931 | 20547 | 9088 | 49250 | 146725 |
| 占比(%) | 6.97 | 6.18 | 24.95 | 8.13 | 14.00 | 6.19 | 33.57 | 100.00 |

数据来源:汾渭能源

随着中国煤矿的机械化程度逐渐提高,夹矸的混入,使得炼焦原煤的灰分也逐年增加,但中国煤炭的洗选技术也在不断提高。综合来看,中国的炼焦煤精煤产率呈现递减的趋势。近年来,除安徽、江西、青海等省份所产的少量灰分极高、极难选的焦煤外,其他省份的主焦煤、肥煤、1/3 焦煤入洗率均达到了 100%。2013 年炼焦煤生产省份分煤种入洗率和回收率情况如表 3-6 所示。

**表 3-6 2013 年炼焦煤主产省份分煤种入洗率和回收率**

单位:%

| 省份 | 项目 | 贫瘦煤 | 瘦煤 | 焦煤 | 肥煤 | 1/3 焦煤 | 气肥煤 | 气煤 |
|---|---|---|---|---|---|---|---|---|
| 山西 | 入洗率 | 70 | 90 | 100 | 100 | 100 | 100 | 15 |
| | 回收率 | 57 | 57 | 55 | 53 | 59 | 41 | 53 |
| 内蒙古 | 入洗率 | 100 | 100 | 100 | 100 | 100 | 100 | 100 |
| | 回收率 | 30 | 31 | 41 | 41 | 43 | — | — |
| 陕西 | 入洗率 | 35 | 35 | 100 | 100 | — | 100 | 100 |
| | 回收率 | 48 | 48 | 50 | 50 | — | 50 | 50 |
| 河南 | 入洗率 | 80 | 100 | 100 | 100 | 100 | — | 100 |
| | 回收率 | 60 | 60 | 45 | 50 | 48 | — | 55 |
| 山东 | 入洗率 | 75 | 100 | 100 | 100 | 100 | 80 | 70 |
| | 回收率 | 50 | 55 | 55 | 55 | 60 | 53 | 55 |
| 云南 | 入洗率 | 100 | 100 | 100 | 100 | 100 | 100 | 100 |
| | 回收率 | 55 | 55 | 65 | 51 | 65 | 60 | 65 |

数据来源:汾渭能源

根据各省分煤种原煤产量、入洗率以及回收率,可得到 2013 年中国炼焦精煤产量为 5.64 亿吨,同比增长 1685 万吨,其中山西省炼焦精煤产量为 1.77 亿吨,同比增长 800 万吨,占全国炼焦精煤产量的 31.37%,居全国第一省。全国煤炭六大主产省份炼焦精煤产量合计 3.39 亿吨,占全国产量比重达 60%以上。2013 年炼焦煤产量及增长情况见表 3-7、表 3-8。

**表 3-7 2013 年炼焦精煤分煤种产量及同比增长**

| 年份 | 有效供应 | 贫瘦煤 | 瘦煤 | 焦煤 | 肥煤 | 1/3 焦煤 | 气肥煤 | 气煤 |
|---|---|---|---|---|---|---|---|---|
| 2012 年(万吨) | 54671 | 3601 | 4043 | 17044 | 5490 | 10035 | 4004 | 10454 |
| 2013 年(万吨) | 56356 | 3871 | 4297 | 17869 | 5572 | 10026 | 4150 | 10571 |
| 同比增长(万吨) | 1685 | 270 | 254 | 825 | 82 | -9 | 146 | 117 |
| 增幅(%) | 3.08 | 7.50 | 6.27 | 4.84 | 1.50 | -0.09 | 3.65 | 1.12 |

数据来源:汾渭能源

表 3-8 2013 年中国炼焦精煤分省份产量

单位:万吨

| 省份 | 合计 | 贫瘦煤 | 瘦煤 | 焦煤 | 肥煤 | 1/3 焦煤 | 气肥煤 | 气煤 |
|---|---|---|---|---|---|---|---|---|
| 山西 | 17050 | 2519 | 1346 | 7672 | 1308 | 1828 | 402 | 1975 |
| 山东 | 6022 | 160 | 37 | 25 | 535 | 1129 | 1329 | 2807 |
| 安徽 | 4653 | 142 | 126 | 494 | 295 | 777 | 225 | 2594 |
| 河南 | 3310 | 641 | 513 | 415 | 381 | 1336 | 0 | 24 |
| 贵州 | 3235 | 318 | 190 | 1484 | 1119 | 0 | 125 | 0 |
| 云南 | 2772 | 38 | 269 | 1369 | 226 | 509 | 362 | 0 |
| 黑龙江 | 2711 | 0 | 7 | 427 | 70 | 1375 | 132 | 700 |
| 河北 | 2684 | 408 | 257 | 139 | 1102 | 389 | 123 | 266 |
| 内蒙古 | 2123 | 0 | 25 | 1930 | 101 | 67 | 0 | 0 |
| 吉林 | 1287 | 0 | 55 | 500 | 0 | 216 | 8 | 508 |
| 江苏 | 1202 | 0 | 0 | 0 | 41 | 42 | 276 | 843 |
| 重庆 | 888 | 88 | 83 | 151 | 98 | 357 | 59 | 53 |
| 四川 | 667 | 64 | 221 | 383 | 0 | 0 | 0 | 0 |
| 新疆 | 627 | 0 | 0 | 103 | 0 | 0 | 0 | 524 |
| 青海 | 528 | 0 | 0 | 264 | 0 | 264 | 0 | 0 |

数据来源:汾渭能源

### (六)2013 年中国炼焦煤需求情况分析

推动中国炼焦煤需求快速增长的主要因素包括钢铁和焦炭产量、焦铁比以及吨焦耗煤和炼焦配比等。

1.钢铁行业的快速发展

近年来,钢铁行业的快速发展推动着焦炭产量的不断增长,进而拉动国内炼焦煤需求的持续升温。2008—2013 年中国生铁产量从 4.71 亿吨增长到 2013 年的 7.09 亿吨,年均复合增长率为 8.52%,粗钢产量从 2008 年的 5.02 亿吨增长到 2013 年的 7.79 亿吨,年均复合增长率 9.19%。

作为钢铁行业的主要原料,国内焦炭产量从 2008 年的 3.24 亿吨增长到 2013 年的 4.8 亿吨,年均复合增长率 8.17%,略低于生铁产量增速。在焦炭产量的快速推动下, 中国炼焦精煤需求量也从 2008 年的 4.4 亿吨提高到 2013 年的 6.4 亿吨,年均复合增长率为 7.78%。

据国家统计局统计,2013 年全年粗钢产量继续增长,达到 7.79 亿吨,同比增长 7.5%,创历史新高;全国粗钢日均产量也刷新历史纪录。其中,2013 年 5 月 10 日，全国粗钢产量为 219.29 万吨，创下有记录以来的最高水平。2013 年我国生铁累计产量 7.09 亿吨，同比增长 6.2%。其中 12 月份生铁产量 5472 万吨,同比增长 5.9%,如图 3-4 所示。

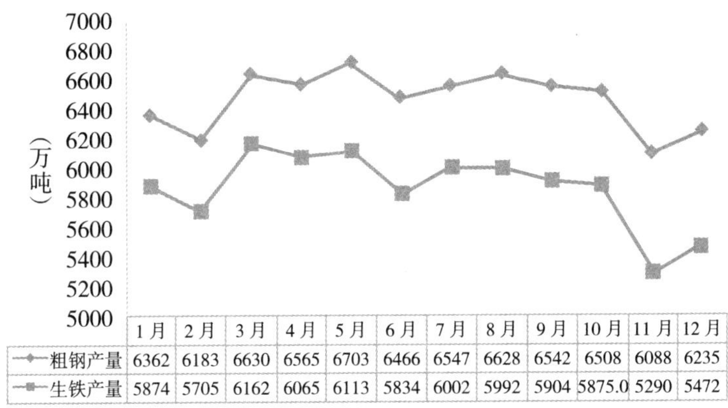


**图 3-4 2013 年中国粗钢、生铁产量走势图**

数据来源:国家统计局

分省市看,河北、江苏、山东、辽宁和山西分别位居全国粗钢产量前五位,合计产量占全国产量的 56.39%。其中:江苏、辽宁、山西、河南、内蒙古、云南、广西等地粗钢产量仍保持了较快的增长态势,增速均在 10%以上;河北、山东、湖北、江西、四川等省粗钢产量同比低于全国平均增速,而上海粗钢产量出现了负增长情况,如表 3-9 所示。

**表 3-9 2013 年中国分省市粗钢产量**

| 指标 | 河北 | 江苏 | 山东 | 辽宁 | 山西 | 湖北 | 河南 | 安徽 |
|---|---|---|---|---|---|---|---|---|
| 产量(万吨) | 18849.63 | 8469.05 | 6119.84 | 5972.88 | 4519.60 | 2887.77 | 2735.97 | 2351.49 |
| 同比增长(%) | 3.50 | 10.57 | 2.74 | 15.36 | 14.04 | 0.29 | 19.40 | 9.49 |
| 省份 | 天津 | 江西 | 内蒙古 | 云南 | 上海 | 湖南 | 四川 | 广西 |
| 产量(万吨) | 2289.53 | 2156.63 | 1978.56 | 1883.85 | 1800.59 | 1746.51 | 1711.50 | 1666.60 |
| 同比增长(%) | 7.78 | 0.78 | 14.09 | 23.39 | -8.86 | 4.46 | 2.36 | 24.55 |

数据来源:国家统计局

2013 年,焦炭产量分布格局发生明显变化。山西、河北、山东、陕西和内蒙古仍分居焦炭产量前五位，其中河北焦炭产量出现负增长；前五省产量总计26349 万吨，占全国总产量的 55.31%，同比下降 0.79 个百分点。2013 年，新疆焦炭项目迅速投产，产量急剧增加，达到 1772.73 万吨，由第十位上升至第八位，同比增长 40.3%，远高于全国增速。前十位省份的焦炭产量合计 38409 万吨，占全国的 80.63%，同比增加 3.45 个百分点，如图 3–5 所示。

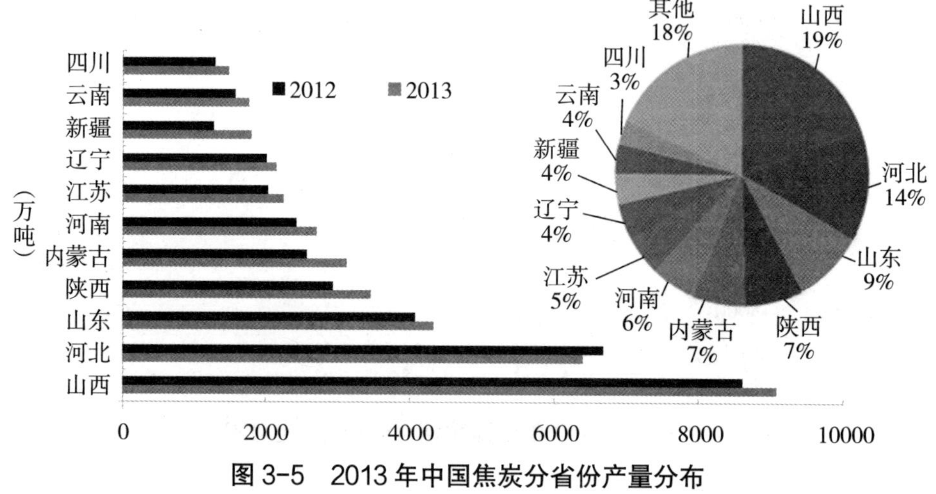


**图 3–5 2013 年中国焦炭分省份产量分布**

数据来源：国家统计局

2.焦铁比的不断下降

钢铁企业为了降低各工序能耗，降低生产成本，生产过程中不断降低焦铁比。支撑焦铁比下降的重要技术条件是：提高入炉矿含铁品位、高炉喷吹技术的发展、改善原燃料（特别是焦炭）的质量、热风温度的提高、高炉操作水平的提高以及设备的大型化等因素。

其中高炉喷吹技术的应用是降低焦铁比的重要手段之一，喷吹煤用量的提高将对焦炭产生两方面影响：一方面，喷吹煤在炼铁中有替代焦炭的作用，减少焦炭使用，从而减少炼焦煤的使用量；另一方面，喷吹煤的大量使用，将对焦炭强度要求加大，促使入炉煤中焦煤配比上升。根据中国钢铁协会统计数据，2013 年全国重点钢铁企业平均喷吹煤量已经达到每吨铁151 千克，与世界先进水平每吨铁 200 千克相比还有很大差距。

3.吨焦耗煤比例逐渐下降

焦化行业新准入条件提出常规和热回收焦炉吨焦煤耗比例 1.33，随着焦化行业的调整和产业升级，焦化行业的吨焦耗煤呈逐渐下降趋势。吨焦耗煤下降需要炼焦技术的支撑，如焦炉大型化和捣固技术的应用，都将提高焦炭产出率，降低吨焦耗煤。

4.高炉大型化及炼焦技术的发展

据中国钢铁协会统计数据，中国 3000 立方米以上高炉已由 2008 年的 26 座增加到 2013 年的 35 座。高炉大型化对焦炭的块度、热态性质要求越来越高。为提高焦炭热态强度，入炉煤中优质焦煤使用比例将加大。

随着炼焦技术的发展，如捣固技术和煤调湿技术的应用，都能增加炼焦资源的范围并且提高弱粘结性煤的配入比例，同时能够提高焦炭质量和劳动生产率。

2013 年炼焦精煤消耗量较上年增加 3996 万吨，分煤种而言，焦煤同比增加 1211 万吨，肥煤增加最多为 1329 万吨，1/3 焦煤增加 492 万吨，强粘煤合计增加 3032 万吨，占炼焦煤增加总量的 75.9%。

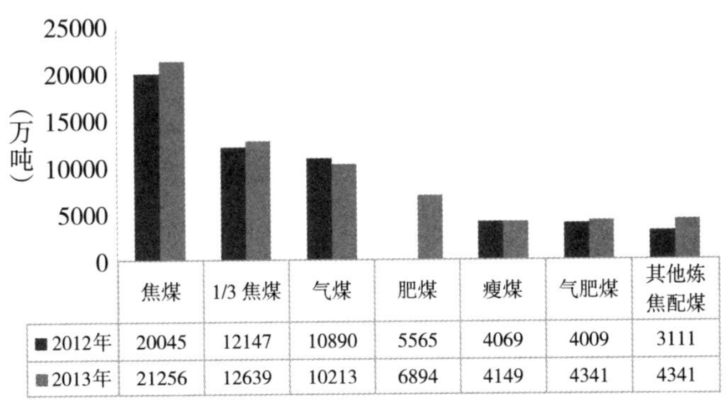


| | 焦煤 | 1/3 焦煤 | 气煤 | 肥煤 | 瘦煤 | 气肥煤 | 其他炼焦配煤 |
|---|---|---|---|---|---|---|---|
| ■2012年 | 20045 | 12147 | 10890 | 5565 | 4069 | 4009 | 3111 |
| ■2013年 | 21256 | 12639 | 10213 | 6894 | 4149 | 4341 | 4341 |

**图 3-6 2013 年炼焦精煤分煤种需求量增量情况**

数据来源：汾渭能源

（七）2013 年中国炼焦煤价格情况分析

1. 主产地价格

山西作为中国炼焦煤主要生产基地，炼焦精煤年产量占全国总产量的

30%以上，山西焦煤集团作为全国最大的炼焦煤生产企业，生产煤种丰富，煤质优良，具有较强的代表性，所以本书将以山西地区为例，介绍 2013 年国内炼焦煤的价格和成本情况。

2013 年，以山西炼焦煤为代表的中国炼焦煤价格整体呈下降趋势，以 9 月为分水岭先抑后扬，柳林 4 号焦煤由年初的 1320 元 / 吨降到年末的 1150 元 / 吨，降低了 170 元 / 吨，降幅 12.88%；霍州肥煤由年初的 1170 元 / 吨降到年末的 1030 元 / 吨，下跌了 140 元 / 吨，跌幅 12%；蒲县 1/3 焦煤由年初的 1210 元 / 吨降到年末的 970 元 / 吨，降低了 240 元 / 吨，降幅19.8%。

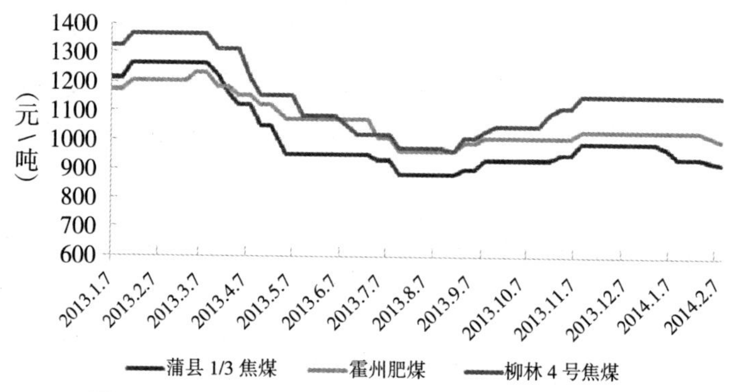


图 3-7 2013 年山西地区炼焦精煤车板价趋势

数据来源：汾渭能源

2. 主要港口价格

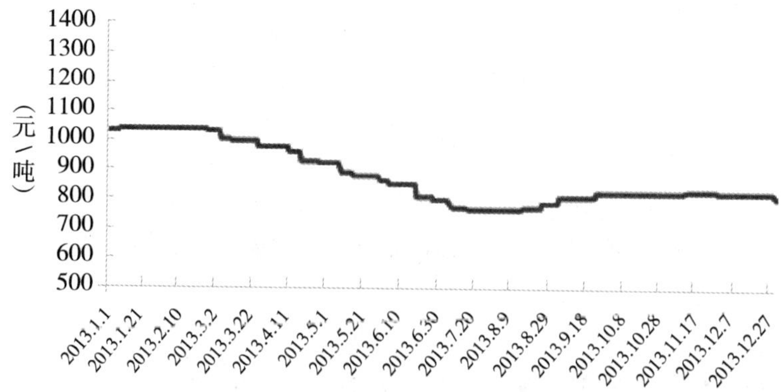


图 3-8 2013 年京唐港澳大利亚进口炼焦煤到岸价趋势

2013 年，京唐港进口煤价格波动和国内价格波动保持一致，同样是在 8 月达到最低点，最低至 787 元 / 吨，8 月末 9 月初开始反弹，持续到年末价格上涨到813元/吨,与年初的1031元/吨相比下跌了218元/吨,降幅21.14%。

(八)2013年中国炼焦煤进出口情况分析

1. 2013年中国炼焦煤进口分析

2013年,中国炼焦煤进口量相比2012年较为稳定,月度平均进口量629万吨,同比增加182万吨,3月份则因为主要进口国澳大利亚、加拿大等国受气候影响出口下降,进口量达年度最低464万吨,12月份受国内需求推动进口量达到年度最高802万吨。

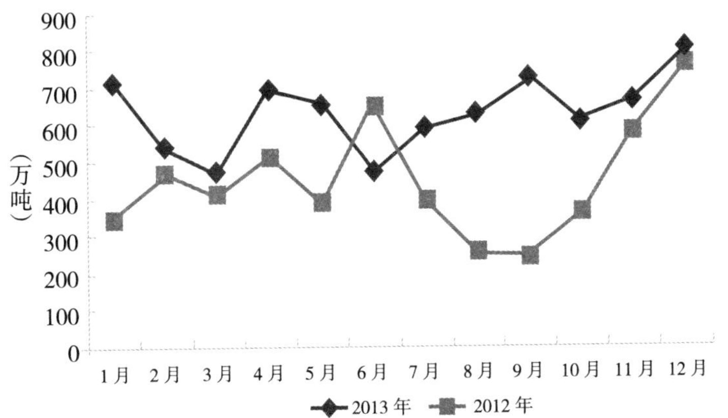


图3-9 2012—2013年中国炼焦煤进口情况

数据来源:中国海关总署

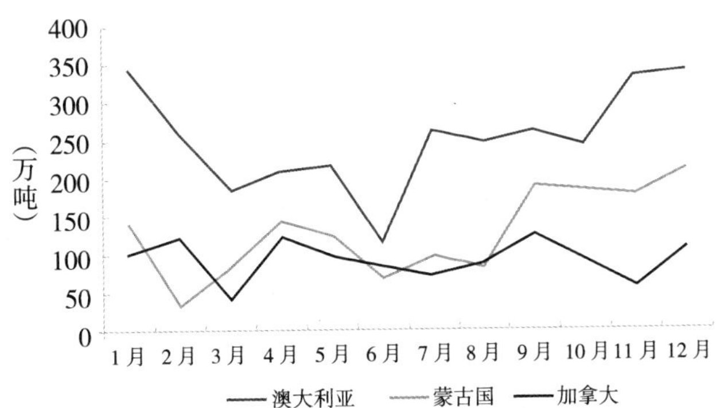


图3-10 2013年中国炼焦煤主要进口来源国各月进口情况

数据来源:中国海关总署

分国别而言,2013年澳大利亚超过蒙古国恢复为中国最大的炼焦煤进口国，累计进口量3015万吨，同比增长116.28%，占进口总量的40%；蒙古国退居第二，进口量1544万吨，同比下降19%，占进口总量的20%；加拿大稳居第三位，进口量1108万吨，同比增长54%，占进口总量的15%。之后依次是俄罗斯、美国和印度尼西亚等国，俄罗斯和美国进口量在进口总量增加的同时表现为同比增长。相反，印度尼西亚受国内资源、政策等因素的制约，炼焦煤进口量不升反降。

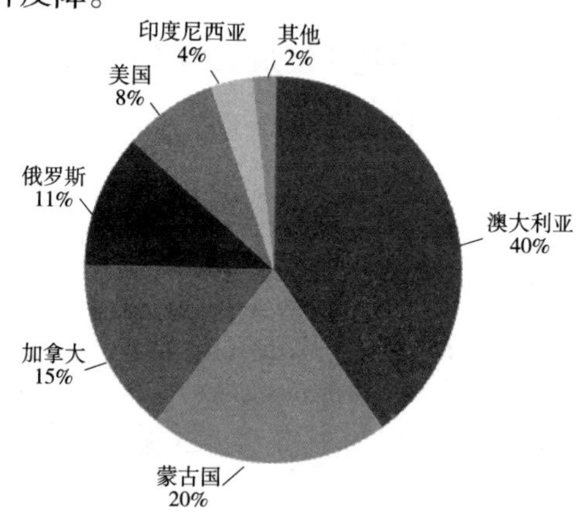


图3-11 2013年中国炼焦煤分国别进口占比情况

数据来源：中国海关总署

2. 2013年中国炼焦煤出口分析

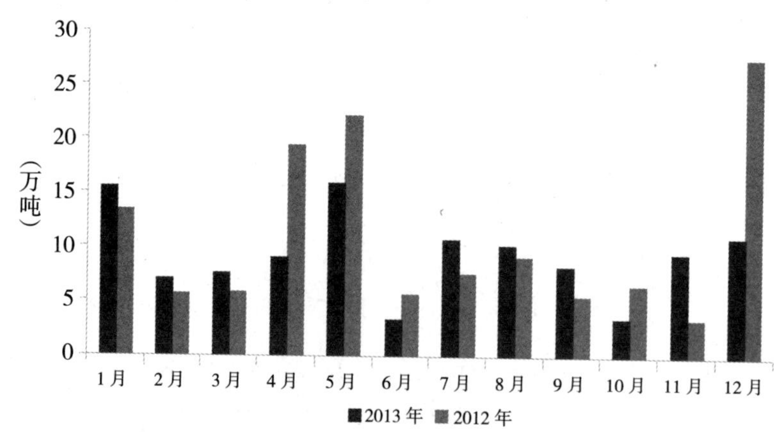


图3-12 2012—2013年中国炼焦煤出口情况

数据来源：中国海关总署

2013年，中国炼焦煤出口量继续保持低位111万吨，同比下降20万吨，降幅 15.26%。主要出口国仍然是日本、韩国、朝鲜,与 2012 年不同的是,加拿大和俄罗斯开始进口中国的炼焦煤。

出口量方面,出口到日本、韩国和朝鲜三国的炼焦煤均同比下降,降幅分别为 10%、24%和 4%,加拿大和俄罗斯少量进口中国炼焦煤,合计进口量 3459 吨,占中国炼焦煤出口量仅 0.31%。

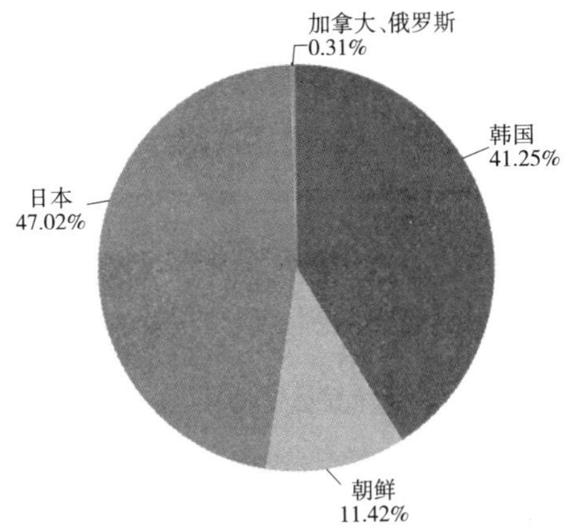


图 3-13 2013 年中国炼焦煤分国别出口占比情况

数据来源:中国海关总署

## 二、2014 年中国喷吹煤市场预测及 2013 年分析报告

### (一)2014 年中国喷吹煤供给预测

我国喷吹煤生产地主要集中在阳泉、永城、晋城、焦作、峰峰、皖北、汝箕沟等无烟煤矿区,潞安、西山、鹤壁等贫煤、贫瘦煤矿区,以及鄂尔多斯、神府、大同等弱粘煤矿区。主要供应商有山西潞安集团、河南能源化工集团、山西阳煤集团、神华宁煤集团、西山煤电集团、神火股份集团、兰花科创集团、冀中能源集团等八大集团,这些大集团的产能决定着全国高炉喷吹煤的供应能力。

截至 2013 年底,中国无烟喷吹煤产能约 4500 万吨,贫煤贫瘦喷吹煤产能约 3500 万吨。上述八大集团无烟喷吹产能约 3000 万吨,贫煤贫瘦喷吹煤产能 2290 万吨,合计占全国无烟和贫煤贫瘦喷吹煤产能 70%以上。

2013 年中国喷吹煤主要生产企业产能及 2014 年预测情况如表 3-10 所示。

**表 3-10 2013 年中国喷吹煤主要生产企业产能及 2014 年预测**

| 企业 | 煤种 | 产能(万吨) | | 规划 | 备注 |
|---|---|---|---|---|---|
| | | 2013E | 2014E | | |
| 山西潞安集团 | 贫煤<br>贫瘦煤 | 1840 | 2000 | 2013 年底喷吹煤总产能突破 2500 万吨,计划 2015 年末突破 3000 万吨 | 按照目前形势,预计规划如期实现的可能性较小 |
| 河南能源化工集团 | 无烟煤<br>贫煤<br>贫瘦煤 | 1200 | 1300 | 预计 2015 年该集团喷吹煤产能将达到 1500 万吨,其中无烟喷吹煤 1350 万吨,贫煤贫瘦煤 150 万吨 | 规划产能的实现会延期 |
| 山西阳煤集团 | 无烟煤<br>贫煤<br>贫瘦煤 | 900 | 950 | 2014 年集团喷吹煤产能新增近 100 万吨,预计到 2015 年末该集团将形成无烟喷吹煤产能 1100 万吨,贫煤贫瘦喷吹煤产能 100 万吨 | 受矿难影响,规划产能将被延后 |
| 神华宁煤集团 | 无烟煤 | 450 | 480 | 煤炭总产量增加 10%,喷吹煤产量相应增加 | 喷吹煤质量好储量大,未来开发潜力大且有政策优势 |
| 神火股份集团 | 无烟煤 | 400 | 420 | 整合周边小煤矿,2013 年释放 50 万吨产能 | 河南煤炭产业整合后产量增长将更快 |
| 西山煤电集团 | 贫煤<br>贫瘦煤 | 300 | 330 | 据集团规划,“十二五”末煤炭产能较“十二五”初增加 2.5 倍,喷吹煤产能相应增加 | 后备储量充足,可根据市场变化调整产量 |
| 兰花科创集团 | 无烟煤 | 150 | 150 | 本部新增产能 2013 年释放 | 晋城无烟煤做喷吹的比例少 |
| 冀中能源集团 | 无烟煤 | 90 | 90 | 在现有基础上争取产量增长 | 河北省后备资源不足 |

数据来源:汾渭能源

2014 年按照规划和考虑实际生产形势,预计八大集团新增产能约 390 万吨,全国新增产能约 500 万吨。

中国喷吹煤产量预测主要基于以下几点:

首先,结合当前全国喷吹煤的生产形势与各大煤炭企业集团新增产能的释放进度。

其次,国家出台包括无烟煤等稀缺资源在内的保护性开采产业政策,导致稀缺煤种产量增速放缓。并且无烟煤主要用于化工行业,随着化工行业需求量的增加,用于喷吹的无烟煤比重呈逐渐下降趋势。

最后,国家对新建产能的审批限制和生产矿井超产的控制,都将抑制产量的大幅增长。

随着中国喷吹煤需求的推动，中国喷吹煤供应整体呈快速增长态势以满足钢铁行业的需求,2008—2013 年年均复合增长率 14%。预计 2014 年中国喷吹煤产量达 9623 万吨,同比增长 6%。

在国内喷吹煤产能产量的快速发展下,国外进口喷吹煤保持小幅增长,预计 2014 年喷吹煤进口量达 473 万吨，同比增长 7.25%,2014 年中国喷吹煤总供应量达 10096 万吨,同比增长 6.06%。

### (二)2014 年中国喷吹煤需求预测

#### 1. 2014 年钢铁行业生铁产量预测

2014 年中国生铁产量主要从宏观经济、产业政策及当前的供需形势方面进行分析。

预测依据:

2014 年 GDP 预期目标增长 7.5%左右,一季度为 7.4%,较 2013 年 7.7%的增速进一步放缓,经济拉动需求增速放缓。

根据工信部在 2017 年以前对钢铁行业不再新增任何产能,加大淘汰过剩产能的政策力度,2014 年是去产能化解产能过剩的一年,新增产能的停止审批是从源头上控制钢铁行业产量的增速。

2013 年 10 月国务院正式颁布了《国务院关于化解产能严重过剩矛盾的指导意见》(以下简称《指导意见》),意见要求重点推动山东、河北、辽宁、江苏、山西、江西等地区钢铁产业结构调整,充分发挥地方政府的积极性,整合分散钢铁产能,推动城市钢厂搬迁,优化产业布局,将在未来 5 年压缩钢铁产能总量 8000 万吨以上,即超过总产能 1/10 的产能。

预测模型:

对历史数据进行分析，可以发现钢铁行业与 GDP 增长高度正相关。GDP 增速的减缓将导致钢铁需求量增幅的下降。根据 1978 年以来的历年生铁产量与实际 GDP 数据进行分析,可以建立如图 3-15 所示的模型。

根据目前的宏观经济形势，2014 年 GDP 增长率预计为 7.5%，生铁产量对 GDP 的增长弹性呈递减趋势。2011—2013 年连续 3 年的平均弹性系数为 0.77，预计 2014 年中国生铁产量 GDP 弹性系数将为 0.5，届时 2014 年生铁产量将达到 7.36 亿吨左右，同比增长 3.75%，增速趋缓。

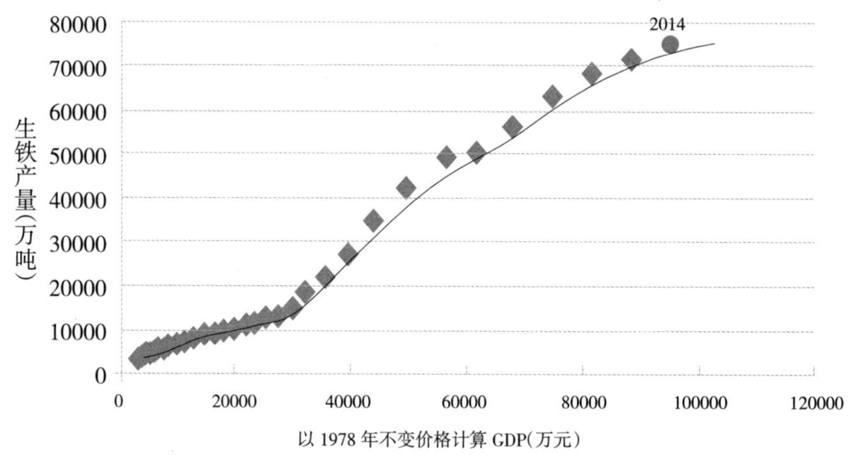


**图 3-14 中国历年 GDP 与生铁产量及 2014 年预测**

数据来源：中国国家统计总局、蓝皮书编写组

根据工信部《钢铁行业“十二五”规划》与各省级政府规划，中国钢铁产业集中度将进一步提高。预计 2014 年重点钢铁企业生铁产量占全国的比重将达到约 87%。

2. 2014 年喷煤比及喷吹煤需求预测

宏观上看，随着高炉大型化和生产工艺的提高，中国的喷煤比呈稳步上升趋势。从图 3-15 中 2003—2012 年 10 年间重点钢企平均喷煤比可以看出：该值 2003—2004 年稳定在 116 ~ 118 之间、2006—2008 年稳定在 135 ~ 137 之间、2010—2012 年稳定在 148 ~ 150 之间。这 3 个区间基本上是三年一个周期，从一个区间上升到另一个区间都会有 1 年的中间过渡阶段。在实际生产中，每个区间都对应中国钢铁产业设备与工艺发展的不同阶段，而过渡阶段则对应钢铁工业调整结构、转型升级的年份。

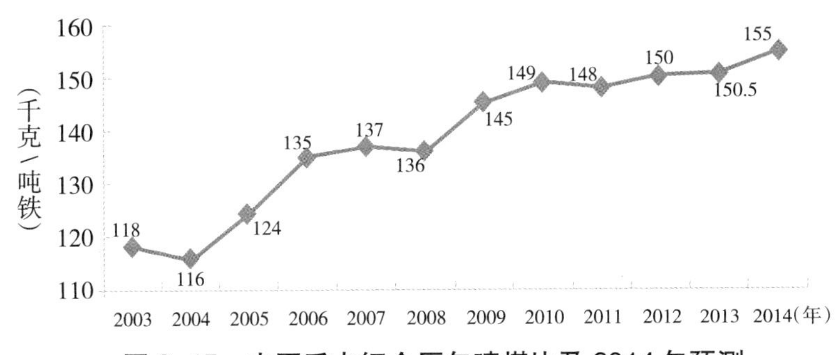


**图 3-15　中国重点钢企历年喷煤比及 2014 年预测**

数据来源：中国钢铁工业协会、蓝皮书编写组

一般来说，钢铁行业在整体市场疲软的时候也正是淘汰落后、转型升级的契机，当前的钢铁市场正具备这样的特征。随着新一轮钢铁行业淘汰落后、设备升级，中国喷煤比将于 2014 年开始到达一个新的阶段。根据历史数据分析，可知每一个新阶段喷煤比将较上一个阶段提升，提升值呈收窄之势。根据目前技术条件限制和企业发展态势，预测 2014 年中国重点钢企喷煤比将提升到 155 左右。

从总体上看，喷吹煤的市场空间将越来越大，这主要是由于：

(1)从环境角度来看，焦化行业是对环境污染最严重的行业之一，而在使用中几乎没有污染的喷吹煤的作用主要是代替焦炭。随着节能减排工作的逐步深入，国家鼓励多用喷吹煤从而减少焦炭生产对环境的污染。

(2)从政策角度来看，中国所有 400 立方米以下的小高炉以及大部分 1000 立方米以下的中等高炉都没有配备喷吹设备，从中央到地方各级政府淘汰落后产能的政策与措施的加强将促进有喷吹设施的高炉产量占总产量的比重提高，从而将会扩大高炉喷吹煤的整体需求。

(3)从钢铁行业生产环节来看，高炉大型化对炉料的要求越来越高，高品质炼焦煤的进一步紧缺将导致优质焦炭变得更稀缺，而铁矿石价格的居高不下也带来铁矿石入炉品位的下降。企业提高喷煤量不仅可以降低生产成本，而且可以改善高炉操作水平，弥补优质焦炭缺少带来的损失。

(4)从技术进步角度来看，中国越来越多的高炉配备了喷吹设施，包括送风制度、装料制度、造渣制度、热制度等在内的高炉操作制度在不断优化。

技术进步将导致高炉燃料比下降，更主要地体现在入炉焦比下降。在中国钢铁工业发展的现阶段，入炉焦比的下降需要喷煤比的提高来弥补热量。

从煤种结构上看，钢铁企业出于节约成本的需求，烟煤配入比例逐渐提高，根据历史数据，中国喷吹煤结构中无烟喷吹煤配入量每年下降 2 个百分点，相应的贫煤贫瘦喷吹煤稳中趋增，其他烟煤喷吹煤配入量每年分别上升约 1 个百分点。

综上，预计 2014 年中国生铁产量约为 73556 万吨，喷吹煤需求量约为 9919 万吨，如表 3-11 所示。

表 3-11 2014 年中国喷吹煤需求量预测

| 生铁产量（万吨） | 重点企业生铁产量占比（%） | 重点钢企平均喷煤比（千克 / 吨铁） | 喷吹煤需求量（万吨） | 其中 | | |
|---|---|---|---|---|---|---|
| | | | | 无烟喷吹煤需求量（万吨） | 贫煤贫瘦喷吹煤需求量（万吨） | 其他烟煤喷吹煤需求量（万吨） |
| 73556 | 87 | 155 | 9919 | 4265 | 2976 | 2678 |

数据来源：蓝皮书编写组

（三）2014 年喷吹煤供需形势及价格预测

近年来，随着国内大中型钢铁企业高炉大型化加速发展和喷吹煤技术的不断提升，中国喷吹煤需求逐年递增，在需求的刺激下，中国喷吹煤产量也保持快速增长，以满足钢铁行业对喷吹煤的需求。

2014 年，随着国内经济增速预期的继续回落，国内生铁产量增速将放缓至 3.75%，并且依目前技术条件成熟状况，喷吹比大幅增加的可能性较小，钢铁行业喷吹煤需求拉动略显不足。生产方面，下游需求拉动的疲弱，对企业新建产能和产能释放均形成抑制，生产增速也将受限。综合供需来讲，2014 年是供需宽松消化的一年，预计全年供大于需 132 万吨左右。

根据宏观经济形势与全国煤炭格局可知，中国煤炭市场进入调整期，煤炭价格整体呈波动下行趋势。2014 年，中国的喷吹煤市场在进口煤的补充下将保持供大于求，价格将继续承压下行，但基于国内喷吹煤市场供需过剩程度较小，尤其是国内无烟喷吹和贫煤贫瘦喷吹煤资源相对紧缺，跌幅较窄，运

用价格周期理论预测出中国喷吹煤 2014 年间的价格走势如图 3–16 所示。

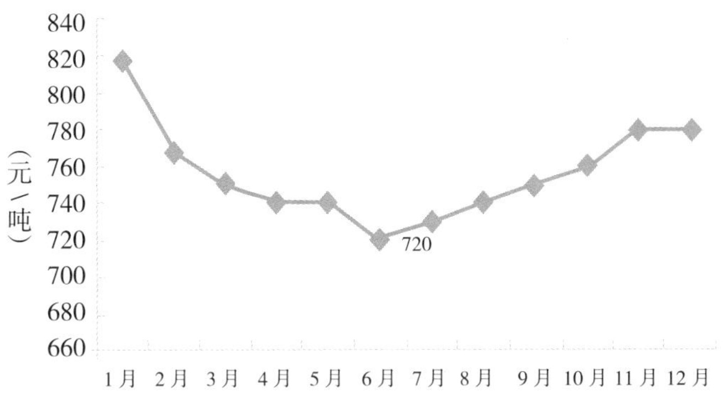


图 3–16　山西潞安集团喷吹煤 2014 年价格预测

数据来源：蓝皮书编写组

从经济学价格周期的角度来看，2014 处于本轮周期的下降通道，全国喷吹煤平均价格将保持下跌，但由于供过于求的幅度小于 2013 年，故下跌幅度将小于 2013 年，预计 2014 年平均价格下跌 104 元 / 吨，全年 6 月价格最低为 720 元 / 吨，比年初下跌 98 元 / 吨。伴随着 2014 年冬储开始，全国喷吹煤价格止跌并开始新一轮的价格周期，价格开始反弹，到年末价格回升到 780 元 / 吨。

（四）2013 年中国喷吹煤供给情况分析

近年来，中国生铁产量不断增加，喷吹比也呈递增趋势，喷吹煤需求量大幅增加，带动其产量大幅增加。

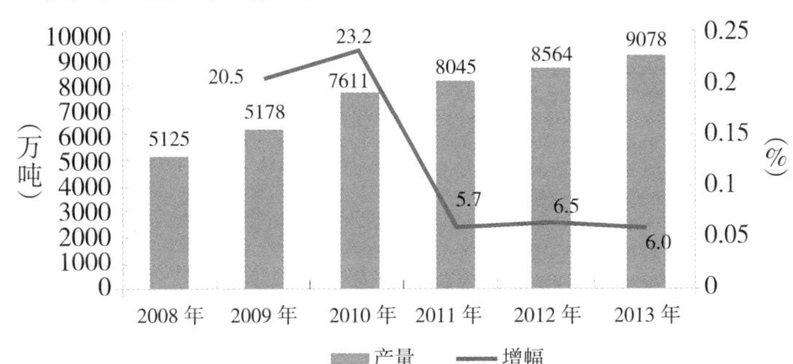


图 3–17　2008—2013 年中国喷吹煤产量及增速

数据来源：汾渭能源

喷吹煤行业是产业集中度相对较高的产业，目前中国喷吹煤产地主要集中在山西、河南、宁夏、河北等地，2011—2013 年，中国喷吹煤产量增速分别为 5.7%、6.5%和 6%，其中 2013 年喷吹煤产量为 9078 万吨，产量增速较上年放缓。具体分煤种情况如表 3-12 所示。

**表 3-12 2013 年中国喷吹煤产量**

| | 无烟煤 | 贫煤贫瘦煤 | 其他烟煤 | 合计 |
|---|---|---|---|---|
| 产量(万吨) | 4000 | 2600 | 2478 | 9078 |

数据来源:汾渭能源

**表 3-13 2010—2013 年中国八大集团喷吹煤产量**

单位:万吨

| 企业名称 | 2013 年 | 2012 年 | 2011 年 | 2010 年 |
|---|---|---|---|---|
| 山西潞安集团 | 1500 | 1280 | 1050 | 1000 |
| 河南能源化工集团 | 1200 | 1180 | 1280 | 1200 |
| 山西阳煤集团 | 750 | 855 | 500 | 450 |
| 神华宁煤集团 | 430 | 380 | 350 | 345 |
| 神火股份集团 | 360 | 330 | 300 | 280 |
| 西山煤电集团 | 250 | 220 | 180 | 170 |
| 兰花科创集团 | 115 | 90 | 100 | 90 |
| 冀中能源集团 | 70 | 70 | 70 | 60 |
| 合计 | 4675 | 4405 | 3830 | 3595 |

数据来源:汾渭能源

从八大企业喷吹煤产量增速来看，2011 年产量增速为 6.5%，2012 年受下游需求的推动，产量增速高达 15%，2013 年受下游需求的放缓，增速回落为 6.13%。

### (五)2013 年中国喷吹煤需求情况分析

#### 1. 钢铁行业现状

中国高炉炼铁产能总体在不断增长，但由于国内钢铁行业面临产能过剩局面，钢铁产能增速放缓。截至 2013 年末，中国生铁产能约 8.55 亿吨，产能利用率82.9%。其中，2013年新投产高炉22座，总容积2.8万立方米，合计产能2500万吨，与2012年投产新建炼铁高炉38座，投产高炉总容积约为5.6万立方米，新增产能约为5000万吨相比，2013年投产新建高炉数量和高炉容积均有较大幅度下降，如表3-14所示。

**表3-14 2013年与2012年全国投产炼铁高炉座数、炉容积对比情况**

| 年份 | 高炉座数 | 总容积（立方米） | 设计产能（万吨） | 炉容积情况 | | | |
|---|---|---|---|---|---|---|---|
| | | | | >4000立方米 | 2000~3999立方米 | 1000~2000立方米 | <1000立方米 |
| 2013 | 22座 | 28000 | 2500 | 1座 | 1座 | 15座 | 5座 |
| 2012 | 38座 | 56000 | 5000 | 1座 | 5座 | 31座 | 1座 |

注：在2012年的投产高炉统计中，安阳钢铁公司的4747立方米的高炉于2012年底建成，但2013年3月正式投产。因此，2012年统计建成投产高炉从39座变成38座，炉容积从原来的61000立方米变成为56000立方米。

数据来源：中国钢铁行业协会

2013年中国生铁产量7.09亿吨，同比增长6.2%，重点钢铁企业生铁产量6.11亿吨，约占中国生铁产量的86%，同比增长7.22%，高于全国生铁产量增速。

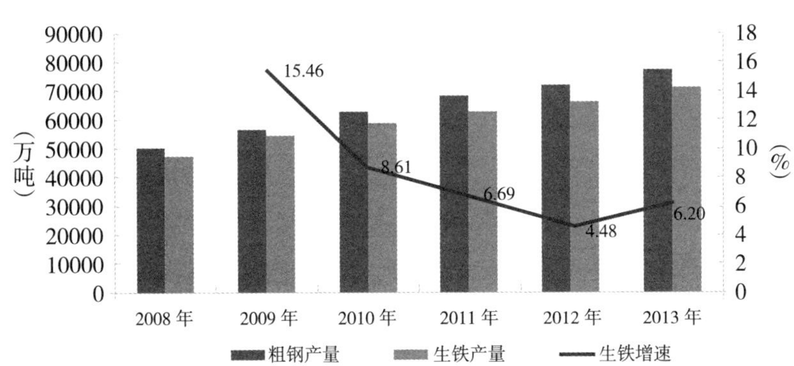


**图3-18 2008-2013年中国粗钢和生铁产量及增速**

数据来源：国家统计局

2. 2013年中国主要钢铁企业喷煤比及喷吹煤需求情况

2013年上半年，炼铁企业因原燃料质量恶化，高炉生产不稳定，企业为了提高煤粉的置换比，实现炼铁成本的最优化，已经不再单纯追求喷煤比的提高。以宝钢为例，将喷煤比从 200 千克 / 吨，降低到 160 千克 / 吨左右，实现经济燃料比，炼铁成本最低。中国重点钢铁企业高炉喷煤比为 150.53 千克/ 吨，同比下降0.09 千克 / 吨。喷煤比较高的企业有：太钢 178.6 千克 / 吨、合钢为 181.2 千克 / 吨、营口中板 179.9 千克 / 吨，德龙 172.3 千克 / 吨，长治为 173.8 千克 / 吨，武钢 171.1 千克 / 吨、莱钢为 168.9 千克 / 吨、武钢 169.8 千克 / 吨、沙钢为 167.4 千克 / 吨、水钢均为 165.5 千克/ 吨、石钢为 164 千克 / 吨、国丰为 164.4 千克 / 吨，新抚钢为 162.5 千克 / 吨，济源 162.1 千克 / 吨等。

根据 2013 年上半年喷煤比数据，估算 2013 年全年喷煤比在 150.5 千克/ 吨，同比提高 0.5 千克 / 吨。

喷吹煤需求量取决于生铁产量和喷煤比。当前中国的喷吹高炉绝大部分集中于重点钢铁企业，重点钢铁企业的喷吹煤需求量可以视为全国喷吹煤需求量。因此，通过重点钢企生铁产量与重点钢企喷煤比便可以推导出喷吹煤的需求量。2013 年，中国重点钢铁企业高炉喷吹比平均水平为 150.5 千克 / 吨，可推知 2013 年喷吹煤需求量为 9203 万吨，同比增加 560 万吨，增幅 6.48%。

表 3-15 2013 年中国喷吹煤需求量

| 生铁产量（万吨） | 重点企业生铁产量占比（%） | 重点钢企平均喷煤比（千克 / 吨铁） | 喷吹煤需求量（万吨） | 其中 | | |
|---|---|---|---|---|---|---|
| | | | | 无烟喷吹煤需求量（万吨） | 贫煤贫瘦喷吹煤需求量（万吨） | 其他烟煤喷吹煤需求量（万吨） |
| 70897 | 86% | 150.5 | 9203 | 4233 | 2669 | 2301 |

数据来源：汾渭能源

（六）2013 年中国喷吹煤供需对比及价格情况分析

2013 年，就国内喷吹煤供需分煤种而言，无烟喷吹煤和贫煤贫瘦喷吹煤供需有小量缺口，烟煤喷吹煤供需过剩。无烟喷吹煤由于资源的稀缺性，产量多来自资源整合产能的释放，产量增长来源有限，加之无烟喷吹煤主要生产企业煤矿事故的发生，对无烟喷吹煤产量影响较大，产量出现了小幅下降，同比降幅约 5%左右；以长治潞安集团为代表的贫煤贫瘦喷吹煤生产继续保持较大增速，满足钢铁行业对低挥发分喷吹煤的需求。

国内喷吹煤供需缺口主要通过进口喷吹煤得到补充，进口喷吹煤以无烟喷吹煤和贫煤贫瘦喷吹煤为主。2013 年净进口喷吹煤约占国内喷吹煤总供应量的 4.6%，比重较小，对国内市场的影响不大。

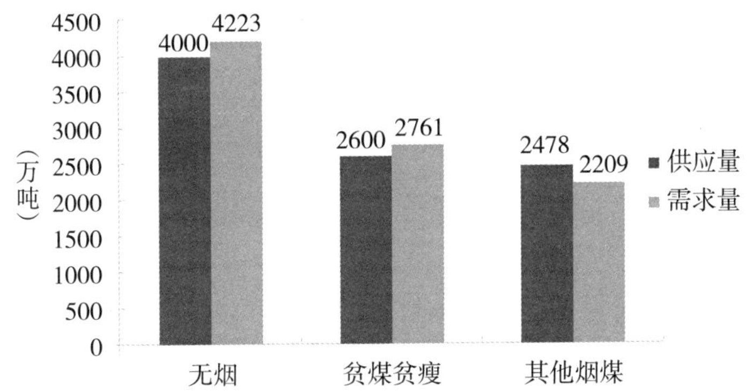


**图 3-19　2013 年中国喷吹煤分煤种供需对比**

数据来源：汾渭能源

中国煤炭资源网综合全国各喷吹煤产地的车板交货价（含税）计算出的全国平均价格是中国当前最能有效反映喷吹煤价格市场变动情况的指标，该平均价格可视为中国喷吹煤市场变动的晴雨表。2008 年以来中国喷吹煤平均价格走势如图 3-20 所示。

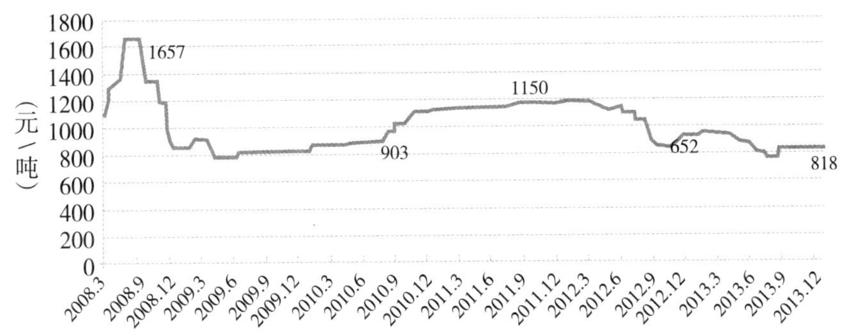


**图 3-20　2008—2013 年山西喷吹煤均价（车板含税）**

数据来源：中国煤炭资源网

由图 3-20 可以看出喷吹煤市场行情的变动轨迹：随着 2008 年初推出的4 万亿经济刺激作用的逐步释放，国民经济快速增长，以及奥运会期间对环保要求的提高，伴随着焦炭价格的激增，钢铁价格不断攀升，2008 年 9 月，喷吹煤价格又开始理性回落。经历这一轮大起大落后，中国喷吹煤行情进入相对稳定的阶段，从 2009 年到 2011 年，中国喷吹煤价格处于平稳增长过程之中。从 2012 年开始，GDP 增速放缓，由于钢铁行业前几年的盲目投资导致严重产能过剩，钢铁价格持续下跌，喷吹煤平均价格下跌将近 30%。

进入 2013 年中国钢铁业受宏观调控影响，持续低迷，钢铁价格一直低位徘徊，受此影响喷吹煤价格也随着一路下滑，2013 年平均价格约为 860 元 / 吨。

# 第四部分　2014 年中国化工煤市场预测及 2013 年分析报告

## 一、2014 年中国化工煤供需及进出口预测

无烟煤固定碳含量高，燃烧时火焰短而少烟，是煤化程度最大的煤。无烟块煤广泛用作化肥化工行业制造合成氨、甲醇、二甲醚、碳素材料、电石等产品的原料。本书中化工煤即指无烟块煤。进入 2014 年以来，国际煤炭市场延续弱势运行态势，国内经济增速平稳回落，下游市场需求疲软，无烟块煤需求增速放缓，预计全年国内无烟煤市场供大于求局势难改。

### （一）2014 年中国化工煤供给预测

受国家宏观经济增速回落及国内无烟煤产能的释放影响，2014 年无烟煤产量将会保持小幅增长，预计全年产量约为 58726 万吨。随着全国煤炭开采机械化水平不断提高，特别是实行综采后，无烟煤产块率在不断下降。根据煤炭行业“十二五”规划，全行业机采率将提升至 75%以上，至“十二五”末，块煤产率将降至 13%左右。预计 2014 年中国无烟块煤产块率约为 14.5%，无烟块煤产量为 8633 万吨，无烟末煤产量为 50094 万吨。

### （二）2014 年中国化工煤需求预测

国家支持农业现代化的发展，农作物种植面积不断扩大、总产量持续增加，化肥需求也将呈逐年增长态势。化肥需求的增长带动了对合成氨的需求，预计 2014 年合成氨产量达 5950 万吨，同比增长 3.6%。随着中国节能减排和环境保护的要求日趋严格，科学施肥、提高化肥利用率以及减少化肥对环境造成的影响将成为未来农化行业发展的重要方向。化肥行业“十二五”规划调整化肥原料结构，将增加以非无烟煤为原料的合成氨比重，以无烟煤

为原料的合成氨产能下降至55%，以天然气为原料的合成氨产能维持在20%。来自化肥行业的无烟块煤需求将会保持小幅稳定下降，预计2014年化肥行业对无烟块煤的需求量约为3082万吨。

按照《甲醇行业“十二五”发展规划（草案）》（以下简称《规划》），到2015年中国甲醇总产能将控制在5000万吨，“十二五”期间，将淘汰甲醇落后产能300万～500万吨。《规划》预测“十二五”期间，中国甲醇需求增速将明显放缓，年均增长在15%左右，较“十一五”期间下降约8个百分点。《规划》明确甲醇企业数量控制在150家以内，建成20个具有核心竞争力的大型甲醇企业集团。其中，大型企业甲醇产能比例占到75%以上。采用加压连续气化技术的甲醇产能由目前的24%提高至50%以上；以无烟煤为原料的甲醇产能，由现在的37.8%降至20%；以天然气为原料的甲醇产能，由目前的28.6%降至15%；以焦炉煤气为原料的甲醇产能由现在的10%提升至15%以上。

近年来甲醇产量不断增长，甲醇市场产能过剩，就甲醇下游产业链需求情况来看，自2010年以来，甲醇市场下游消费主要表现为传统领域（甲醛、醋酸、MTBE等）甲醇需求逐渐趋于平稳增长，醇醚燃料领域和替代石化原料领域发展较为迅速。甲醛约占甲醇消费量的1/3，其需求量主要受房地产市场的影响，近年来在调控及限价政策影响下，房地产市场相对低迷，对甲醛的需求增量有限。同时，由于液化气价格回升，二甲醚市场没有实质性的下游需求支撑，价格稳中回落。醋酸整体市场呈现弱势，2013年醋酸产量同比下降0.04%，对甲醇需求量拉动受限。醇醚燃料领域和替代石化原料领域受国家政策影响较大，需求量增速缓慢。甲醇产量呈逐年小幅增长态势，预计2014年约为3655万吨，对无烟块煤的需求量约为2019万吨。预计2014年甲醇行业对无烟块煤的需求保持小幅增长，全年需求量约为2019万吨。

随着中国经济转型以及国际经济疲软运行，其他化工行业对块煤的需求或会小幅下降，预计2014年其他化工行业对无烟块煤的需求量约为2489万吨，化工行业的总需求量约为4508万吨。

随着清洁能源的逐步应用，民用行业对无烟块煤的需求将日益减少，预计 2014 年民用行业对无烟块煤的需求量约为 864 万吨。

综上所述，预计 2014 年全国无烟块煤需求量约为 8454 万吨，如表 4-1 所示。

表 4-1　2014 年中国无烟块煤需求量预测情况

单位：万吨

| 无烟块煤总需求量 | 8454 |
|---|---|
| 其中：化工行业耗块煤量 | 4508 |
| 化肥行业耗块煤量 | 3082 |
| 民用耗块煤量 | 864 |

数据来源：蓝皮书编写组

（三）2014 年中国化工煤供需形势及价格预测

随着国内煤炭资源整合基本完成，产能快速释放，但受无烟块煤自身资源稀缺等因素影响，无烟块煤产量将保持小幅增长；国际煤价大跌，大量低价进口无烟煤冲击中国市场，但由于机械开采率不断提高，无烟块煤净进口量将小幅下降。2014 年国家将严格控制煤炭消费，以无烟块煤为原料的合成氨比例降低，将影响无烟块煤的需求量，而煤化工行业的新兴，将在一定程度上拉动无烟煤的需求，预计 2014 年中国无烟块煤市场供应宽松，需求量小幅增长，全年价格将震荡下跌。

2014 年国家经济增速回落，下游市场需求疲软，初步预测无烟块煤平均价格每吨较 2013 年下降 90 ~ 180 元。1 ~ 6 月份各粒级无烟煤价格持续下降，6 月份为全年低点，7 月份价格开始稳步回升，无烟中块煤和无烟小块煤平均价格分别约为 965 元 / 吨和 908 元 / 吨。2014 年各月无烟煤价格如图4-1 所示。

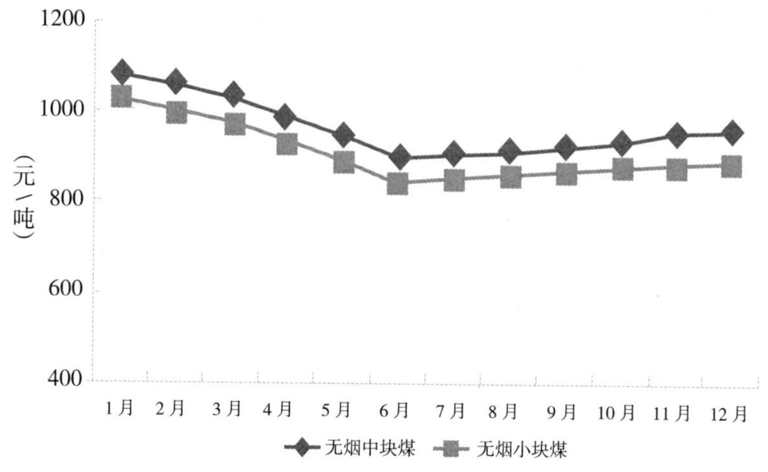


**图 4-1 2014 年各粒级无烟煤价格预测**

数据来源:蓝皮书编写组

(四)2014 年中国化工煤进出口预测

2014 年全球煤炭市场依然存在产能过剩，进口煤与国内煤还有一定的价差,加之汇率变化等因素影响,中国煤炭进口仍将保持较大规模,初步预计全年无烟煤进口量将会小幅上涨,进口量约为 4403 万吨,出口量将会小幅下降,约为 241 万吨。

近年来越南国内煤炭需求不断增加,根据该国(2011—2015 年)五年发展规划,越南煤炭出口量将从 2011 年的 1700 万吨减少到 2015 年的 300 万吨。从 2013 年 5 月份开始,朝鲜无烟煤的进口量超过了越南无烟煤,预计 2014 年来自朝鲜的无烟煤进口量仍会大于越南无烟煤的进口量，但来自朝鲜的无烟煤主要为末煤,因此预计进口无烟块煤的总量可能会有所下降。综上所述,预计 2014 年无烟煤的总供给量约为 62933 万吨,其中无烟煤产量约 58726 万吨,净进口量约为 4206 万吨;无烟块煤总供给量 8675 万吨,其中无烟块煤产量约为 8633 万吨,无烟块煤净进口量约为 42 万吨。

## 二、2013 年中国化工煤供给情况分析

### (一)2013 年中国化工煤产量

无烟煤应用广泛,块煤主要应用于化工化肥行业制造合成氨、甲醇等;末煤主要应用于电力、冶金、建材等行业做动力煤使用。随着开采的机械化水平不断提高,中国无烟煤平均产块率不断降低,目前约为 14.8%。

2008—2009 年,受国际金融危机及煤炭资源整合影响,中国无烟煤产量出现负增长。2010 年,由于山西省煤炭资源整合基本完成,产能快速释放,无烟煤产量高速增长。2011 年产能继续释放,无烟煤产量增速接近 12%。2012 年下游需求疲软,加之国家煤炭工业发展"十二五"规划控制煤炭产能,无烟煤产量增幅基本维持稳定。2013 年无烟煤产量约 58145 万吨, 同比下降 0.73%,如图 4-2 所示。

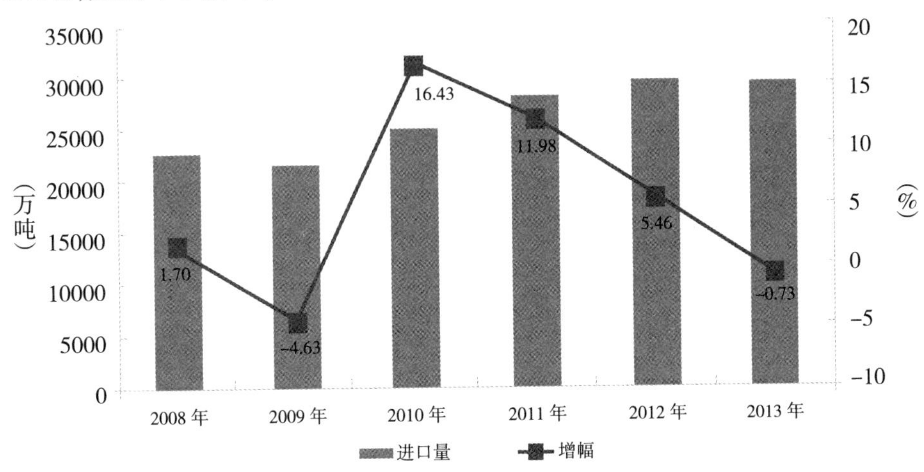


图 4-2 2008—2013 年中国无烟煤产量及增幅

数据来源:煤炭工业统计年报、汾渭能源

分省份来看,中国无烟煤产量主要集中在山西、贵州、河南、湖南四省,约占全国无烟煤产量的 71.9%。其中,山西省产量达 16566 万吨,约占全国无烟煤产量的 28.5%。2013 年分省区无烟煤产量见图 4-3。

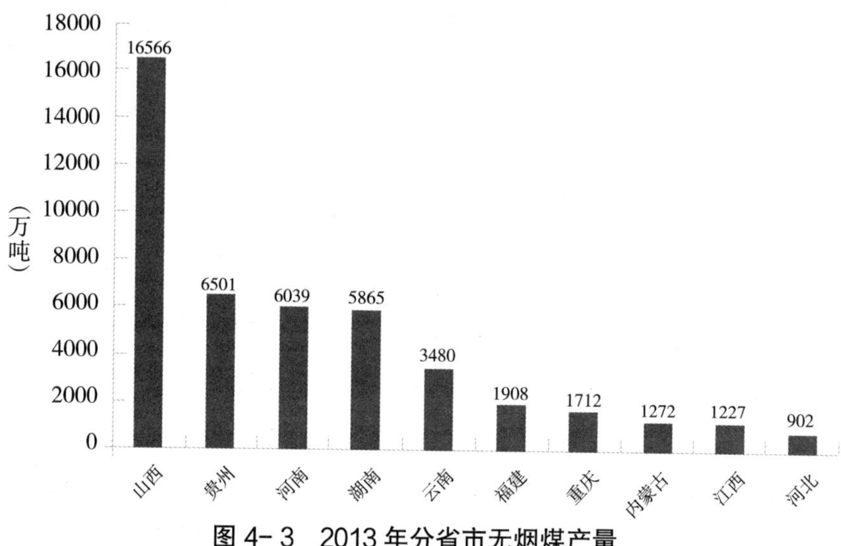


**图 4-3 2013 年分省市无烟煤产量**

数据来源：汾渭能源

（二）2013 年中国化工煤供给特点分析

1. 2013 年中国无烟煤供给情况

2008—2013 年，中国无烟煤总供给量呈上升趋势，2013 年受进口煤的冲击及下游需求弱势运行等诸多因素影响，无烟煤产量有所下降，同比减少 427 万吨。全年无烟煤净进口量增幅明显，同比增加了 572 万吨。

中国无烟煤总供给量由 2008 年的 45999 万吨增长至 2013 年的 61853 万吨，复合年均增长率 6.1%，无烟煤产量由 44668 万吨增长至 58145 万吨，无烟煤净进口量由 1331 万吨增长至 3708 万吨，如表 4-2 所示。

**表 4-2 2008—2013 年中国无烟煤总供给量**

单位：万吨

| 指标 | 2008 年 | 2009 年 | 2010 年 | 2011 年 | 2012 年 | 2013 年 |
| --- | --- | --- | --- | --- | --- | --- |
| 无烟煤产量 | 44668 | 42599 | 49599 | 55540 | 58572 | 58145 |
| 无烟煤净进口量 | 1331 | 3110 | 2220 | 3190 | 3136 | 3708 |
| 无烟煤总供给量 | 45999 | 45709 | 51819 | 58730 | 61708 | 61853 |

数据来源：煤炭工业统计年报、汾渭能源

2. 2013 年中国无烟块煤供给情况

在进口无烟煤方面，海关没有分块煤与末煤的数据统计，考虑到无烟煤进口主要来自越南和朝鲜，其中来自朝鲜的块煤较越南的略多一些，同时由于开采机械化水平不断提高，进口无烟煤的块煤占比也不断降低，目前约为 2%。

2008—2013 年中国无烟块煤供给总量由 7415 万吨增长到 8680 万吨，复合年均增长率 3.2%，如表 4-3 所示。

**表 4-3　2008—2013 年中国无烟块煤总供给量**

单位：万吨

| 指标 | 2008 年 | 2009 年 | 2010 年 | 2011 年 | 2012 年 | 2013 年 |
|---|---|---|---|---|---|---|
| 无烟块煤产量 | 7415 | 7065 | 7936 | 8331 | 8727 | 8605 |
| 无烟块净进口量 | 0 | 240 | 159 | 161 | 94 | 74 |
| 无烟块总供给量 | 7415 | 7305 | 8095 | 8492 | 8821 | 8680 |

数据来源：汾渭能源

## 三、2013 年中国化工煤需求情况分析

### （一）2013 年中国化工煤总消费量

无烟块煤应用广泛，是化肥行业制造合成氨的优质原料，也是化工领域制造甲醇、二甲醚、碳素材料、电石等化工产品的优质原料和小燃料，还可用来制造煤气，或用作民用燃料等。

2008—2013 年中国无烟块煤总需求量由 7426 万吨增长至 8545 万吨，复合年均增长率为 2.5%，其中化工行业无烟块煤需求量由 3135 万吨增长至 4347 万吨，化肥行业无烟块煤需求量由 3380 万吨下降至 3326 万吨，民用无烟块煤需求量由 912 万吨降至 872 万吨，如表 4-4 所示。

表 4-4 2008—2013 年中国无烟块煤总需求量

单位:万吨

| 指标 | 2008 年 | 2009 年 | 2010 年 | 2011 年 | 2012 年 | 2013 年 |
|---|---|---|---|---|---|---|
| 化工行业耗块煤量 | 3135 | 3189 | 3748 | 4180 | 4338 | 4347 |
| 化肥行业耗块煤量 | 3380 | 3152 | 3456 | 3443 | 3420 | 3326 |
| 民用耗块煤量 | 912 | 904 | 897 | 890 | 881 | 872 |
| 无烟块煤总需求量 | 7426 | 7245 | 8100 | 8513 | 8391 | 8545 |

数据来源:汾渭能源

(二)2013 年中国化工煤分行业消费量

1. 化工行业发展状况及对无烟块煤的需求

(1)甲醇行业对无烟块煤的需求

化工行业是无烟块煤最大的消费领域,其中甲醇行业占据较大比例。甲醇是重要的化学工业基础原料和清洁液体燃料,广泛用于有机合成、医药、农药、涂料、染料、汽车和国防等工业中。

2009 年受国际金融危机影响,中国甲醇产量保持小幅增长,而随着煤制甲醇技术进步,煤耗标准降低,耗煤量有所下降;2010 年国际经济开始复苏,对甲醇需求迅速提升,耗无烟块煤量迅速增长;2011—2012 年中国经济发展迅速,下游市场需求旺盛,甲醇产量继续增长;2013 年国家宏观经济增速放缓,同时受国家政策严格调控,房地产市场开始平稳发展,对甲醇需求放缓,甲醇产量为 2879 万吨,同比增长 9%,增幅减缓。2013 年受伊朗局势动荡以及国际装置大检修的影响,甲醇国际供应量减少,中国甲醇出口量约 90 万吨,同比增加约 83 万吨,进口量约 492.96 万吨,同比基本持平。2008—2013 年,受国家宏观经济增长、房地产市场快速扩张以及甲醇燃料发展拉动,甲醇产量以 20.75%的复合年增长率增长,带动了对无烟块煤的需求,如图 4-4 所示。2013 年甲醇行业对无烟块煤的需求达 1852 万吨,同比增长 14 万吨。

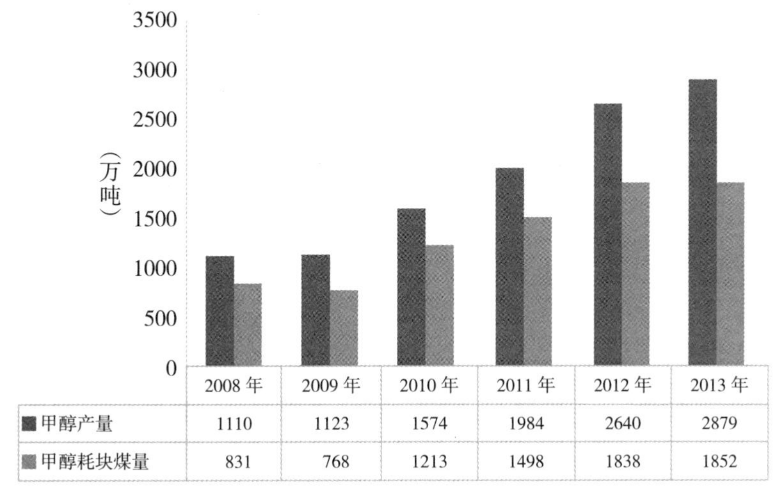


| | 2008 年 | 2009 年 | 2010 年 | 2011 年 | 2012 年 | 2013 年 |
|---|---|---|---|---|---|---|
| 甲醇产量 | 1110 | 1123 | 1574 | 1984 | 2640 | 2879 |
| 甲醇耗块煤量 | 831 | 768 | 1213 | 1498 | 1838 | 1852 |

**图 4-4　2008—2013 年中国甲醇产量及块煤需求量**

数据来源:汾渭能源

(2)其他化工行业对无烟块煤的需求

无烟块煤除了可用于制造甲醇外,还可以制造工业煤气或城市用气、滤料、电极糊、电石、石墨、活性炭以及其他碳素材料等化工产品,同时还可应用于立窑烧水泥、石灰窑烧石灰等生产过程。由于其应用领域众多,无烟块煤需求会受到诸多因素影响,而受国内宏观经济影响尤其显著。

2008—2011 年,中国经济发展速度较快,化工行业耗煤量增速大体呈上升趋势,除 2009 年受国际金融危机影响,化工行业耗煤量有所下降外,2010 年在国内刺激内需拉动经济增长下,化工行业耗煤回升,2011 年耗煤量延续了 2010 年的涨势, 但增速放缓,2012 年受经济结构调整的影响,GDP 增速下降,化工行业耗煤量出现回落,2013 年国内外需求疲软,中国经济企稳回升,GDP 增速保持平稳, 化工行业对无烟块煤需求下降至 2495 万吨,如图4-5 所示。

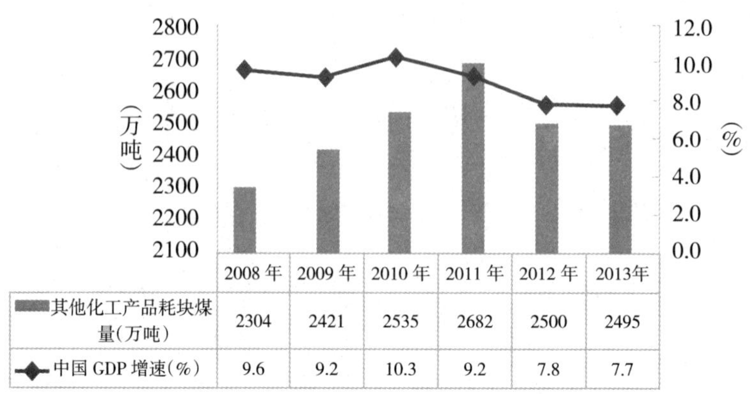


**图 4-5 2008—2013 年中国其他化工产品耗块煤量与 GDP 增速**

数据来源：汾渭能源

2. 化肥行业对无烟块煤的需求

近几年国家不断出台惠农政策，支持农业生产，提高粮食产量，如提高粮食最低收购价格、增加农民补贴、扩大补贴范围等。2013 年中国粮食产量达到 60194 万吨，同比增长 2.1%。粮食产量的增长拉动了化肥需求量，2013 年中国化肥产量达到 7154 万吨，如图 4-6 所示。

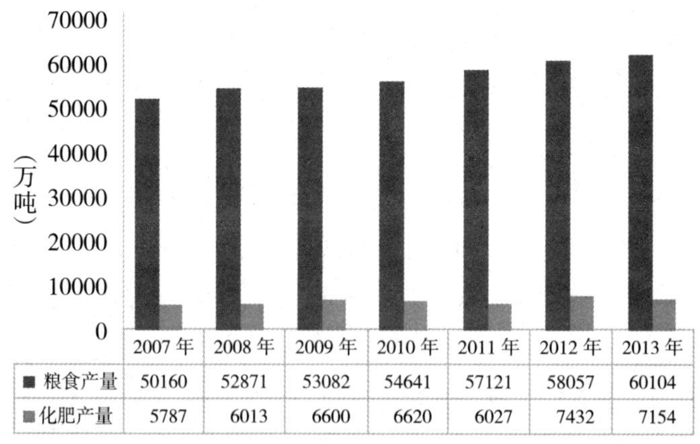


**图 4-6 2008—2013 年中国粮食及化肥产量**

数据来源：国家统计局、中国煤炭资源网

2013 年伴随着化肥产量的增长，合成氨产量同步增长，该年合成氨产量达 5745 万吨，同比增长 5.2%。但随着连续气化技术及其他替代资源的应用，无烟块煤需求逐渐被替代，2013 年来自化肥行业的无烟块煤需求量为

3326 万吨，同比下降 2.7%。2008—2013 年合成氨产量及其对无烟块煤的需求量如图 4-7 所示。

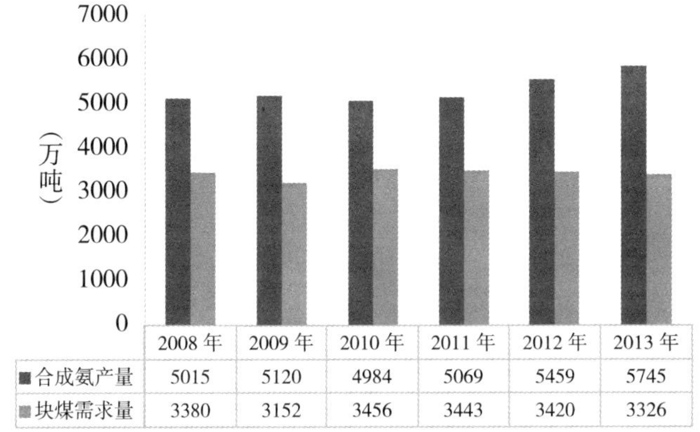


| | 2008 年 | 2009 年 | 2010 年 | 2011 年 | 2012 年 | 2013 年 |
|---|---|---|---|---|---|---|
| ■合成氨产量 | 5015 | 5120 | 4984 | 5069 | 5459 | 5745 |
| ■块煤需求量 | 3380 | 3152 | 3456 | 3443 | 3420 | 3326 |

图 4-7 2008—2013 年合成氨产量及无烟块煤需求情况

数据来源：国家统计局、汾渭能源

3. 民用对无烟块煤的需求

随着中国城镇化水平逐步提高，越来越多的居民使用天然气、焦炉煤气等清洁能源代替块煤；此外，集中供暖覆盖面的扩大和末煤加工成型煤代替块煤的推广使用，也减少了民用无烟块煤的使用。2008—2013 年，民用耗无烟块煤量总体呈逐年下降趋势，2013 年民用耗块煤量较 2008 年下降了 40 万吨，如图 4-8 所示。

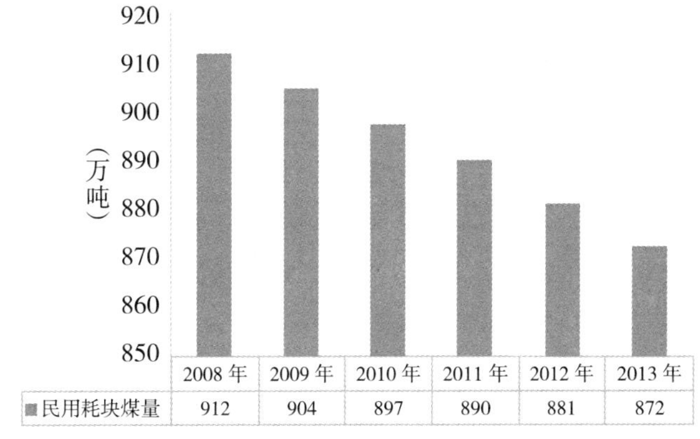


| | 2008 年 | 2009 年 | 2010 年 | 2011 年 | 2012 年 | 2013 年 |
|---|---|---|---|---|---|---|
| ■民用耗块煤量 | 912 | 904 | 897 | 890 | 881 | 872 |

图 4-8 2008—2013 年中国民用无烟块煤需求情况

数据来源：汾渭能源

（三）2013 年中国化工煤消费特点

2013 年无烟块煤需求总量约为 8454 万吨，其中来自化工行业需求量约 4347 万吨，占总需求量的 51%左右；来自化肥行业的需求约 3326 万吨，占总需求量的 39%左右；民用需求量约 872 万吨，占总需求量的 10%，如图4-9 所示。

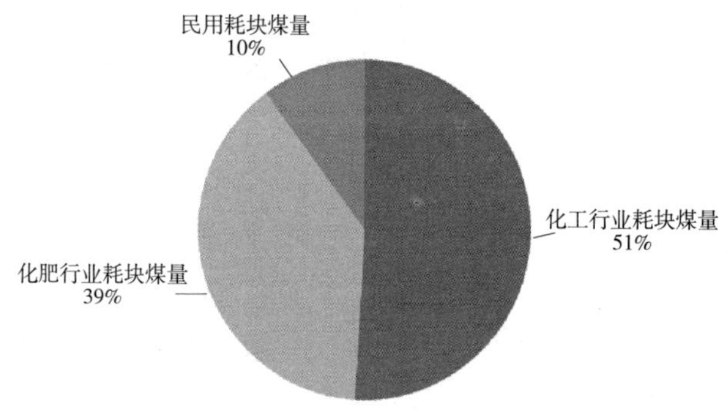


图 4-9 2013 年各行业对无烟块煤的需求占比

数据来源：汾渭能源

## 四、2013 年中国化工煤价格情况分析

（一）中国化工煤全国平均价格

影响无烟煤价格的基本因素是其自身价值和供求关系。根据市场规律，当供需基本平衡时，价格趋于稳定，当供大于求时，价格呈下降趋势，反之则价格上涨。

由表 4-5 可知，2008 年中国无烟块煤市场供不应求，无烟块煤价格处于高位；2009 年无烟块煤市场供大于求，价格下降；2010 年无烟块煤供应略小于需求，价格小幅上涨；2011 年中国经济高速发展，无烟块煤需求量大增，价格上涨幅度较大，处于 2008—2013 年价格最高位；2012 年无烟块煤供大于求，价格下跌；2013 年受整个煤炭市场需求低迷的影响，无烟煤价格继续呈跌趋势。

表 4-5 2008-2013 年中国无烟块煤供需对比

单位：万吨

| 指标 | 2008 年 | 2009 年 | 2010 年 | 2011 年 | 2012 年 | 2013 年 |
|---|---|---|---|---|---|---|
| 供应量 | 7415 | 7305 | 8095 | 8492 | 8821 | 8680 |
| 需求量 | 7426 | 7245 | 8100 | 8513 | 8391 | 8545 |
| 供需对比 | -11 | 60 | -5 | -21 | 430 | 135 |

数据来源：汾渭能源

具体来看，2008 年 1 ~ 8 月份，国家经济发展迅速，加大了对甲醇和合成氨的需求，无烟块煤价格上涨，从 9 月份开始，受国际金融危机的影响，经济增速放缓，无烟块煤需求减少，价格下跌。2009 年受金融危机影响，无烟中块煤和小块煤全国平均价格分别降至 997 元 / 吨和 895 元 / 吨。2011 年国内经济强劲发展，无烟中块煤和小块煤全国平均价格分别从 2010 年的 1044 元 / 吨和 954 元 / 吨上升至 1359 元 / 吨和 1266 元 / 吨。2012 年国家经济发展速度减缓，同时受国家煤炭及能源“十二五”规划的影响，无烟块煤供大于求，价格呈下降趋势，无烟中块煤和小块煤全国平均价格分别下降至 1246 元 / 吨和 1184 元 / 吨。2013 年国家宏观经济放缓，无烟块煤供过于求，价格继续下滑，无烟中块煤和小块煤全国平均价格分别降至 1083 元 / 吨和 1060 元，比 2012 年同期分别下降 163 元 / 吨和 124 元 / 吨，降幅分别为 13.08%和 10.47%。2008—2013 年无烟煤全国平均价格变化情况如图 4-10 所示。

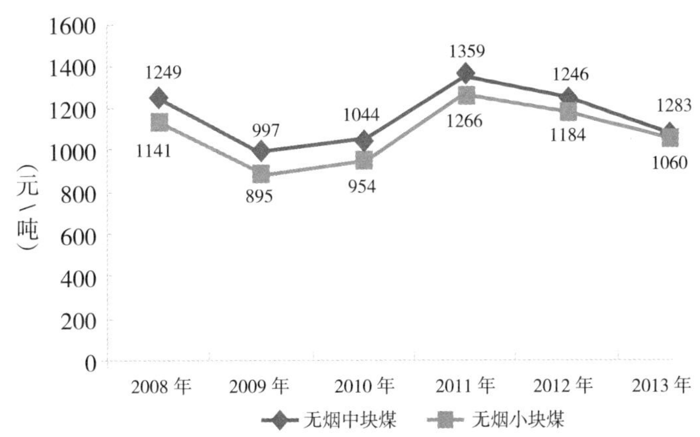


图 4-10 2008—2013 年无烟煤全国平均价格

数据来源：中国煤炭资源网

### (二)中国化工煤主产地价格

山西晋城地区无烟块煤价格在全国来讲具有代表性，与全国平均价格的变化趋势基本相同。2008—2009 年受金融危机影响，煤价大跌，晋城无烟中块煤和小块煤坑口价分别从 1090 元 / 吨、993 元 / 吨下跌至 943 元 / 吨、886 元 / 吨，同比分别下降 13.5%和 10.8%；2010—2011 年国内经济飞速发展，下游需求旺盛，晋城无烟中块煤和小块煤坑口价大幅上涨，分别从 957 元 / 吨、888 元 / 吨上涨至 1305 元 / 吨、1206 元 / 吨，同比分别增长 36.4%和 35.8%；2012—2013 年国内经济增速平稳回落，下游需求不足，晋城无烟中块煤和小块煤坑口价快速回落，分别从 1183 元 / 吨、1093 元 / 吨下跌至 955 元/ 吨、910 元 / 吨，同比分别下降 19.3%和 16.7%。2008—2013 年无烟煤主产地价格变化趋势如图 4-11 所示。

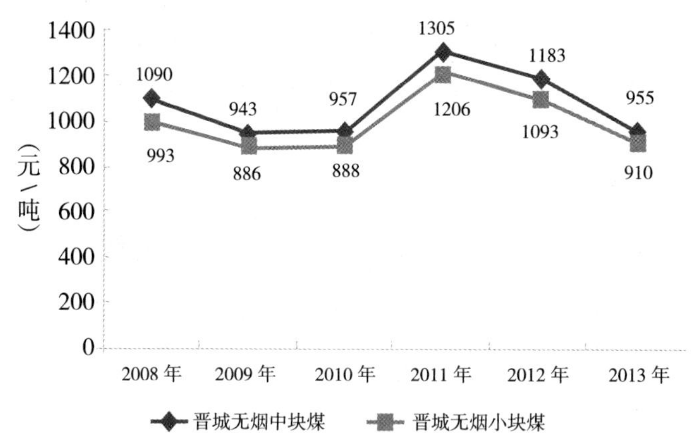


**图 4-11 2008—2013 年晋城各粒级无烟煤坑口含税平均价格**

注：

煤质指标：无烟中块煤——灰分(%)：14；挥发分(%)：6；硫分(%)：0.5；发热量(千卡 / 千克)：6800；

无烟小块煤——灰分(%)：14；挥发分(%)：7～8；硫分(%)：0.3；发热量(千卡/千克)：6500；

无烟末煤——灰分(%)：15；挥发分(%)：6～7；硫分(%)：<0.5；发热量(千卡 / 千克)：6000。

数据来源：中国煤炭资源网

尽管晋城地区无烟块煤价格在全国来讲具有代表性，但由于其主要供山西省内使用，对市场的反应相比全国平均价格较为迟钝。由图 4-12 可以看出，无烟块煤的全国平均价格变化较晋城地区要提前一些，但二者的变化趋势基本相同。

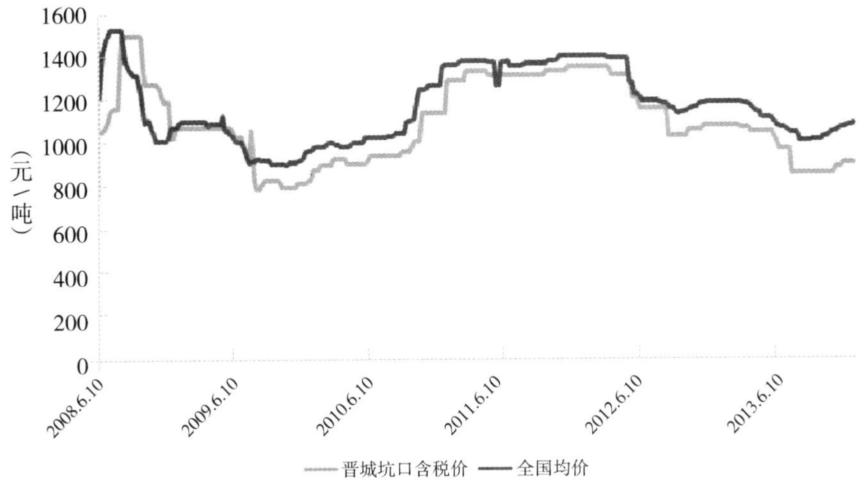


**图 4-12　2008—2013 年全国及晋城无烟块煤价格变化比较**

注：用于计算全国平均价的部分价格为车板价，因此比晋城坑口价略高。

数据来源：中国煤炭资源网

（三）2013 年中国化工煤价格变化特点

2013 年国家宏观经济平稳下降，无烟煤价格整体呈现下跌趋势，全年无烟中块煤和小块煤全国平均价分别下降了 116 元 / 吨和 124 元 / 吨。1 ~ 8 月份下游市场需求不足，无烟块煤市场低迷，价格跌势不止，无烟中块煤和小块煤分别从年初 1180 元 / 吨和 1148 元 / 吨下跌至 8 月份 998 元 / 吨和 971 元 / 吨，分别下降了 182 元 / 吨和 177 元 / 吨；临近 9 月底，无烟块煤进入传统销售旺季，市场需求开始缓慢回升，煤矿出货情况逐步转好，无烟中块和小块煤价格分别从 1003 元 / 吨和 978 元 / 吨上涨至 12 月份的 1064 元 / 吨和 1024 元 / 吨。2013 年各月全国无烟煤平均价如图 4-13 所示。

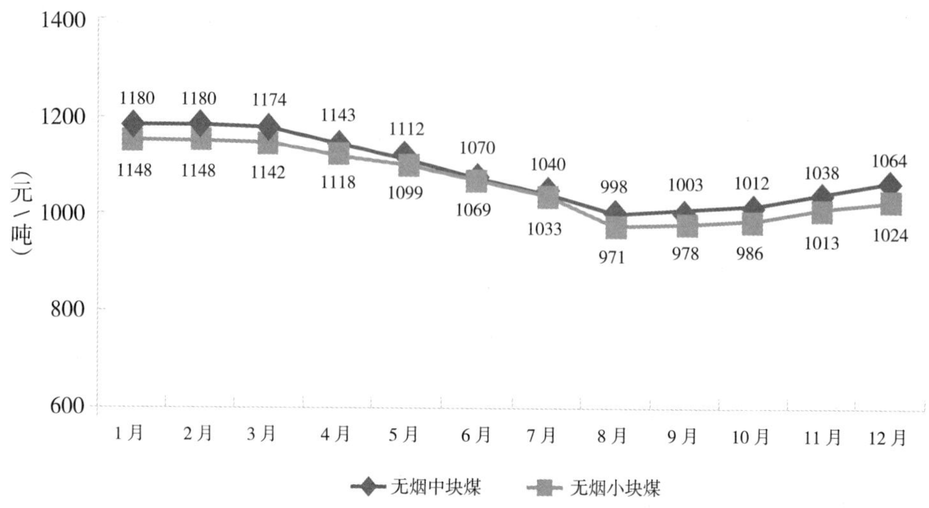


**图 4-13 2013 年各月中国无烟煤平均价**

数据来源:中国煤炭资源网

晋城无烟中块煤坑口含税平均价格从年初的 1070 元 / 吨降至年末的 892 元 / 吨,降幅达 16.6%。9 ~ 12 月份,随着年底无烟煤市场需求逐步增加,价格有所回升。2013 年各月晋城无烟煤坑口含税平均价格如图 4-14 所示。

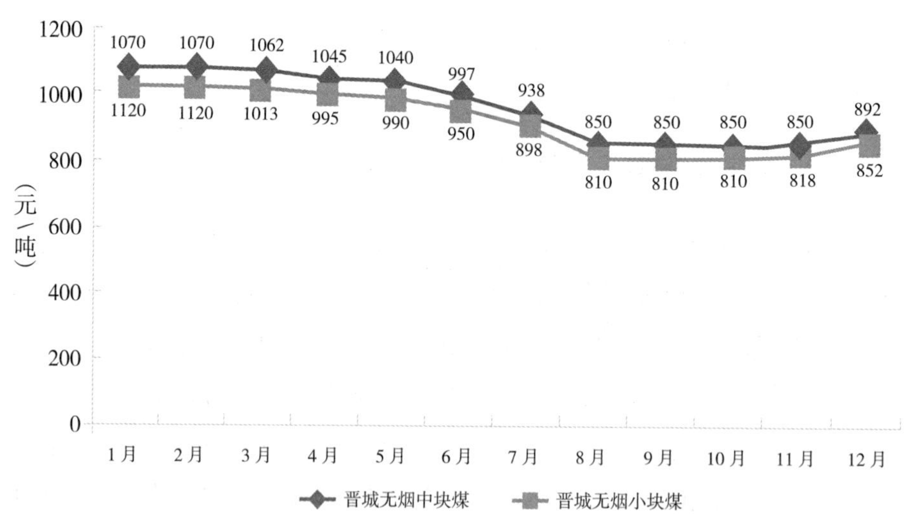


**图 4-14 2013 年各月晋城无烟煤坑口含税价格**

数据来源:中国煤炭资源网

# 五、2013 年中国化工煤进出口情况分析

## (一)中国化工煤进口分析

2008—2013 年,中国无烟煤进口量总体呈稳定增长趋势,年均复合增长率为 15.4%。2008 年受金融危机影响,中国无烟煤进口量很少,仅为 1938 万吨;2009 年进口量迅速增长,达 3433 万吨,同比增长 77.1%;2010 年国内无烟煤产量快速增加,抑制了无烟煤的进口需求,全年进口量为 2646 万吨,同比下降 22.9%;2011 年国内经济高速发展,下游需求量增加,无烟煤进口量增势恢复,全年进口量为 3611 万吨,同比增长 36.5%;2012 年国内经济增速回落,下游需求弱势,进口量减少至 3439 万吨,同比下降 4.8%。2013 年国际煤炭市场需求疲软,价格大跌,大量低价进口煤涌入中国市场,无烟煤进口量增加至 3967 万吨,同比增加 15.4%,如图 4-15 所示。

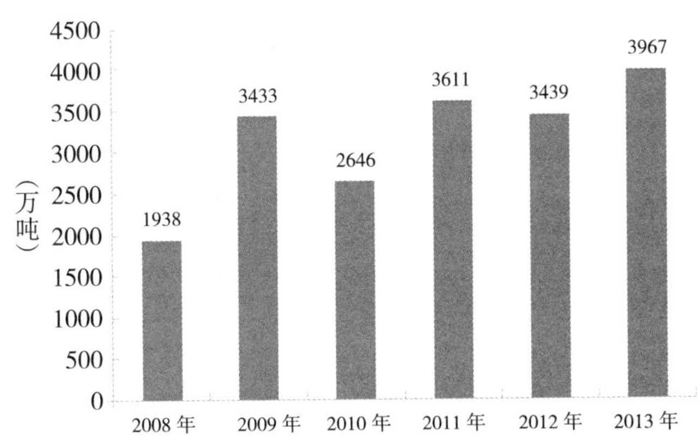


图 4-15 2008—2013 年中国无烟煤进口量

数据来源:中国海关总署

2013 年中国无烟煤主要进口来源国是朝鲜和越南,全年进口量分别为 1648 万吨和 1311 万吨,分别占总进口量的 42%和 33%。

分省市来看,2013 年中国主要进口无烟煤省份是山东、广东、广西和河北,分别占总进口量的 20%、16%、17%和 19%,如图 4-16 所示。

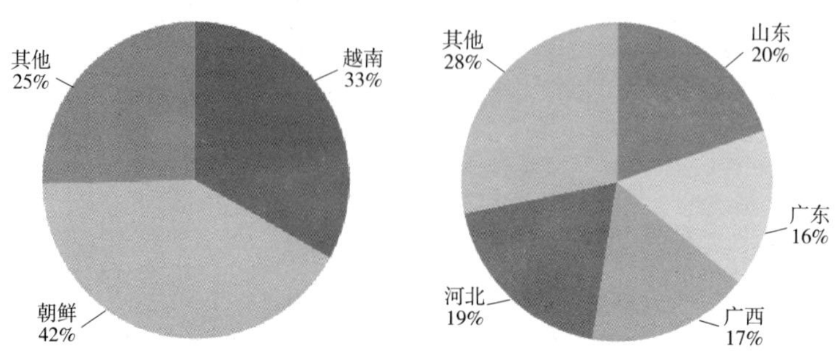


**图 4-16 2013 年中国无烟煤分国别分省份进口情况**

数据来源:中国海关总署

(二)中国化工煤出口分析

2008—2013 年受国家限制煤炭出口、鼓励进口等相关政策影响,中国无烟煤出口量整体呈下降趋势,年均复合下降 15%,如图 4-17 所示。2008—2009 年受金融危机影响,中国无烟煤出口量从 607 万吨迅速下跌至324 万吨,同比下降 46.6%;2010 年、2011 年无烟煤进口量分别为 426 万吨和421 万吨,基本保持平稳;2012—2013 年国际煤炭市场疲软,国内经济增速回落,国内煤炭与进口煤相比,价格较高,出口受阻,无烟煤出口量从 303 万吨下跌至 259 万吨,同比下降 14.5%。

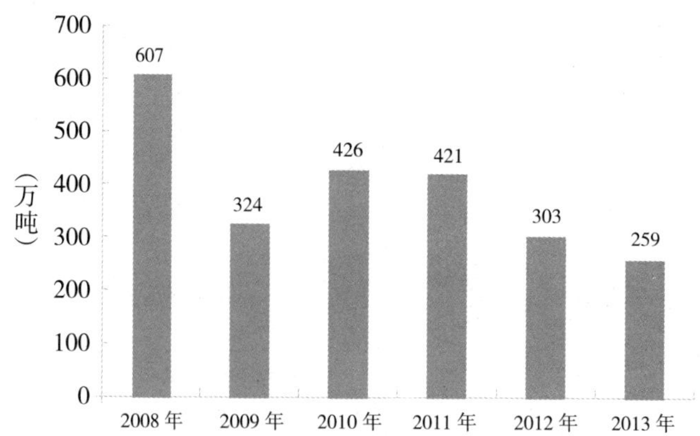


**图 4-17 2008—2013 年中国无烟煤出口量**

数据来源:中国海关总署

2013 年中国无烟煤主要出口至韩国和日本,出口量分别为 146 万吨和

111 万吨，占总出口量的 56%和 43%。

2013 年中国无烟煤主要出口省市为北京、山西、天津、河北及山东，出口量分别为 155 万吨、78 万吨、11 万吨、10 万吨和 3 万吨，分别占总出口量的 60%、30%、4%、4%和 1%，如图 4-18 所示。

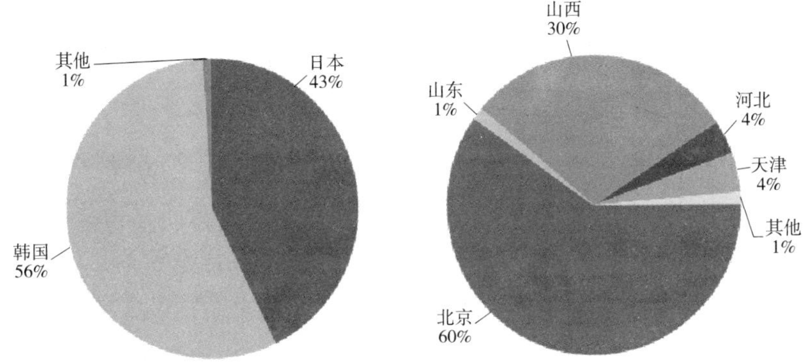


图 4-18　2013 年中国无烟煤分国别分省份出口情况

数据来源：中国海关总署

# 第五部分 2014年中国褐煤市场预测及2013年分析报告

## 一、2014年中国褐煤供需及进口预测

2013年中国煤炭市场继续呈现了总量宽松、结构性过剩的态势。需求低速增长，产能快速释放，进口量大幅增加，全社会煤炭库存持续上升，价格下滑，效益下降，市场景气持续偏冷。预计2014年全球煤炭市场产能过剩的压力依然存在，褐煤市场供过于求趋势明显，价格将进一步拉低。

### （一）2014年中国褐煤供给预测

中国褐煤产量主要取决于需求及褐煤的经济性，在2013年全国煤炭需求不振、产能过剩、库存高位、动力煤价格持续走低的情况下，褐煤产量增长有限。前期形成的国内煤炭产能释放压力依然较大，煤炭产量仍将呈现小幅增长态势，预计2014年褐煤产量将会保持小幅增长，初步估算约在40239万吨左右。中国褐煤主要产区是内蒙古东部和云南，两地区褐煤产量占全国褐煤总产量的92%以上。

2014年随着内蒙古运输瓶颈的缓解以及褐煤需求的增长，褐煤产能将得到有效释放，产量也会小幅增长，预计全年内蒙古东部褐煤产量约32756万吨，其中锡林郭勒盟和呼伦贝尔的褐煤产量分别约为14537万吨和8800万吨。

2014年云南省煤化工、电力等行业对褐煤需求量将继续增加，褐煤产量也将保持持续增长的趋势。但全省褐煤基本用于满足自身需求，因此褐煤产量增幅不会太大，预计2014年全省褐煤产量约2205万吨。

褐煤进口方面，受低阶煤掺烧技术提升及南方市场对电力需求增加等因素影响，2014年中国褐煤进口量将会继续上升，主要来源国仍为印度尼

西亚。综合考虑2014年全球经济不景气、煤炭市场弱势运行、页岩气开发致煤炭消耗减少以及国际煤炭价格较低等因素，褐煤进口量增幅将会有所下降，预计全年褐煤进口量约为6593万吨，全年褐煤总供给量约为46832万吨，如表5-1所示。

表5-1 2014年褐煤供给量预测

单位:万吨

| 内蒙古 | 其中:内蒙古东部 | 云南省 | 进口量 | 总供给量 |
|---|---|---|---|---|
| 36405 | 32576 | 2205 | 6593 | 46832 |

数据来源:蓝皮书编写组

(二)2014年中国褐煤需求预测

中国褐煤主要用作电力、煤化工以及建材行业的燃料。褐煤在电力行业主要用作火力发电设备的燃料，在煤化工行业既用作化工制品的原料也用作动力燃料，在建材行业主要用作生产水泥的燃料。

内蒙古东部褐煤产量较大，但褐煤不适宜长距离运输，因此除满足当地消费需求外，还主要运往东北三省。东北地区褐煤需求主要集中在黑龙江省西部(包括齐齐哈尔、大庆和哈尔滨)、吉林省西部(包括白城市、松原市、长春市以及吉林市)和辽宁省。云南省的褐煤主要供应当地消费。

2014年中国将加大经济结构、能源结构调整力度，加强节能减排，减少煤炭消费量，预计煤炭需求不会出现大幅增加，全年褐煤需求量约为5.33亿吨。

1. 2014年电力行业褐煤需求预测

受褐煤含水分较高、富含挥发分、易燃烧、易风化等特征的影响，褐煤不适宜远距离运输，在2014年中国电力行业褐煤需求量的预测中，按主要消费地(即主要褐煤产地)分行业的预测方法，褐煤发热量统一按2900大卡计算，发电利用小时数按各地历史情况分别计算。随着发电技术的不断提高，每千瓦时能耗呈下降趋势，2014年电力行业单位标准耗煤约为317克/千瓦时，预计同比下降4克/千瓦时。

目前中国已建和在建燃褐煤大型火力发电厂总装容量不超过1500万千瓦，仅占全国火力发电总装机容量的3%~5%，与中国褐煤总储量的占比很不相称。因此，褐煤发电是中国今后发展火力发电的重点之一。

（1）内蒙古

内蒙古东部地区煤炭资源丰富，主要煤种为褐煤，普遍具有煤层厚、埋藏浅、构造简单等特点，具备向东北负荷中心输电的条件，适合发展坑口电厂。内蒙古东部地区主要电厂项目如表5-2所示。

**表5-2　内蒙古东部地区主要电厂项目**

| 地区 | 主要电厂 | 建设项目 |
|---|---|---|
| 锡林郭勒盟 | 大唐锡林浩特电厂 | 2×66万千瓦机组，装机容量为132万千瓦 |
| | 鲁能峰峰查干淖尔电厂 | 2×66万千瓦机组，装机容量为132万千瓦 |
| | 上都电厂四期 | 2×66万千瓦机组，装机容量132万千瓦 |
| 呼伦贝尔 | 华能扎兰屯热电厂 | 2×35万千瓦机组，装机容量70万千瓦 |
| 通辽 | 中电投 | 2×35万千瓦机组，装机容量70万千瓦 |
| | 杭州锦江集团 | 2×35万千瓦发电机组及2×20万千瓦发电机组，装机容量110万千瓦 |
| 赤峰 | 中电投 | 2×35万千瓦机组，装机容量70万千瓦 |
| | 大唐国际克旗 | 2×100万千瓦机组，装机容量200万千瓦 |
| | 京能赤峰煤矸石电厂二期 | 2×30万千瓦机组，装机容量60万千瓦 |

数据来源：各地区发改委

根据《电力行业"十二五"规划》，内蒙古是重点建设的大型煤电基地之一，"十二五"末锡林郭勒盟火电装机容量达到2500万千瓦，通辽市火电装机容量达1000万千瓦，赤峰市火电装机容量达600万千瓦，呼伦贝尔火电装机容量达1500万千瓦。随着火电装机容量增加，火力发电量增加，2014年内蒙古火力发电量将达3241亿千瓦时，电力行业褐煤需求量约为15149万吨。

（2）东北地区

东北地区受辽宁和吉林地区煤炭资源逐渐枯竭的影响，蒙东褐煤在辽宁和吉林电煤市场所占份额逐步扩大。随着内蒙古东部地区褐煤产量和外运量的增加,东北地区电力行业未来褐煤掺烧比例将逐渐增大。2013—2014年东北三省新建拟在建电厂项目如表5-3所示。

表5-3 东北地区主要电厂项目

| 地区 | 主要电厂 | 建设项目 |
| --- | --- | --- |
| 辽宁 | 华能丹东电厂二期 | 2×60万千瓦机组,装机容量为120万千瓦 |
| 黑龙江 | 齐齐哈尔热电厂二期 | 60万千瓦机组,装机容量60万千瓦 |
| | 国电哈尔滨平南热电厂一期 | 2×30万千瓦机组,装机容量为60万千瓦 |
| | 国网能源宝清电厂 | 2×60万千瓦机组,装机容量为120万千瓦 |

数据来源:各省发改委

随着新建褐煤机组增加及非褐煤机组褐煤掺烧比例逐渐提高,未来东北地区褐煤需求量也将增加。东北地区社会用电量占全国比重在"十二五"期间将会有所提高,火力发电设备平均利用小时数将在4800小时左右,预计2014年东北地区电力行业褐煤需求量约为14595万吨。

(3)云南省

云南省电力行业消耗褐煤主要集中在昭通、小龙潭及昆明地区。根据云南省电力行业"十二五"规划,到2015年新增火电装机容量为600万千瓦,火电发电利用小时数保持在3600小时左右。云南省主要电厂项目如表5-4所示。

表5-4 云南省主要电厂项目

| 地区 | 主要电厂 | 建设项目 |
| --- | --- | --- |
| 昭通 | 镇雄坪上为电厂 | 2×100万千瓦机组,装机容量为200万千瓦 |
| | 威信煤电一化二期 | 2×60万千瓦机组,装机容量为120万千瓦 |

数据来源:各地区发改委

随着各电厂项目的建设投产,褐煤的需求量将会增加,预计2014年云南省电力行业褐煤需求量约为1669万吨,同比增长2.29%。

2014年中国电力行业褐煤需求量如表5-5所示。

表 5-5 2014 年电力行业褐煤需求量预测

单位:万吨,%

| 地区 | 2013 年电力行业褐煤需求量 | 2014 年电力行业褐煤需求量 | 增幅 |
|---|---|---|---|
| 内蒙古 | 14771 | 15149 | 2.56 |
| 东北三省 | 14237 | 14595 | 2.51 |
| 云南 | 1631 | 1669 | 2.29 |
| 其他 | 7372 | 7520 | 2.01 |
| 全国 | 38012 | 38933 | 2.42 |

数据来源:蓝皮书编写组

2. 2014 年煤化工行业褐煤需求预测

中国以煤为主的能源结构决定了以清洁煤技术为基础的现代煤化工产业在中国具有广阔的发展前景。高油价使石化产品价格居高不下,促进了煤制烯烃、煤基新材料、煤炭直接液化、煤炭间接液化等现代煤化工行业的发展。未来煤炭清洁转化发展将是以合理、清洁、高效转化为基础,以建立煤制油、煤制化学品或煤制氢与燃气、蒸汽联合循环发电为主线的多联产体系为手段,以建立循环经济、提高效率、改善环境和降低消耗及实现二氧化碳的零排放为目标,并向大型化、规模化和集约化发展。

褐煤的开发利用主要是煤化工,如褐煤制甲醇、煤制合成氨、煤制油、煤制烯烃等。国家能源局于 2012 年 3 月 22 日出台的《煤炭工业发展"十二五"规划》提出,在内蒙古、陕西、山西、云南、贵州、新疆等地选择煤种适宜、水资源相对丰富的地区,重点支持大型企业开展煤制油、煤制天然气、煤制烯烃、煤制乙二醇等升级示范工程建设。内蒙古鄂尔多斯 300 万吨 / 年煤制二甲醚项目及云南褐煤综合利用项目等被国家列入煤炭深加工示范工程项目。虽然以褐煤为原料的煤化工经济价值相对较高,但受褐煤开发利用技术及褐煤产地水资源短缺等因素的制约,煤化工还没有成为褐煤消费的主要行业。褐煤不宜存储及远距离运输的特点,决定了褐煤化工项目主要为坑口项目。以褐煤为原料和燃料的煤化工项目主要分布在内蒙古、东北三省和云南。

(1)内蒙古东部地区

“十二五”期间,内蒙古将是煤化工发展的主要省份,未来内蒙古煤化工发展规模将会超过山西。内蒙古东部地区褐煤资源丰富,目前在锡林郭勒盟、通辽及呼伦贝尔市在建并规划了较多的煤化工项目。随着技术水平的提升,预计未来煤化工产品单位能耗在现有单位能耗水平上最多可以下降20%左右。“十二五”期间,内蒙古东部地区煤化工项目如表5-6所示。随着煤化工项目逐步建设投产,预计2014年内蒙古煤化工行业褐煤需求量约为3614万吨,同比增长6.03%。

**表5-6 “十二五”期间内蒙古东部煤化工建设项目**

| 地区 | 新型化工建设项目 |
|---|---|
| 锡林郭勒盟 | 多伦:46万吨煤基烯烃、100万吨煤基芳烃、100万吨燃料乙醇项目、30万吨PVC、10万吨氰化铝等项目 |
| | 乌里雅斯太:160万吨尿素及下游项目、120万吨甲醇转烯烃及下游项目 |
| | 白音华:120万吨煤基烯烃项目、5万吨无水氢氟酸等项目 |
| | 乌拉盖:80万吨尿素及下游等项目 |
| | 锡林浩特:20亿立方煤制甲烷项目、30万吨PVC项目、40万吨褐煤低温热解项目 |
| 呼伦贝尔 | 煤化工产品产能:1000万吨甲醇当量左右,其中:合成氨达到300万吨、尿素达到500万吨、煤制甲醇600万吨(含中间产品),合成二甲醚、烯烃等煤化工产品200万吨,褐煤低温热解提质和型煤3000万吨 |
| 通辽 | 形成120万吨乙二醇、100万吨苯胺系列、60亿立方米燃气生产能力,褐煤提质能力达到2000万吨以上的国家级新型煤化工基地 |
| 赤峰 | 克旗大唐煤质天然,年产煤制天然气40亿立方米;克旗煤质烯烃项目,年产80万吨煤质烯烃;克旗煤制甲醇项目,年产甲醇120万吨;元宝山尿素扩建,扩建年产达130万吨尿素;翁旗乙二醇项目,年产20万吨乙二醇;元宝山褐煤提质项目,年热解提质褐煤500万吨;化肥生产能力达200万吨 |

数据来源:各地区发改委

(2)东北地区

内蒙古水资源短缺,煤化工行业发展受到很大限制,为充分利用内蒙古东部地区的褐煤资源,目前国家在东北地区在建及规划了大量煤化工项目。随着煤化工项目相继投产,褐煤需求将会增加。预计2014年东北三省煤化工行业褐煤需求量约为574万吨,同比增加31万吨,增幅为5.71%。

表 5-7 东北地区主要煤化工项目

| 地区 | 项目 |
| --- | --- |
| 辽宁 | 大唐阜新煤制天然气,年产 40 亿立方米煤制气 |
| 吉林 | 年产 15 万吨二甲醚 |
| | 长山化工煤制合成氨,年产 48 万吨合成氨 |
| | 华能呼伦贝尔能源公司,年产 60 吨甲醇 |

数据来源:各省发改委

(3)云南

截止 2010 年末,云南煤炭储量达 292.6 亿吨,居全国第 7 位,是目前西南地区最大的无烟煤和褐煤基地。依托自身丰富资源,云南省煤化工行业将成为其主要产业之一。

云南省昭通市所辖褐煤矿区具有煤层厚、埋藏浅、层位稳定、倾角平缓等特点,截止 2010 年末褐煤保有储量为 81.59 亿吨,是国家规划的大型煤炭基地矿区之一,有“中国南方最大褐煤田”之称。2011 年 2 月 23 日,云南煤化工集团与昭通市政府签署《开发昭通市褐煤资源发展煤化工产业合作协议》,决定在未来 5 ~ 8 年内投资 300 亿元,在昭阳区建设大型褐煤煤矿及煤化工基地,发展清洁能源产业和新型化工材料产业。云南昭通主要煤化工项目如表 5-8 所示。

表 5-8 云南昭通主要煤化工项目

| 地区 | 项目 |
| --- | --- |
| 昭阳 | 昭阳煤化工项目 |
| 镇雄 | 镇雄年产 150 万吨甲醇、100 万吨二甲醚煤化工项目 |

数据来源:各地区发改委

随着该项目的建设投产，云南未来煤化工行业褐煤需求增长将主要在昭通地区。预计 2014 年云南省煤化工行业褐煤需求量达 502 万吨,如表5-9 所示。

表5-9 中国煤化工行业褐煤需求量预测

单位：万吨，%

| 地区 | 2013年煤化工行业褐煤需求量 | 2014年煤化工行业褐煤需求量 | 增幅 |
|---|---|---|---|
| 内蒙古 | 3408 | 3614 | 6.03 |
| 东北三省 | 543 | 574 | 5.67 |
| 云南 | 493 | 502 | 1.80 |
| 其他 | 1118 | 1141 | 2.06 |
| 全国 | 5563 | 5830 | 4.80 |

数据来源：蓝皮书编写组

3. 2014年水泥及其他行业褐煤需求预测

2014年国家将继续加大对西部地区开发的支持力度，基础设施建设仍将是重点支持领域，西部地区交通和水利等领域的投资倾斜将继续拉动水泥需求快速增长。预计全年水泥需求总体上将保持温和增长态势，需求量约21亿吨，增长速度在3%~4%，在不考虑水泥新标准实施的情况下，水泥产量将保持继续增长态势，全年产量约25.6亿吨。其他行业褐煤需求主要来自以褐煤为燃料的小型加工企业及民用。随着集中供暖及清洁能源的推广等，民用褐煤需求量逐年降低。2014年水泥及其他行业对褐煤需求量约为8495万吨。

(1)内蒙古东部地区

据内蒙古东部地区各盟市“十二五”规划，“十二五”末锡林郭勒盟水泥及制品产量达1000万吨；呼伦贝尔计划储备项目9个，水泥产能达到1300万吨，总投资27亿元，建设阿荣旗蒙西三期、扎兰屯北疆二期水泥熟料与粉磨站等项目；通辽市利用东蒙水泥这一优势资源，可拉长产业链，研发水泥下游产品，拟建水泥制品项目，2013年建设投产乌兰水泥集团年产500万吨水泥项目。

预计2014年内蒙古水泥及其他行业褐煤需求量约为3192万吨，如表5-10所示。

(2)东北地区

根据国家水泥行业“十二五”发展规划,东北地区水泥行业发展重点是调整优化结构,通过淘汰落后、兼并重组、减量置换、技术改造等措施,提高新型干法比重，满足当地需求。2013 年东北地区水泥生产行业用煤主要为长焰煤与褐煤掺烧,褐煤掺烧比例约为 65%。长焰煤平均发热量为 4500 千卡 / 千克,褐煤平均发热量为 2900 千卡 / 千克。预计 2014 年东北三省水泥产量约为 16216 万吨，较 2013 年有所增加，水泥行业消耗褐煤约 2098 万吨,其他行业消耗褐煤约 618 万吨,2014 年东北地区水泥及其他行业消耗褐煤约 2761 万吨,如表 5-10 所示。

(3)云南省

云南省水泥行业产能过剩,利用率低。根据国家水泥行业“十二五”规划,该地区主要坚持减量置换,加快淘汰落后产能,调整优化结构,提高产能利用率。预计 2014 年云南省水泥产量约为 10678 万吨,水泥及其他行业褐煤需求量约为 1812 万吨,如表 5-10 所示。

**表 5-10 2014 年中国水泥及其他行业褐煤需求量预测**

单位:万吨,%

| 地区 | 2013 年水泥及其他行业褐煤需求量 | 2014 年水泥及其他行业褐煤需求量 | 增幅 |
|---|---|---|---|
| 内蒙古 | 3136 | 3192 | 1.81 |
| 东北三省 | 2713 | 2761 | 1.77 |
| 云南 | 1780 | 1812 | 1.80 |
| 其他 | 715 | 729 | 1.96 |
| 全国 | 8344 | 8495 | 1.81 |

数据来源:蓝皮书编写组

(三)2014 年中国褐煤供需形势及价格预测

1. 2014 年中国褐煤供需形势

2014 年国家宏观经济增速继续走低，初步预计将维持在 7.5%左右,同时全球经济持续低迷,煤炭市场需求偏弱。随着煤矿产能释放、国家不断加大大气污染治理力度，主要煤炭消费地区需求将在一定程度上受到抑制，但替代能源技术成熟度和经济可行性有待进一步提升，动力煤和褐煤市场供过于求的压力继续增加。

据煤炭工业协会预计，2014 年全国煤炭供应能力约 40 亿吨，虽受到环保节能压力加大、清洁能源冲击等因素影响，但前期形成的巨大国内煤炭产能释放的压力依然较大，煤炭产量仍将呈现小幅增长态势，预计全年产量 38 亿吨左右，增速约为 2.7%。虽然国家将采取加强商品煤质量管理及限制劣质煤进口和使用的措施，但全球煤炭市场产能过剩的压力依然存在，褐煤供应仍处于相对宽松状态。

初步预测，2014 年中国褐煤供应总量约为 46832 万吨，同比增长 2.58%；需求量约为 53264 万吨，同比增幅为 2.18%。2014 年供需量预测如表5-11 所示。

**表 5-11 2014 年中国褐煤供需总量预测**

单位：万吨，%

| 指标 | 2013 年 | 2014 年 | 同比增幅 |
|---|---|---|---|
| 供应量 | 45834 | 46832 | 2.58 |
| 需求量 | 51932 | 53264 | 2.18 |
| 供需缺口 | 6089 | 6432 | 5.63 |

数据来源：蓝皮书编写组

2. 2014 年中国褐煤价格预测

2014 年中国褐煤市场供应相对宽松，上半年褐煤价格上涨乏力，将出现阶段性下滑，1～4 月份是传统用煤淡季，供过于求压力增大，价格会有所下跌，6 月份价格会达到全年低点。下半年随着各地基础建设项目推进，用电高峰到来，褐煤需求增加，价格将趋稳回升。预计 2014 年褐煤的市场价格将与 2013 年第四季度持平，2014 年全国平均坑口价和锦州港 FOB 价每吨将比 2013 年下跌 30～35 元，分别约为 153 元/吨和 245 元/吨。初步预计，2014 年各月霍林郭勒褐煤坑口价格如图 5-1 所示。

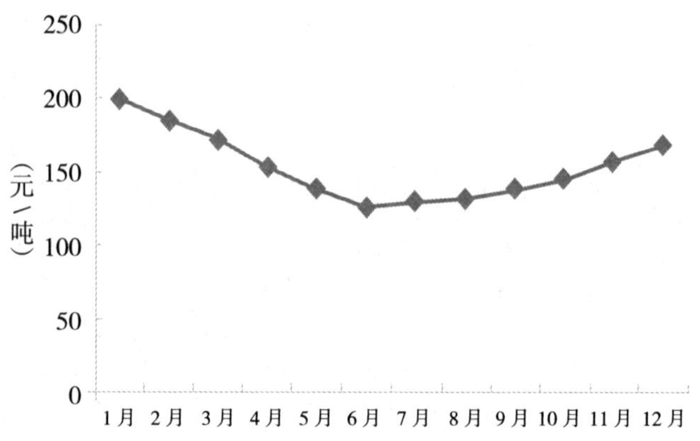


**图 5-1　2014 年各月霍林郭勒坑口价格预测**

数据来源：蓝皮书编写组

### (四)2014 年中国褐煤进出口预测

1. 2014 年中国褐煤进口量

受煤炭市场弱势运行、页岩气开发致煤炭消耗减少、国际煤炭价格较低、低阶煤掺烧技术的提升及南方市场电力需求增加等因素的影响，2014 年褐煤进口将会保持小幅上涨，预计全年褐煤进口量约为 6593 万吨，同比增长 10%，主要来源国仍为印度尼西亚。

2. 2014 中国褐煤出口量

2014 年国家宏观经济低迷、煤炭市场弱势运行及褐煤相对 5000 大卡和 4500 大卡动力煤经济性降低，褐煤的出口量受到限制，预计褐煤出口量约为 63550 吨，同比增长 21910 吨，增幅为 52.6%。

## 二、2013 年中国褐煤供给情况分析

### (一)2013 年中国褐煤产量

1. 2013 年内蒙古东部褐煤产量

中国的褐煤资源主要分布在内蒙古东部（本书中内蒙古东部包括锡林

郭勒盟、通辽、呼伦贝尔等东部盟市)和云南省。

内蒙古东部靠近东北三省边境地区是中国最大的褐煤带。在内蒙古的煤炭探明储量中,褐煤约占 45%。内蒙古东部地区集中了较多的大型褐煤煤田,其中扎赉诺尔、元宝山、平庄、霍林河、伊敏河和大雁煤田等开发较早,褐煤储量均在几十亿吨到上百亿吨;宝日希勒煤田交通方便,褐煤储量大,灰分及硫分均低,是中国主要优质褐煤基地之一,还没有大规模开发利用;胜利煤田褐煤保有储量占内蒙古褐煤保存有储量的 11%, 目前尚未大规模开发。内蒙古褐煤大多埋藏浅、煤层厚、剥采比小,多是露天开采,开采及生产成本低。目前在内蒙古东部地区开发褐煤的主要煤炭企业有神华集团、霍林河煤业、伊敏煤电、大唐国际、中电投等。2013 年内蒙古褐煤产量 35691 万吨,占全国褐煤总产量的 89.59%,同比减少 2425 万吨,下降 6.36%。

从历年数据看, 内蒙古东部褐煤产量占内蒙古褐煤总产量的比例基本保持在 90%左右。其中锡林郭勒盟褐和呼伦贝尔是蒙东地区褐煤主产盟市,2013 年褐煤产量分别达 14114 万吨和 8627 万吨,同比降幅分别为 3.54%和 7.36%。2013 年内蒙古东部地区褐煤产量达 32067 万吨, 同比下降 2259 万吨,降幅为 6.58%,约占内蒙古褐煤产量的 89.84%。2008—2013 年内蒙古东部地区褐煤产量如表 5-12 所示。

**表 5-12 2008—2013 年内蒙古东部地区褐煤产量**

单位:万吨,%

<table>
<tr><th>地区</th><th>2008 年</th><th>2009 年</th><th>2010 年</th><th>2011 年</th><th>2012 年</th><th>2013 年</th><th>复合增长率</th></tr>
<tr><td>锡林郭勒</td><td>4666</td><td>7216</td><td>10794</td><td>12650</td><td>14632</td><td>14114</td><td>24.78</td></tr>
<tr><td>通辽</td><td rowspan="3">6126</td><td rowspan="3">7605</td><td rowspan="3">8044</td><td rowspan="3">9315</td><td rowspan="3">10712</td><td rowspan="3">9326</td><td rowspan="3">8.77</td></tr>
<tr><td>兴安盟</td></tr>
<tr><td>赤峰</td></tr>
<tr><td>呼伦贝尔</td><td>4391</td><td>5278</td><td>6402</td><td>8012</td><td>9312</td><td>8627</td><td>14.46</td></tr>
<tr><td>小计</td><td>15183</td><td>20099</td><td>25240</td><td>29977</td><td>34657</td><td>32067</td><td>16.13</td></tr>
<tr><td>内蒙古褐煤产量</td><td>16183</td><td>23099</td><td>28240</td><td>33700</td><td>38116</td><td>35691</td><td>17.14</td></tr>
<tr><td>内蒙古东部占比</td><td>93.82</td><td>87.01</td><td>89.38</td><td>88.95</td><td>90.92</td><td>89.84</td><td>—</td></tr>
</table>

数据来源:内蒙古统计年鉴、汾渭能源

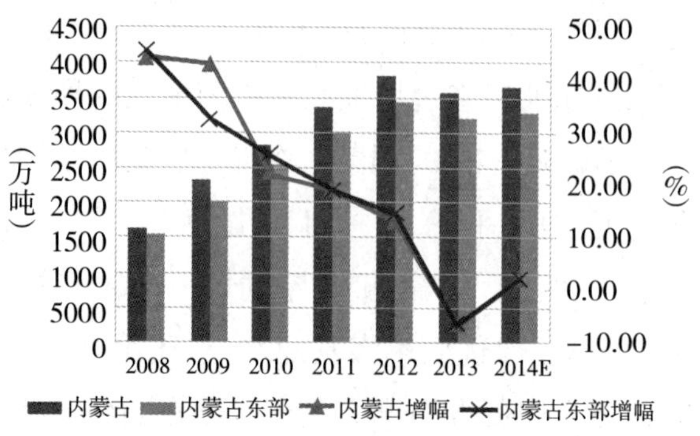


图 5-2 2008—2013 年内蒙古东部地区褐煤产量

数据来源：内蒙古统计年鉴、汾渭能源

2. 2013 年云南褐煤产量

云南省煤类齐全，但褐煤比例较大，截止 2010 年末，褐煤保有储量达 117 亿吨，占全省煤炭储量的 40%左右，是中国褐煤储量第二大省份。

云南褐煤产量主要来自小龙潭（占云南褐煤总产量的 1/2）、先锋和昭通矿区，其中保山—临沧地区小型褐煤盆地相对密集，该地区褐煤分布面广，上覆土岩质地松软，切割阻小，煤层稳定、平缓、厚度大，覆盖层薄，剥采比为 5 ~ 6，开采成本较低。

2013 年云南省褐煤产量达 2183.54 万吨，约占全国褐煤总产量的 5.5%，较 2012 年增长 22.77 万吨，增幅为 1.05%。2008—2013 年云南褐煤产量年均复合增长率为 2.41%，如图 5-3 所示。

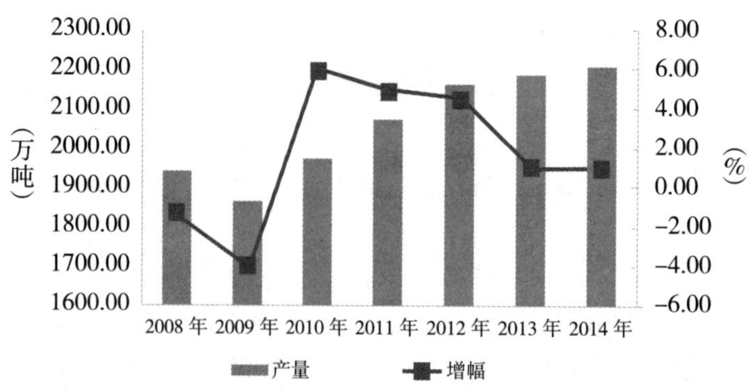


图 5-3 2008—2013 年云南省褐煤产量

数据来源：云南统计年鉴、汾渭能源

(二)2013 年中国褐煤供给特点分析

2013 年中国褐煤供给宽松，全年褐煤供应量达 45834 万吨，同比下降 1627 万吨,降幅为 3.42%,其中褐煤进口量约 5994 万吨,同比增加 572 万吨,增幅为 10.60%,褐煤进口量占褐煤供应总量的 13.08%;内蒙古东部地区褐煤产量达 32067 万吨,同比下降 2590 万吨,降幅为 7.47%,占褐煤供应总量的 69.96%；云南省褐煤产量达 2184 万吨，同比增加 23 万吨，增幅为 1.05%,占褐煤供应总量的 4.77%。

## 三、2013 年中国褐煤需求情况分析

(一)2013 年中国褐煤总消费量

中国褐煤需求地区主要集中在内蒙古东部、东北三省地区和云南。另外,还有一部分运抵辽宁后,通过锦州港和营口港海运到南方市场,供应南方的电厂使用。2013 年中国褐煤总消费量约为 51919 万吨,其中电力行业褐煤消费约占褐煤消费总量的 73.2%，煤化工行业褐煤消费量约占 10.7%,水泥行业及其他行业褐煤消费量约占 16.1%。

(二)2013 年中国褐煤分行业消费量

1. 电力行业

褐煤作为一种低阶动力煤，目前主要用于电厂掺煤以及褐煤产地的全褐煤机组发电。内蒙古呼伦贝尔、霍林郭勒、赤峰和云南小龙潭地区规划建设了很多褐煤坑口发电项目。东北地区与内蒙古东部褐煤产地毗邻,东北三省褐煤的掺烧比相对较高,其电力行业褐煤消费也较多。2013 年内蒙古、东北三省和云南火力发电量约为 6227 亿千瓦时,电力行业褐煤消费量合计约 30640 万吨,占电力行业褐煤消费总量的 80.61%。

(1)内蒙古电力行业消费褐煤情况

内蒙古东部地区受运输能力的制约,逐步发展为煤电基地,建设了大量

的大型坑口电厂，且多为全褐煤机组。2013 年内蒙古东部地区火电发电量为 1068 亿千瓦时，火电发电煤耗标准按 2013 年国家能源局发布的全国 6000 千瓦及以上燃煤机组发电标准煤耗为 321 克 / 千瓦时计算，内蒙古电力行业褐煤消费量约 14771 万吨，如表 5-13 所示。

**表 5-13 2013 年内蒙古电力行业耗煤量**

单位：亿千瓦时，万吨

| 地区 | 火电发电量 | 褐煤消耗量 |
|---|---|---|
| 锡林郭勒 | 376 | 2911 |
| 通辽 | 183 | 1421 |
| 赤峰 | 210 | 1627 |
| 呼伦贝尔 | 298 | 2312 |
| 内蒙古东部 | 1068 | 8272 |
| 内蒙古电力行业褐煤消费量 | 3087 | 14771 |

数据来源：内蒙古经信委、汾渭能源

(2)东北三省电力行业消费褐煤情况

东北地区是中国重要的电力工业基地。据电监会发布的 2013 年 6000 千瓦及以上电厂发电设备平均利用小时情况，辽宁、吉林和黑龙江三省火力发电设备平均利用小时数分别为 4353 小时、3433 小时和 4134 小时，均低于全国平均值 5012 小时。随着锡林郭勒盟褐煤资源的开发，辽宁除葫芦岛、锦州、营口等沿海地区使用少量进口煤外，其他地区近两年新建电厂均设计采用褐煤机组。根据国家统计局统计，2013 年东北三省火电发电量合计 2661 亿千瓦时，按 50%的褐煤掺烧比计算，电力行业消耗褐煤约 14237 万吨。2013 年东北地区火电发电耗褐煤量如表 5-14 所示。

**表 5-14 2013 年东北地区火电发电耗褐煤量**

单位：亿千瓦时，万吨

| 地区 | 火电发电量 | 褐煤消耗量 |
|---|---|---|
| 辽宁 | 1335 | 7145 |
| 吉林 | 591 | 3161 |
| 黑龙江 | 735 | 3931 |
| 东北三省合计 | 2661 | 14237 |

数据来源：国家统计局、汾渭能源

(3)云南省电力行业消费褐煤情况

云南省火电褐煤消费主要集中在开远、昆明、昭通地区。小龙潭以及昭通地区的华电镇雄电厂,均为全褐煤机组。2013年云南省6000千瓦及以上电厂发电设备平均利用小时数为3660小时,低于全国平均值5012小时,全省全年火电发电量478亿千瓦时,消耗褐煤约1631万吨。2013年电力行业消费褐煤情况如表5-15所示。

**表5-15 2013年火电发电耗褐煤量**

单位:亿千瓦时,万吨

| 地区 | 火电发电量 | 褐煤消耗量 |
|---|---|---|
| 内蒙古 | 3087 | 14771 |
| 东北三省 | 2661 | 14237 |
| 云南 | 478 | 1631 |
| 其他 | 35926 | 7372 |
| 全国 | 42153 | 38012 |

数据来源:国家统计局、汾渭能源

2. 煤化工行业褐煤消费量

煤化工以褐煤为原料经济价值相对较高,但由于褐煤开发利用技术及褐煤产地水资源等因素的限制,目前煤化工还没有发展成为最大的褐煤消费行业。褐煤不适宜长距离运输,以褐煤为原料和燃料的煤化工项目主要分布在内蒙古、东北三省和云南。2013年,以上三地区煤化工行业褐煤消费量合计4444万吨,占全国化工行业褐煤消耗量的80%。

(1)内蒙古煤化工行业消费褐煤情况

内蒙古是煤化工项目重要示范区,其中呼伦贝尔、霍林河及锡林浩特为国家批准的3个大型煤化工基地。

2006—2008年,在煤炭资源丰富的鄂尔多斯、锡林郭勒、呼伦贝尔等煤炭集中地,煤化工项目开始发展,逐步形成了包括大唐多伦煤制烯烃项目、新奥集团二甲醚项目、包头神华煤制烯烃项目、通辽煤化工乙二醇项目、神华集团煤直接液化项目、伊泰集团间接法煤制油项目等较大规模的煤化工重点项目。2009 年，内蒙古续建、在建和新开工能源化工项目总投资高达 3000 多亿元。2010 年内蒙古新型煤化工形成了煤制油 140 万吨、煤制乙二醇 20 万吨、煤制烯烃 106 万吨的产能。2012 年全区已形成 142 万吨煤制油、106 万吨煤制烯烃、765 万吨甲醇、20 万吨煤制乙二醇、13.3 亿立方米煤制天然气、278 万吨合成氨生产能力。2013 年内蒙古建设投产的煤制甲醇和煤制合成氨项目主要有泛海能源投资包头有限公司煤化工(一期)年产 180 万吨甲醇项目、神华巴彦淖尔能源有限公司年产 12 万吨甲醇项目、内蒙古博大实地化学有限公司年产 50 万吨合成氨以及内蒙古中煤蒙大新能源化工有限公司年产 60 万吨煤制甲醇项目。2013 年内蒙古生产合成氨 143 万吨,生产甲醇 563 万吨,全年煤化工行业褐煤消费量总计约 3408 万吨。

(2)东北三省煤化工行业消费褐煤情况

东北三省的煤化工项目大都用褐煤做原料和燃料煤，其中黑龙江西部和吉林西部的煤化工项目均用褐煤做原料煤和燃料煤。2013 年东北三省合成氨产量约为 254 万吨,其中黑龙江和吉林合成氨产量分别为 89 万吨和 57 万吨;甲醇产量约为 56 万吨,其中黑龙江和吉林甲醇产量分别为 40 万吨和 4 万吨;东北三省煤化工行业共消费褐煤约 543 万吨。

(3)云南省煤化工行业消费褐煤情况

云南省以褐煤为原料的重点煤化工项目主要分布在开远和昆明。2013 年云南省甲醇产量约 40 万吨,合成氨产量约 249 万吨,煤化工行业褐煤消费量约 493 万吨。

2013 年煤化工行业消费褐煤情况如表 5-16 所示。

**表 5-16　2013 年煤化工行业消费褐煤情况**

单位:万吨

| 地区 | 甲醇产量 | 合成氨产量 | 消耗褐煤量 |
|---|---|---|---|
| 内蒙古 | 563 | 143 | 3408 |
| 东北三省 | 56 | 254 | 543 |
| 云南 | 39 | 249 | 493 |

数据来源:国家统计局、汾渭能源

3. 水泥及其他行业

褐煤是在水泥生产过程中的预热和煅烧阶段提供热量的燃料，目前主要是褐煤产地内蒙古、东北三省及云南地区在使用。同时，褐煤作为燃料用于民用及小型加工企业。2013 年上述三个地区水泥行业及其他行业共消耗褐煤 7348 万吨，占全国水泥及其他行业褐煤总消费量的 88.1%。

（1）内蒙古水泥及其他行业消费褐煤情况

根据调查显示，锡林郭勒盟和呼伦贝尔地区生产 1 吨水泥需要消耗褐煤 0.5 吨；在通辽和赤峰地区，水泥行业燃料除用褐煤外，还有部分当地产的长焰煤（平均发热量为 4500 千卡 / 千克）。2013 年全年内蒙古水泥产量约 6396 万吨，水泥及其他行业共消耗褐煤 3136 万吨，其中其他行业消费褐煤约 619 万吨。

（2）东北三省水泥及其他行业消费褐煤情况

根据调查显示，2013 年东北地区水泥生产行业掺烧约 65%的褐煤，其余燃料用当地的长焰煤。2013 年东北三省水泥产量约 14537 万吨，水泥及其他行业共消费褐煤约 2713 万吨，其中水泥行业消费褐煤约 2106 万吨。

（3）云南省水泥及其他行业消费褐煤情况

2013 年云南水泥产量持续快速增长，全年水泥产量达 9009 万吨，同比增长 15.6%，水泥行业消耗褐煤约 1409 万吨，其他行业消费褐煤约 371 万吨。

2013 年水泥及其他行业褐煤消费量如表 5-17 所示。

**表 5-17 2013 年水泥及其他行业消费褐煤情况**

单位：万吨

| 地区 | 水泥产量 | 水泥消耗褐煤量 | 其他行业消耗褐煤量 | 总计 |
|---|---|---|---|---|
| 内蒙古 | 6396 | 2517 | 619 | 3136 |
| 东北三省 | 14537 | 2106 | 607 | 2713 |
| 云南 | 9009 | 1409 | 371 | 1780 |

数据来源：国家统计局、汾渭能源

（三）2013年中国褐煤消费特点

在中国褐煤主要是作为电力、煤化工以及建材行业的燃料。电力行业褐煤需求主要是作为火力发电设备的燃料，煤化工行业褐煤既可用作化工制品的原料也可用作动力燃料，建材行业褐煤主要用作生产水泥的燃料。2013年全国褐煤消费量共计51919万吨，其中内蒙古和东北地区是褐煤的主要消费地，约占褐煤消费总量的75%，其次为广东、福建、江苏等地的沿海电厂，如表5-18、图5-4所示。

**表5-18 2013年中国褐煤分行业消费量**

单位：万吨

| 地区 | 电力行业 | 煤化工行业 | 水泥及其他行业 | 总计 |
|---|---|---|---|---|
| 内蒙古 | 14771 | 3408 | 3136 | 21315 |
| 东北三省 | 14237 | 543 | 2713 | 17493 |
| 云南 | 1631 | 493 | 1780 | 3905 |
| 其他省 | 7372 | 1118 | 715 | 9206 |
| 全国 | 38012 | 5563 | 8344 | 51919 |

数据来源：汾渭能源

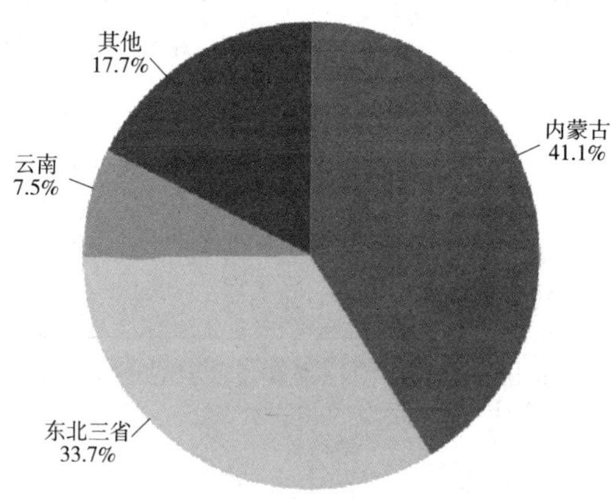


**图5-4 2013年中国褐煤分省份消费量**

数据来源：汾渭能源

电力行业是褐煤的主要消费领域，2013年电力行业消费褐煤约38012

万吨，占褐煤消费总量的 73.2%；水泥及其他行业消费褐煤约 8344 万吨，占褐煤消费总量的 16.1%；煤化工行业褐煤消费量约 5563 万吨，占褐煤消费总量的 10.7%，如图 5-5 所示。

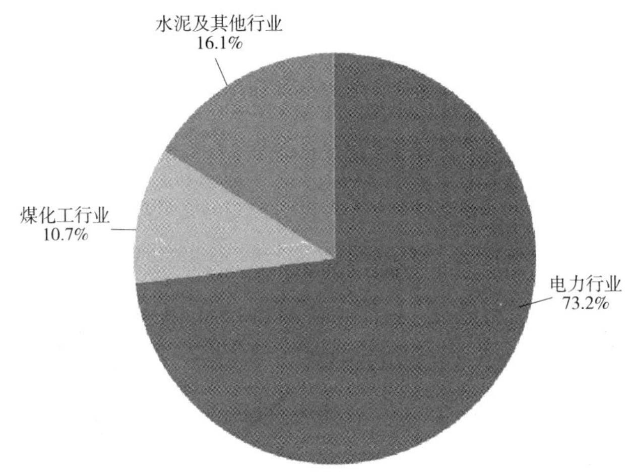


图 5-5　2013 年中国褐煤分行业消费量

数据来源：汾渭能源

## 四、2013 年中国褐煤价格情况分析

### （一）中国褐煤主产地价格

2013 年，受经济走低及煤炭自身产能释放和进口煤不断涌入的影响，煤炭市场弱势运行，褐煤价格整体呈下降趋势。选取霍林郭勒坑口价格为例，2013 年褐煤霍林郭勒坑口价基本呈现先降后升的变化趋势，其中 2 月份到 3 月份坑口价格波动较为明显，呈先升后降的趋势，在 2 月中下旬到 3 月初，达到全年坑口价格最高点 230 元 / 吨，7 月开始到 9 月上旬，是全年坑口价格最低点 165 元 / 吨。2013 年褐煤霍林郭勒平均坑口价格为 196 元 / 吨，同比下降了 31 元 / 吨，如图 5-6 所示。

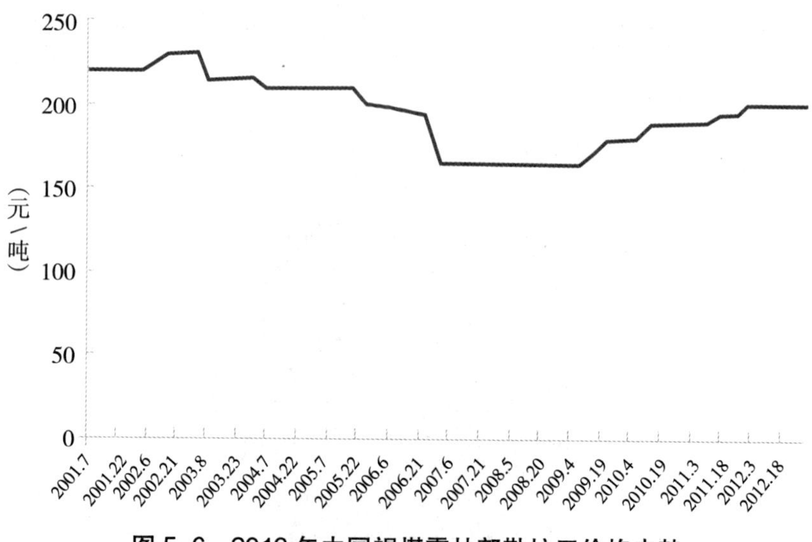


**图 5-6 2013 年中国褐煤霍林郭勒坑口价格走势**

注：霍林郭勒褐煤煤质——灰分（%）:25;挥发分（%）:<46;硫分（%）:<0.5;发热量（千卡 / 千克）:3500。

数据来源：中国煤炭资源网

### （二）中国褐煤主要港口价格

中国褐煤主要通过锦州港销往外地，本书以锦州港价格为例，分析 2013 年褐煤主要港口价格。受煤炭市场弱势运行影响，2013 年褐煤价格出现较大幅度下跌，褐煤锦州港平均价格为 275 元 / 吨，同比下降了 47 元 / 吨，降幅为 14.6%。褐煤锦州港 FOB 价格基本呈先降后升趋势，1 月份到 4 月份价格小幅上涨，从 290 元 / 吨上升至 293 元 / 吨，之后呈持续下跌态势，到 9 月份降至 250 元 / 吨，9 月份后开始企稳回升，12 月份价格上涨至 270 元 / 吨。2013 年褐煤锦州港平均 FOB 为 275 元 / 吨，较 2012 年下降了 47 元 / 吨，如图 5-7 所示。

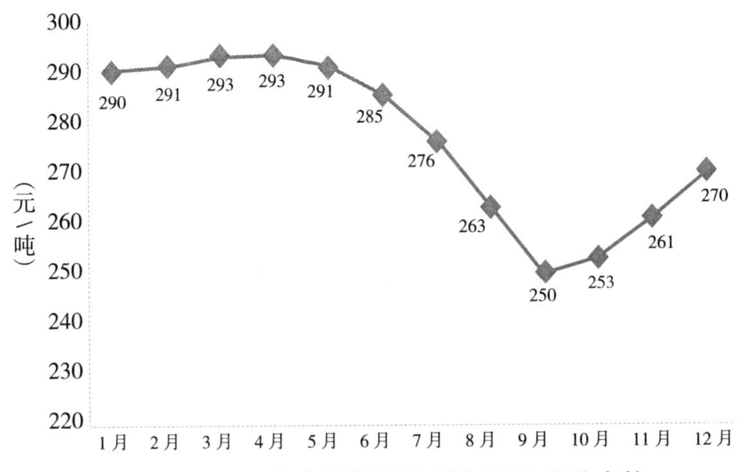


**图 5-7 2013 年中国褐煤锦州港 FOB 价格走势**

注:锦州港褐煤煤质——灰分(%):25;挥发分(%):30;硫分(%):<0.7;发热量(千卡/千克):3200。

数据来源:中国煤炭资源网

(三)2013 年中国褐煤价格变化特点

2013 年受国家宏观经济结构调整、经济形势走低、煤炭产能快速释放以及进口煤大量涌入等因素影响,中国煤炭市场继续呈现总量宽松、结构性过剩态势。褐煤价格较 2012 年出现一定幅度下降。具体来看,受煤炭市场低位运行影响,褐煤价格竞争力减弱,褐煤主产地价格 1~6 月份震荡下跌,7~8 月份筑底,受冬季用煤量增加的影响,9~12 月份平稳回升;褐煤主要港口价格整体呈下跌趋势,1~9 月份震荡下跌,之后价格小幅回升。

## 五、2013 年中国褐煤进出口情况分析

(一)2013 年中国褐煤进口分析

2013 年中国褐煤进口量约为 5993.50 万吨,同比增长 10.56%。主要进口来源国是印度尼西亚和菲律宾,其中从印度尼西亚进口 5767.58 万吨,占全

国褐煤进口总量的96%，从菲律宾进口184.85万吨，占全国褐煤进口总量的3%，如图5-8所示。

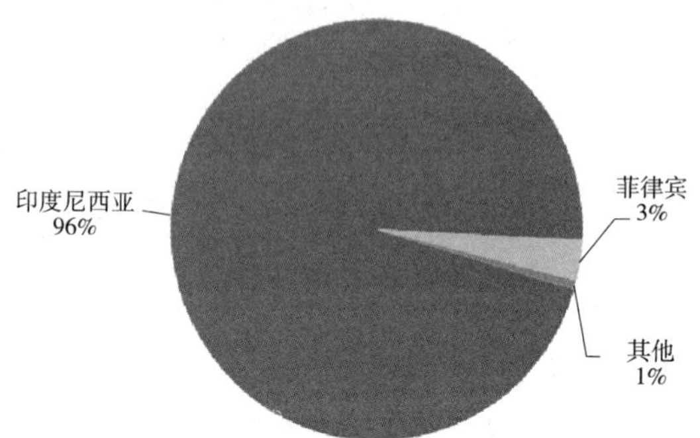


**图5-8 2013年中国褐煤分国别进口情况**

数据来源：中国海关总署

2013年主要进口褐煤地区中，广东、福建、江苏及上海分别进口2344.82万吨、1299.84万吨、823.88万吨及672.68万吨，四省市共进口褐煤5141.22万吨，占全国褐煤进口总量的86%，如图5-9所示。

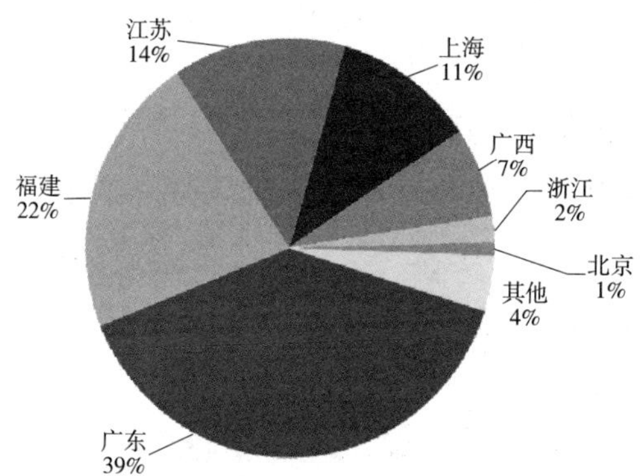


**图5-9 2013年中国褐煤分省份进口情况**

数据来源：中国海关总署

（二）2013年中国褐煤出口分析

中国褐煤与印度尼西亚及菲律宾出口的褐煤相比，在价格上几乎毫无竞争力。在2010年以前褐煤基本不出口，2010年出口量仅为2713吨，2012年中国褐煤总出口量达13949吨，首次超过1万吨，到2013年中国褐煤总出口量达 41640 吨。

2011 年中国褐煤主要出口至缅甸和越南，出口量分别为 3824 吨和 3169 吨，分别占总出口量的 53%和 44%，当年韩国首次从中国进口褐煤，进口量仅 1 吨。2012 年中国出口至韩国的褐煤增加至 2358 吨，占褐煤总出口量的 17%，超越了越南（越南约占 14%），出口至缅甸的褐煤约 8875 吨，占褐煤总出口量的 64%。2013 年中国褐煤出口总量为 41640 吨，其中约 29879 吨出口至朝鲜，占褐煤出口总量的 72%，10716 吨出口至缅甸，占褐煤出口总量的 26%，1026 吨出口至韩国，占褐煤出口总量 2%，极少量出口到日本和中国台湾地区。2013 年中国褐煤分国别出口情况如图 5-10 所示。

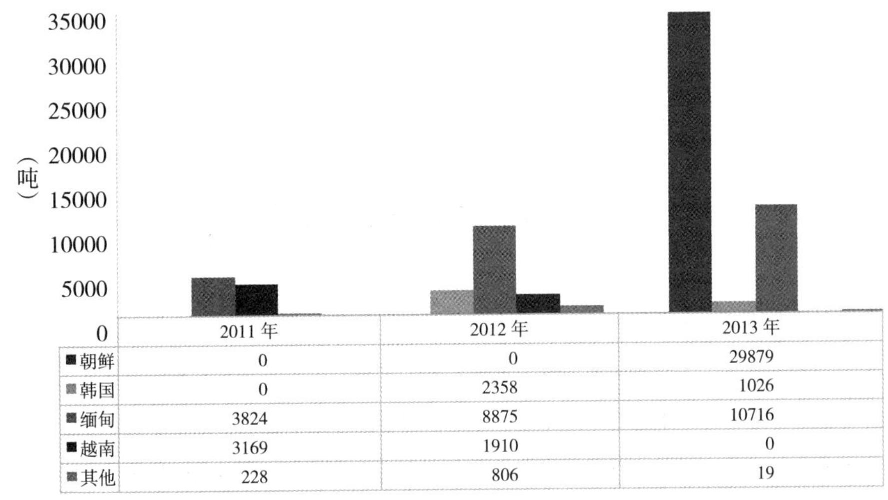


| | 2011 年 | 2012 年 | 2013 年 |
|---|---|---|---|
| 朝鲜 | 0 | 0 | 29879 |
| 韩国 | 0 | 2358 | 1026 |
| 缅甸 | 3824 | 8875 | 10716 |
| 越南 | 3169 | 1910 | 0 |
| 其他 | 228 | 806 | 19 |

**图 5-10　2011—2013 年中国褐煤分国别出口情况**

数据来源：中国海关总署

内蒙古和云南是褐煤生产大省，也是褐煤主要出口省份。受煤炭资源整合影响，近几年内蒙古褐煤产能迅速释放，出口量迅速增加，2013 年超越云南成为中国褐煤最大出口省份，全年褐煤出口量达 29879 吨，占全国褐煤出口总量的 72%。2013 年云南褐煤出口量为 10735 吨，与 2012 年的 10785 吨基本持平，占全国褐煤出口总量的 26%。2013 年山西褐煤出口量为 1026 吨，占全国褐煤出口总量的 2%，相较 2012 年的 2427 吨大幅下降。2013 年中国褐煤分省份出口情况如图 5-11 所示。

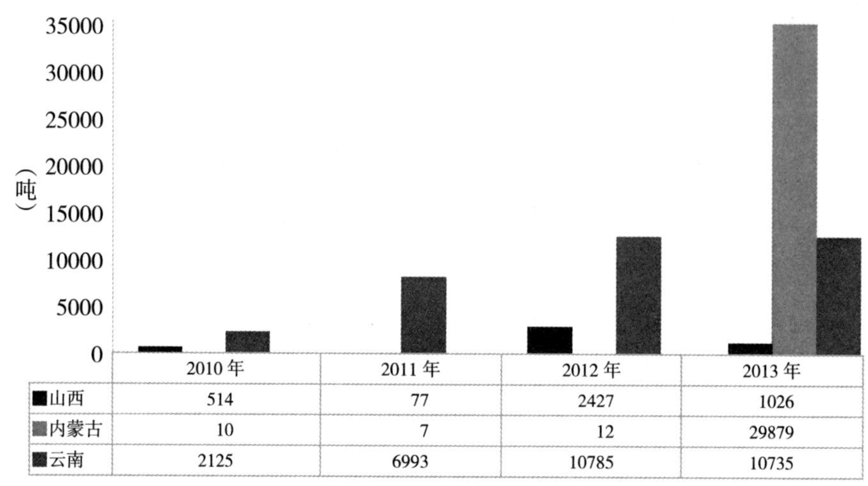


| | 2010年 | 2011年 | 2012年 | 2013年 |
|---|---|---|---|---|
| 山西 | 514 | 77 | 2427 | 1026 |
| 内蒙古 | 10 | 7 | 12 | 29879 |
| 云南 | 2125 | 6993 | 10785 | 10735 |

**图 5-11　2010—2013 年中国褐煤分省份出口情况**

数据来源：中国海关总署

## 六、2013 年中国褐煤行业竞争力分析

1. 中国主要褐煤生产企业

褐煤作为一种特殊的煤种，有着较大的成本优势，现阶段褐煤主要生产企业都是多元化产业运营，而非单一的褐煤开采与洗选。《煤炭工业“十二五”规划》提出，大力发展煤炭洗选加工，有序建设现代化升级示范工程，促进煤炭高效清洁作用，重点支持大型企业开展煤制油、煤制天然气、煤制烯烃、煤制乙二醇等升级示范工程建设。目前煤炭企业同时参与投资其他非煤行业，非煤企业也随着煤炭资源整合大浪潮并购煤炭开采与洗选。未来褐煤行业竞争主要是“煤—电—化”一体化企业。褐煤开采洗选行业主要企业如表 5-19 所示。

表5-19 褐煤的开采洗选行业主要企业

| 排序 | 企业名称 | 主营业务 | 褐煤需求量（万吨） |
| --- | --- | --- | --- |
| 1 | 龙口矿业集团有限责任公司 | 煤炭储备，油页岩，发电 | 1200 |
| 2 | 内蒙古平庄煤业集团有限责任公司 | 老年褐煤开采、铁路运输、电力、机械加工、建筑建材、化工、林业绿化等 | 2300 |
| 3 | 内蒙古满世煤炭集团有限责任公司 | 煤炭产运销、煤化工、房地产开发、百货商贸、金融服务、生态旅游 | 2150 |
| 4 | 内蒙古汇能煤电集团羊市塔煤炭有限责任公司 | 煤炭生产与发电 | — |
| 5 | 苏尼特左旗芒来矿业有限责任公司 | 煤炭采掘、销售、探矿、五金百货销售 | 1000 |
| 6 | 内蒙古源源能源集团有限责任公 | 司煤电硅、煤电热、煤电油以及洁净能源 | 500 |
| 7 | 内蒙古大唐国际宝利煤炭有限公司 | 露天矿开采 | 2300 |
| 8 | 珲春矿业（集团）有限责任公司 | 煤炭开采与销售 | 1000 |
| 9 | 神华北电胜利能源有限公司 | 煤电一体，煤、电、油、化 | 2000 |
| 10 | 华能达拉特旗昭君镇吴四圪堵煤矿 | 褐煤的开采洗选，煤电一体 | 240 |

数据来源：汾渭能源

2. 煤化工

在目前全球能源日趋紧张的形势下，褐煤的经济价值及其相关深加工生产技术越来越为能源界所重视。随着褐煤应用新技术的发展，以褐煤或掺用褐煤为原料的煤化工项目逐渐成熟，“十二五”期间，全国各地加大了褐煤利用的研发和投资力度，目前在建和规划的褐煤化工项目如表5-20所示。

**表 5-20 目前部分褐煤利用示范项目**

| 企业 | 煤化工项目 | 规模 | 生产状态 | 褐煤需求量(万吨) |
|---|---|---|---|---|
| 大唐国际发电股份有限公司 | 大唐多伦项目 | 46 万吨煤制烯烃 | 全褐煤，世界规模最大 | 5000 |
| | 大唐内蒙古克旗项目 | 40 亿立方米煤制天然气 | 2012 年 6 月建成并向北京供气 | |
| | 大唐辽宁阜新项目 | 40 亿立方米煤制天然气 | 2012 年建成向大沈阳经济圈供气 | |
| 云南先锋化工有限公司 | 褐煤洁净煤汽化利用 | 汽油 16.287 万吨、石油天然气 2.413 万吨、液化天然气（压缩天然气）1.9811 亿立方米 | 典型的低热值褐煤洁净化综合利用示范工程，原计划 2012 年 3 月 31 日出产品 | 200 |
| 华能电力集团 | 伊敏煤电公司 | 40 亿立方米煤制天然气 | 2012 年开工建设 | 1240 |
| 锡林浩特博源洁净能源有限责任公司 | 褐煤闭环闪蒸综合利用示范项目 | 1800 万立方米优质的洁净气及 9.8 万吨活性炭粉(型煤) | 褐煤提质(将 3000 提至 5000 千卡 / 千克)，前期准备工作已完成，2012 年 4 月中旬开工建设，计划 8 月底投料试车 | |
| 通辽金煤化工有限公司 | 金煤乙二醇项目 | 120 万吨乙二醇基地目前年产 20 万吨 | 全球最大的乙二醇生产基地 | 110 |
| 中国神华煤制油化工有限公司 | 神华呼伦贝尔褐煤提质工程 | 500 万吨煤制油，60 万吨煤制丙烯 | 400 万吨优质洁净型煤，两条年产 50 万吨提质褐煤型煤生产线 | 600 |
| 家景地产开发集团 | 锡林郭勒褐煤提质联产煤化工项目 | 1000 万吨的褐煤提质；100 万吨煤焦油深加工项目；15 万吨二甲醚；3 × 100 兆瓦的发电厂 | 2012 年 4 月开工 | 1500 |

数据来源：汾渭能源

3. 在不同市场半径内与烟煤的对比

东北地区发电厂燃料煤设计煤种多为烟煤，由于近年来电煤价格上涨幅度大、煤源供应紧张，目前许多电厂都在掺烧煤源充足且价格低廉的褐煤。但是褐煤含水量大(30% ~ 40%)，发热量低(约 3200 大卡 / 千克)，需要对褐煤进行干燥处理，将水分降到 15%以下，提高褐煤的发热量。

褐煤的经济性主要受动力煤价格影响。截至 2013 年 12 月，在其他动力煤价格持续下滑的情况下，锦州港褐煤较秦皇岛港 5500 大卡、5000 大卡、4500 大卡烟煤经济性有所增加，与印度尼西亚低质动力煤相比，褐煤经济性保持平稳。

但随着国内主流动力煤需求弱势运行，以及进口煤不断冲击国内市场，褐煤的经济性明显降低，优势进一步减弱，多种主流动力煤在经济性上可以替代褐煤，预计 2014 年国内褐煤将承受较大的下行压力。

4. 进一步拓展的动力

(1)褐煤掺烧比例增加

2009 年由东北电网公司开发应用的《烟煤锅炉掺烧褐煤技术研究及其应用》项目通过了中国电机工程学会的鉴定，标志着褐煤掺煤技术进入应用领域。

对褐煤掺烧技术而言，中国华电能源处于领先水平。在 2011—2012 年分别创下 413 万吨、624 万吨掺烧量的基础上，2013 年华电能源全年掺烧褐煤 735 万吨，超计划掺烧 55 万吨，仅此一项公司全年节省燃料成本 3 亿多元。随着电煤价格的攀升，发电企业正在逐步探索褐煤掺烧技术。目前，中国华电能源所属 6 家褐煤掺烧电厂均通过技术改造，实现了 100%掺烧，且能在 75%负荷下满足调电曲线要求。考虑到供热需求，牡二电厂可实现 100%掺烧，哈三电厂、哈热公司、齐热公司、佳热电厂年掺烧能力从 20% ~ 30%提升到 60%以上，哈发电厂年掺烧能力从 10%提升到 50%以上。随着褐煤掺烧比例的提高，企业发电成本将大幅降低。

(2)褐煤化工项目

在环保要求日趋严格、能源结构调整力度加强等因素影响下，中国以煤为主的能源结构决定了以清洁煤技术为基础的现代煤化工产业在中国具有广阔的发展前景。居高不下的油价也使得现代煤化工行业在经济性方面具备了较强的竞争力，促进了煤制烯烃、煤基新材料、煤炭直接液化、煤炭间接液化等现代煤化工技术的发展。

立足于资源条件、产业基础以及市场需求，建设大型现代化煤矿，坚持煤电一体化，以新型煤化工为主线，发展循环经济成为主要思路，“十二五”期间主要褐煤利用示范项目如表 5-20 所示。

(3)褐煤提质技术

目前褐煤的提质工艺主要有以下四种：

①热力干燥。通过烟气或蒸汽对褐煤进行 120℃左右的低温加热脱出水分。这是纯物理加热过程，干燥后褐煤热值可提高 30.0%～50.0%，主要用于电厂燃料的部分配煤。

②热压成型。褐煤在筛分、破碎之后，经 100℃～400℃的中低温加热部分软化，受到机械设备的压制，在其自身黏结性的作用下形成块状或粒状型煤，广泛用于冶金和电力行业。

③热解多联产。褐煤在隔绝空气的条件下进行 500℃～800℃的中高温加热，煤种的水分挥发完全析出，经过除尘和冷凝之后，可得到燃气以及附加值高的煤焦油，热解后的褐煤经过冷却形成半焦，热值提高 1.5～2.0 倍。煤焦油经过简单的化工处理后可获得汽油、柴油及其他重要化工原料。部分燃气可直接燃烧，为整个热解工艺提供所需热量，降低系统能耗。

④气化多联产。中高温条件下，褐煤与少量空气或蒸汽(或二者混合物)发生不完全燃烧和还原反应，得到富含一氧化碳、氢气以及甲烷等可燃气体，可燃气体可作为城市管道煤气、电力冶金行业的燃料气，并为化工合成提供燃料气，与蒸汽锅炉或燃气轮机联合后，还能对外供热或输电。

(4)褐煤提质技术前景

褐煤提质工业试验项目是为合理、充分、安全利用中国丰富的褐煤资源，克服褐煤高水分、低热值、易风化、易自燃、经济性差以及难以长期储存和长距离输送的特点。褐煤经提质后应用于煤化工具活性好，点火控制容易有很大的优势，在工艺参数合理的条件下，气化产生的合成气有效气体含量达 83%～92%，氢碳比值在 1.66～1.92，符合合成甲醇、二甲醚、油品等化工产品原料气的要求。

在褐煤非蒸发脱水提质方面褐煤干燥技术主要有高温烟气干燥、机械热挤压、煤浆干燥技术和水蒸气干燥。其中高温烟气干燥技术已经比较成熟，应用比较广泛的机械脱水技术，但是其脱水效率和处理能力尚不能满足要求。目前包括美国、德国、日本、澳大利亚等较为发达国家都在研究非蒸发褐煤干燥技术。国内只有中科院山西煤化所、黑龙江科技学院等少数科研单位进行基础研究。

褐煤提质是制约褐煤开发的瓶颈。阻碍褐煤提质大规模实践最大的障碍依旧是技术问题。截至目前，真正坚持长周期连续运行的只有建在锡林郭勒盟西乌旗的20万吨褐煤低温大风量混流干燥提质示范项目。

中国褐煤提质技术起步晚，但随着煤炭资源就地转化率的提高，褐煤提质技术将会取得一定成果。

# 第三篇

# 产业发展情况报告

# 第六部分 2013年中国煤炭主产省份产业发展状况

## 一、2013年全国各省份保有资源量及产销排名

### (一)中国煤炭保有资源量

煤炭是中国的主要能源,在一次能源构成中,煤炭占7.1 %,石油占22 %,天然气占3 %。中国煤炭资源储量多,分布广,煤质较好,品种较全,烟煤、无烟煤、石煤均具备。在2010年的煤炭保有储量中,炼焦用煤占36 %,化工用无烟煤占17 %,动力煤占45 %,石煤占2 %。

中国煤炭产区主要集中在北方地区,秦岭—淮河以北地区煤炭产量占全国总产量的75 %以上。目前,全国年产千万吨级以上的矿区有神府、东胜、大同、平顶山、兖州、开滦、西山、阳泉、铁法、淮北、淮南、鹤岗、潞安、徐州、阜新、新汶、平朔、峰峰、双鸭山、晋城和鸡西等,其中神府、东胜矿区是中国最大的矿区,平朔是中国最大的露天煤矿。煤炭产能达到亿吨以上的省份有山西、河南、山东、安徽、内蒙古、黑龙江、河北、贵州、四川、辽宁和陕西等11个省区,其中山西、内蒙古是中国较大的产煤省,年均产量达9亿吨以上。中国各省市煤炭保有资源量分布情况如表6-1所示。

## 表 6-1　截至 2010 年末中国各省份煤炭保有资源量

单位:亿吨

| 省份 | 储量 | 无烟煤 | 瘦煤 | 焦煤 | 肥煤 | 气煤 | 一般烟煤 | 褐煤 |
|---|---|---|---|---|---|---|---|---|
| 全国 | 13447.27 | 1129.15 | 484.00 | 718.20 | 550.13 | 1244.14 | 6918.49 | 2293.09 |
| 北京 | 26.70 | 22.70 | — | — | — | — | — | — |
| 河北 | 141.60 | 26.10 | 1.87 | 13.07 | 39.22 | 26.15 | 23.32 | 10.00 |
| 山西 | 2596.14 | 378.44 | 301.70 | 305.99 | 299.55 | 584.07 | 726.38 | — |
| 内蒙古 | 3532.64 | 1.20 | 1.48 | 28.19 | 32.65 | 13.36 | 1584.76 | 1871.00 |
| 辽宁 | 65.30 | 2.30 | — | — | — | — | 35.00 | 10.00 |
| 吉林 | 26.95 | 0.50 | — | — | — | — | 16.36 | 4.20 |
| 黑龙江 | 218.68 | 4.00 | 2.03 | 35.47 | 3.04 | 51.69 | 27.43 | 93.00 |
| 江苏 | 36.87 | — | — | — | — | — | 0.89 | — |
| 浙江 | 0.53 | — | — | — | — | — | 0.04 | — |
| 安徽 | 252.32 | 3.72 | 3.56 | 40.04 | 13.35 | 121.91 | 48.38 | — |
| 福建 | 10.91 | 10.00 | — | — | — | — | 0.86 | 0.01 |
| 江西 | 13.85 | 2.49 | — | — | — | — | 3.48 | — |
| 山东 | 239.70 | 4.40 | 1.31 | 2.62 | 43.20 | 123.04 | 48.21 | 9.07 |
| 河南 | 265.33 | 92.00 | 25.51 | 54.51 | 11.60 | 3.48 | 78.23 | — |
| 湖北 | 7.14 | 1.27 | — | — | — | — | 4.30 | — |
| 湖南 | 30.59 | 21.00 | — | — | — | — | 2.29 | — |
| 广西 | 22.90 | 9.10 | — | — | — | — | 4.52 | 8.03 |
| 广东 | 5.64 | 1.00 | — | — | — | — | 3.52 | 0.92 |
| 四川 | 151.15 | 65.00 | — | — | — | — | 41.45 | 3.50 |
| 贵州 | 549.00 | 378.90 | 30.57 | 38.90 | 16.67 | 11.12 | 70.00 | 0.06 |
| 云南 | 292.60 | 92.00 | — | — | — | — | 16.69 | 117.00 |
| 陕西 | 1917.63 | 0.12 | 26.75 | 7.29 | 3.65 | 17.02 | 1833.51 | — |
| 甘肃 | 112.21 | — | — | — | — | — | 87.00 | 5.12 |
| 青海 | 53.29 | 2.00 | — | — | — | — | 13.84 | — |
| 宁夏 | 312.45 | 9.00 | — | — | — | — | 260.10 | 0.16 |
| 新疆 | 2558.61 | — | 0.00 | 21.60 | 24.88 | 366.53 | 1985.00 | 160.22 |
| 其他 | 6.54 | 1.91 | — | — | — | — | 3.38 | 0.80 |

资料来源:汾渭能源

## (二)2013年中国煤炭产销量排名

2013年全国煤炭产量完成40.75亿吨,煤炭产量同比下降0.71亿吨,降幅为1.7%;全国煤炭消费量达40.11亿吨,同比增长0.55亿吨,增幅为1.4%。

在生产基地方面,初步估算14个大型煤炭基地2013年的煤炭产量为34亿吨左右,占全国总产量的92%,同比增加2%。内蒙古、山西、陕西、贵州、河南、山东、新疆、安徽、云南等9省区产量超亿吨,占全国总产量83%左右,同比增加2%;河北、宁夏、黑龙江、湖南、辽宁等5省区原煤产量超过5000万吨,占全国总产量的10%左右。煤炭产量过亿吨的省份产量情况和主产省份煤炭销量情况如图6-1、图6-2。

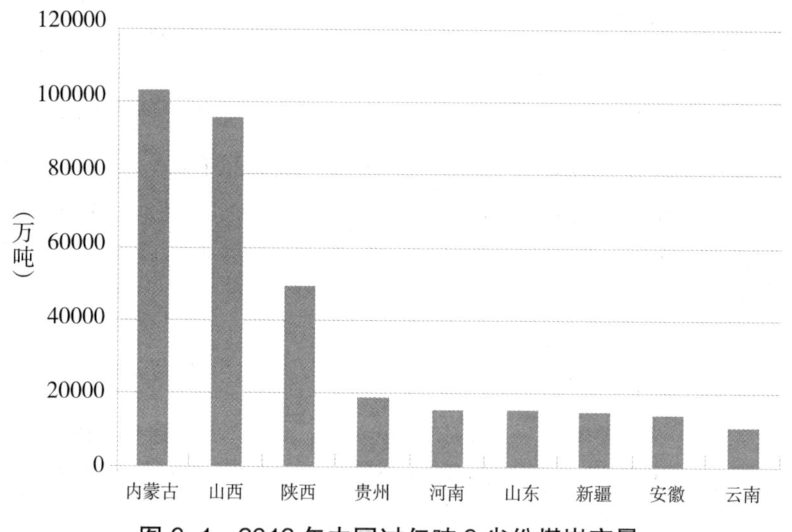


图6-1 2013年中国过亿吨9省份煤炭产量

资料来源:汾渭能源

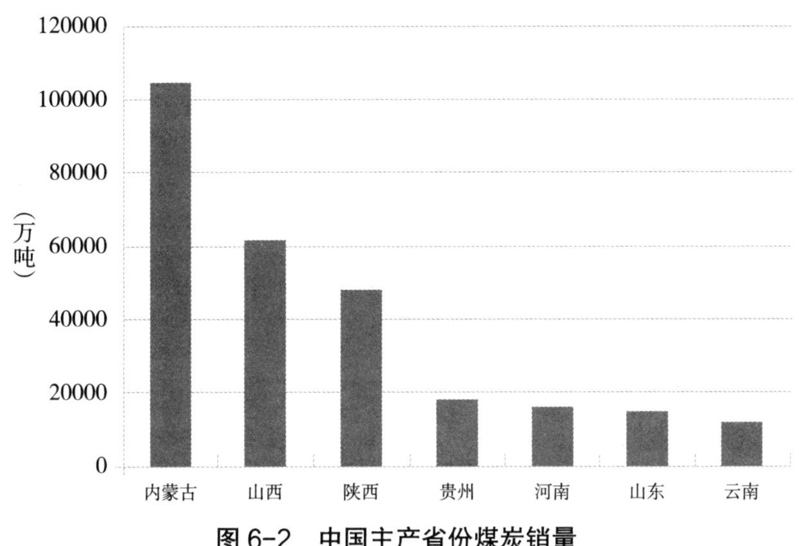


**图 6-2 中国主产省份煤炭销量**

资料来源:汾渭能源

## 二、主产省份运行情况

(一)2013年内蒙古煤炭行业运行情况

1. 煤炭产量

内蒙古是世界最大的"露天煤矿"之乡。中国五大露天煤矿内蒙古有4个,分别为伊敏、霍林河、元宝山和准格尔露天煤矿。内蒙古煤炭资源极其丰富,分布广泛,种类齐全,品质优良,以低变质烟煤和褐煤为主。已查明和预测含煤盆地180余个,面积约1118万平方千米。

近年来,内蒙古煤炭产量呈现不断增长趋势,2013年内蒙古煤炭产量达到10.3亿吨,同比增长0.73%,继续稳居全国第一的位置。

2. 煤炭销量

2013年,内蒙古销售煤炭10.5亿吨,同比增长0.7%。其中,销往区外6.2亿吨,同比下降1.6%;区内销售4.3亿吨,同比增长2%。

2013年内蒙古以边境小额贸易方式进口煤炭1476万吨,同比下降

26.5%,其中炼焦煤是主要的进口品种,烟煤和褐煤进口降幅明显。另外,私营企业为进口绝对主力,国有企业的煤炭进口量大幅减少。

3. 安全情况

2013 年,内蒙古认真落实煤矿企业主体责任,不断夯实企业安全基础,强化监察,严格执法,各项工作取得明显成效,有力地促进了全区煤矿安全生产形势稳定好转,实现了死亡人数和百万吨死亡率“双下降”,安全情况继续保持全国领先水平。全年发生死亡事故 22 起,死亡 29 人,同比死亡人数减少 4 人,未发生重特大事故。百万吨死亡率 0.029,同比下降 6.5 %。2013 年内蒙古煤矿安全情况统计如表 6-2 所示。

表 6-2 2013 年内蒙古煤矿安全情况统计

| 项 目 | 统计量 | 同比增长率 ± |
|---|---|---|
| 全区煤矿事故(起) | 22 | 10 |
| 全区煤矿死亡(人) | 29 | -12 |
| 百万吨死亡率(%) | 0.029 | -6.5 |

资料来源:中国煤炭资源网

4. 资源整合

煤炭工业是内蒙古的重要支柱产业。近年来,内蒙古煤炭产业进行了大规模、强有力的调整、升级和优化,通过整顿关闭、资源整合,淘汰了一大批规模小、技术水平低、资源浪费严重、安全无保障的小型煤矿,“十二五”末期,全区原煤年产量控制在 10 亿吨,其中年产 120 万吨及以上井工矿、产年 300 万吨及以上露天矿产能占总产能的 70 %。到 2013 年底,全区煤炭生产企业最低生产规模为年产 120 万吨(有条件的地区,可提高到年产为 300 万吨),生产规模在年产 120 万吨以下的煤炭生产企业已经全部退出市场。此外,在煤炭生产企业数量方面,全区地方煤炭生产企业数量控制在 80 ~ 100 户, 其中通过兼并重组, 在地方煤炭生产企业中形成 1 ~ 2 户年产亿吨级、5 ~ 6 户年产 5000 万吨级、15 ~ 16 户年产千万吨级的煤炭企业。到2015 年内蒙古的煤炭产能目标控制在 10 亿吨以内。

（二）2013年山西省煤炭行业运行情况

1. 煤炭产量

山西省煤炭资源具有储量大、分布广、品种全、质量优、易开采等优点，是我国煤炭出口大省和能源重化工基地。全省含煤面积6.48万平方公里，约占全省国土总面积的40%。截止2010年末，已累计探明煤炭储量2661.8亿吨，保有储量2596亿吨。富含气煤、肥煤、焦煤、瘦煤、无烟煤、贫煤、长焰煤、弱粘结煤、褐煤等9大煤炭品种。山西境内煤炭具有低硫、低灰、低磷、高发热量、高挥发分、粘结性强等特点。比如，大同煤田的弱粘结煤具有硫分和灰分低、发热量高的优点；河东煤田离石、柳林、乡宁矿区的低硫、低灰主焦煤被誉为煤中的“精粉”；沁水煤田晋城矿区的“兰花炭”更是优质的煤炭资源。

2013年山西省生产原煤9.6亿吨，占全国总量的近1/4，同比增加0.5亿吨，增长5.3%。其中国有重点企业商品煤产量总计197.7万吨（同煤集团77.1万吨、国阳新能20.4万吨、山西焦煤27.3万吨、潞安能源23.3万吨、晋城煤业18.1万吨、省监管局0.5万吨、平朔公司24万吨、煤气公司2.7万吨），地方煤矿商品煤产量81.5万吨。

2. 煤炭销量

2013年山西全省煤炭出省销量完成61595万吨，同比增加3422万吨，增幅5.88%。

3. 安全情况

2013年山西省煤矿安全生产形势持续稳定好转，初步统计，2013年全国共发生各类煤矿事故589起，死亡和失踪1049人，同比分别下降24.4%和24.2%；其中较大以上事故61起，死亡和失踪468人，同比分别下降29.9%和25%，实现了煤矿安全生产“三个大幅下降”。此外，2013年全省煤矿百万吨死亡率为0.077，同比减少0.014，下降15.38%，较全国平均水平低0.211，煤矿百万吨死亡率创出了山西煤炭现代开发史上的最低值。

4. 资源整合

2013年是山西省现代化矿井建设“推进年”，通过不断加大现代化矿井建设力度，大力改造提升传统产业，煤炭开采能力大幅提高。特别是实施煤炭资源整合和企业兼并重组后，山西煤炭走上了集约化发展道路。在煤炭资源整合全面完成后，山西省进入“大矿”时代。目前，全省已建成500万吨到1000万吨的矿井33座，产能1.99亿吨/年；1000万吨及以上矿井14座，产能1.85亿吨/年。到2015年，全省150万吨/年及以上的矿井力争有80%以上达标，150万吨/年以下的矿井力争有50多座达标。2014年山西将继续积极推进国家综合能源基地建设，促进煤炭工业可持续发展，加快整合重组矿井技术改造和现代化矿井建设，加大煤炭就地转化力度。

### （三）2013年陕西省煤炭行业运行情况

#### 1. 煤炭产量

陕西省是中国煤炭资源较丰富的省份，含煤面积4.77万平方公里，约占全省总面积的23%，预测煤炭资源总量为4143亿吨，仅次于新疆、内蒙古和山西，居全国第四位。陕西省煤炭开采历史悠久，煤种齐全，煤种以低变质的长焰、不粘、弱粘和气煤为主，肥煤、焦煤、瘦煤、贫瘦煤和贫煤次之。冶炼精煤、化工用煤、动力用煤品种齐全，可以满足各行业对煤炭的需求。

据统计2013年生产煤炭4.93亿吨，同比增产3017.41万吨，增幅达6.52%。2014年陕西省煤炭生产目标为5.3亿吨。

#### 2. 煤炭销量

2013年陕西省销售煤炭47940万吨，同比增长5.55%，销量仅次于山西、内蒙古，稳居全国第三。年底全省煤炭生产企业库存295万吨，同比下降3.8%。

#### 3. 安全情况

2013年陕西省煤矿安全形势平稳向好，全年煤矿发生死亡事故28起、死亡31人，同比减少5起18人，分别下降15.15%、36.73%；百万吨死亡率0.06，同比下降40.61%；煤矿事故死亡人数比国家下达控制指标减少34人，低于全国平均水平78%。

#### 4. 资源整合

2013年陕西省针对在新区开发及煤炭产业发展质量、技术改造方面，对

44 处建设标准低、安全保障能力差、整改未到位的小煤矿继续实行强制性停产停工措施，渭北大矿周边的 36 处小煤矿除个别停产外，其余 30 处已由大矿对其生产、技术、安全全面托管；关闭不符合安全生产条件的小煤矿 8 处，全省新建、改扩建和资源整合矿井全部采用综合机械化开采技术；大中型新建矿井项目的采煤、掘进、机电、提升运输和矿井通风全面采用国内一流技术装备；全省机械化采煤程度达 90 %以上。另外，国家批准陕西省古城、澄合、韩城 3 个矿区总体规划，新增规划矿井 9 处、总规模 3090 万吨 / 年。全年煤矿新建项目投产 8 处、形成能力 2710 万吨 / 年，新开工大型煤矿项目 8 处。

（四）2013 年贵州省煤炭行业运行情况

1. 煤炭产量

贵州是我国南方的煤炭资源富集省，煤炭储量仅次于晋、陕、蒙、新居全国第五位，截止 2010 年末，贵州保有储量约为 549 亿吨，全省约 1500 处矿山共占有资源储量约 70 亿吨，为全省资源储量的 12.6 %，开发前景广阔。全省煤炭种类主要有气煤、肥煤、1/3 焦煤、瘦煤、贫煤和无烟煤，其中，无烟煤资源最大，保有资源储量 386.36 亿吨，占全省煤炭资源储量的 69.96 %，低灰、低硫、发热量高，且品质优良，是化工行业的重要原材料和燃料。2010年末，优质炼焦用煤保有储量 85.7 亿吨，占 15.44 %，几乎全部都分布在六盘水煤田，是国家列入保护性开采的煤种。煤的开发与矿山企业的发展，使贵州成为江南最大的炼焦煤生产基地和南方商品煤输出最多的省区，不仅充分满足本省对煤炭的大量需要，而且为支持江南缺煤、少煤省区做出了重要贡献。

2013 年贵州省煤炭产量 1.91 亿吨，同比增长 5.6 %，居全国第四位，全年产量增加主要在于新建煤矿投产。“十一五” 期间贵州结转投产 7365 万吨，“十二五”期间新建煤矿 8730 万吨，释放 3170 万吨，“十三五”期间贵州将继续释放 5560 万吨。初步估算贵州省 2014—2015 年煤炭产量分别为 2 亿吨和 2.1 亿吨，同比增长 5.8 %和 7.6 %。

2. 煤炭销量

2013 年，贵州商品煤销量 1.82 亿吨，同比增长 7.5 %，其中省内销量

1.31 亿吨,同比增长 2.3%;省外销量 5137 万吨,同比增长 23.4 %。12 月末,全省煤炭企业库存 815 万吨,与 2012 年同期基本持平。

3. 安全情况

2013 年贵州省安全生产形势总体稳定,各类事故起数和死亡人数继续保持“双降”,但各地区、各行业不平衡,部分地区重大事故多发,道路交通、煤矿等领域仍然存在一些问题。全年全省发生事故 20 起,死亡 98 人,同比分别下降 65.5 %和 16.2 %。其中,较大事故 7 起,死亡 37 人,同比分别上升 16.7 %和 19.4 %;重大事故 3 起,死亡 50 人,同比分别上升 50 %和 47.1 %。煤炭百万吨死亡率为 0.5,同比减少 0.146,下降 22.6%。

4. 资源整合

2013 年贵州省为促进煤炭产业持续快速协调发展,启动了煤炭资源整合战略,充分发挥省内资源组合优势,平衡区域煤炭需求,加速了煤炭相关产业的快速发展。

贵州小矿多产量大,安全事故频发,从 2011 年起对小矿进行大规模整合,其目标不断调整,2011 年资源整合目标 100 家,年产量 2.1 亿吨,“十二五”规划整合目标 200 家,年产量 2.1 亿吨,2012 年兼并重组目标 100 家、1000 处。2014 年政府工作报告目标完成兼并重组煤矿 800 处。

贵州现有 1500 多个小煤矿,这些小煤矿的产量占销售总量的 80 %,根据煤矿整合及调整布局方案,涉及整合的小煤矿 1436 对。要求整合为 641 对,独立保留矿井 530 对,拟新设置矿权的 441 对。按贵州省要求整合情况大体统计,约有年产 15 万 ~ 60 万吨 400 多家中小矿井需要投资,需求的资金规模约为 400 多亿元人民币。

(五)2013 年安徽省煤炭行业运行情况

1. 煤炭产量

安徽省煤炭资源较丰富,煤种齐全,煤质优良,赋存集中,各矿区及不同时代煤的煤质特征,均具明显的差异性。煤类从低变质的气煤到高变质的无烟煤均有。全省含煤面积 1.8 万平方公里,占全省总面积的 12.9 %,截止

2010 年末，煤炭保有储量为 252 亿吨，按所处的构造位置和不同沉积类型将全省含煤区划分为淮北煤田、淮南煤田和皖南煤田，煤炭资源主要分布在淮南煤田。

2013 年，安徽全省煤炭产量13960 万吨，同比减少 1306 万吨，下降8.55 %。

2. 煤炭销售

安徽煤炭主要销往中南、华南等地区。2013 年安徽全省累计煤炭销量约 12240 万吨，同比增加 2%，其中国有重点煤矿销量约 11411 万吨，同比下降 1.05%。

3. 安全情况

2013 年安徽省煤监局按照“抓大、管中、关小”煤炭行业发展思路，强化瓦斯综合治理和水害防治监察，深入推进煤矿整顿关闭，深化“打非治违”专项行动，扎实开展煤矿安全生产大检查。在大检查中，共监察 819 个矿次，责令 108 个采掘工作面停止作业，83 台设备停止使用，全年共查处事故隐患 4354 条，查处事故 21 起，处理责任人 256 名。

2013 年通过各地各部门的共同努力，安徽全省煤矿安全生产形势持续稳定好转，煤炭安全创历史最好水平，全年共发生死亡事故 21 起、死亡 22 人，同比分别下降了 13%和 37%。事故死亡人数比国务院安委会下达的阶段性控制指标少了 25 人，减幅 53%。百万吨死亡率 0.158，同比下降了 34%，没有发生一起死亡 3 人以上事故。

4. 资源整合

2013 年安徽省积极利用煤炭行业景气度下滑形成的倒逼机制，综合运用经济、行政和法律等手段，大力淘汰落后产能，建立小煤矿正常退出机制，推进煤矿生产集约化、采掘机械化和安全质量标准化，加快煤炭产业结构升级。全年按计划关闭小煤矿 16 处，淘汰落后产能 126 万吨，煤炭产业集中度进一步提高，产业结构更加优化。截至 2013 年底，全省共有煤矿 92 处，数量首次降到百处以内，单井平均生产能力达到 180 万吨 / 年，位居全国第二位。

(六)2013年新疆煤炭行业运行情况

1. 煤炭产量

新疆煤炭资源丰富,截止2010年末,煤炭保有储量达2千多亿吨,占全国煤炭资源预测储量的40%,居全国第一位,是我国十分重要的能源接续区和战略性能源储备区,主要集中在准噶尔、吐鲁番、哈密、伊犁这三大盆地。保有资源储量中的主要煤炭种类为长焰煤,约占73 %,其次是不粘煤,约占17 %,气煤占7.5 %,这三种煤的储量占了总保有储量的97.5%。

2013年新疆原煤产量为14543.93万吨,同比下降2.90 %。其中国有重点煤矿产量为437万吨,同比增长57.94%。

2. 煤炭销量

新疆煤炭主要销往甘肃、宁夏、青海和川渝地区。2013年新疆煤炭销售累计14570.82万吨, 年底煤炭库存累计1748.55万吨, 与年初相比减少312.51万吨,下降15.16%。

3. 安全情况

2013年全区各类煤矿发生生产安全事故27起,事故死亡人数50人,与2012年同期安全事故33起,死亡人数46人相比,事故起数减少6起,下降18.2 %,死亡人数增加4人,上升8.7 %。其中,全区各类煤矿发生1起重特大生产安全事故,死亡22人,同比增加1起/22人。

4. 资源整合

新疆在2011年和2012年共计淘汰小煤矿11处、淘汰落后产能102万吨/年, 超额完成年度淘汰落后产能任务指标。其中直接关闭小煤矿7处、49万吨/年,改造升级淘汰1处、36万吨/年,通过兼并重组淘汰3处、27万吨/年。2013年落实了国家下达的6处、18万吨/年的小煤矿直接关闭,2014年、2015年自治区将结合煤炭产业结构优化升级和煤矿企业兼并重组进展情况,进一步加大煤炭落后产能淘汰力度,除个别边远缺煤地区外,一律停止核准年产45万吨矿井的改扩建和年产60万吨/年以下矿井的新建,一律停止核准新建生产能力低于90万吨/年的煤与瓦斯突出矿井。到2015

年底，全区完成“十二五”期间淘汰落后产能煤矿26处的目标。

（七）2013年河南省煤炭行业运行情况

1. 煤炭产量

河南省煤炭资源比较丰富，煤类齐全，煤质较好，分带明显，以无烟煤资源储量最多，其次为贫煤和焦煤。其中90%的煤炭资源集中在京广线以西地区，主要分布在郑州、三门峡、焦作等14个省辖市。

2013年，全省煤矿共生产原煤15330.72万吨，同比增加177.43万吨，增长1.2%。其中，骨干煤矿企业原煤产量14074.32万吨，同比增加64.81万吨，增长0.5%；地方煤矿原煤产量1256.40万吨，同比增加112.62万吨，增长9.8%。

2. 煤炭销量

2013年全省煤炭销量为1.62亿吨，同比增长0.14亿吨，增长率为3.6%。煤炭铁路运量5571万吨，同比减少326万吨，下降5.5%。

3. 安全情况

2013年全省煤矿发生伤亡事故8起，造成10人死亡，4人重伤，同比事故起数增加3起，增长60.0%，死亡人数减少2人，下降16.7%；百万吨死亡率为0.065，同比减少0.014，下降17.6%，重特大事故继续保持零纪录。其中，骨干煤矿企业发生伤亡事故5起，造成1人死亡，4人重伤，同比事故起数增加2起，增长66.7%，死亡人数减少8人，下降88.9%，百万吨死亡率为0.007，同比减少0.057，下降88.9%；地方煤矿发生3起伤亡事故，造成9人死亡，同比事故起数增加1起，增长50.0%，死亡人数增加6人，增长200.0%，百万吨死亡率为0.716，同比增加0.454，增长173.1%。

4. 资源整合

河南省从2004年开始就率先对煤炭等重要矿产资源进行整合。除了后备煤炭资源必须以河南省骨干煤炭企业为主体开发外，在规范现有小煤矿办矿体制中，还提出了“政府主导和市场运作相结合，对小煤矿实施兼并、重组、托管，形成以骨干企业为主的办矿体制”。经过将矿产资源向优势企业聚集为主要目标的整合后，河南省煤炭骨干企业占有及控制的煤炭资源占全省煤炭资源的90%以上，这些煤炭骨干企业的产量占全省煤炭产量的80%左右。整合后，河南的小煤矿数量从原来的1569个减少到508个，煤炭企业生产能力均提高到15万吨/年以上。省内煤炭骨干企业同时也按区域就近整合，最终形成了以平煤集团、义煤集团、郑煤集团、鹤煤集团、焦煤集团、永煤集团为主体的六大煤业集团。

（八）2013年山东省煤炭行业运行情况

1. 煤炭产量

山东省煤炭资源分布广，储量大，煤类多样，煤质优良，具有低灰、低硫、低磷、高发热量、结焦性强等特点，是优质工业用煤。全省含煤面积4.84平方公里，其中鲁西地区占97.5%（主要集中于鲁西南，其次是鲁中、胶济铁路沿线及济南以西的黄河两岸），鲁东地区占2.5%。煤类以气煤、肥煤为主，在2010年的已探明储量中，气、肥煤占82.7%，此外还富含焦煤、瘦煤、贫煤、无烟煤、褐煤和天然焦等。

2013年全省煤炭产量1.52亿吨，同比增长4.2%，其中国有重点煤矿产量为814万吨，同比增长101.76%。

2. 煤炭销量

2013年，山东省商品煤销量1.44亿吨，同比增长2.9%。全省煤炭企业煤炭销售收入768亿元，同比下降24.6%；实现利税300亿元，同比下降58.3%；实现利润16亿元，同比下降93.1%。

3. 安全情况

2013年山东省煤矿共发生事故10起，死亡10人，百万吨死亡率0.07，同比事故起数下降33.3%，死亡人数下降66.7%，百万吨死亡率下降了68.2%，煤矿安全形势创历史同期最好水平。

4. 资源整合

根据产业政策和煤矿生产实际，山东省2013年共有17处煤矿淘汰了落后产能，涉及产能237万吨。其中：关闭煤矿16处，淘汰产能216万吨；改造升级煤矿1处,淘汰产能21万吨。

（九）2013年云南省煤炭行业运行情况

1. 煤炭产量

云南煤炭资源丰富,煤种齐全,有无烟煤、烟煤、褐煤、泥炭,截止2010年末,保有储量292亿吨,预测资源总量约为691亿吨,拥有各类煤矿1084个,占全国煤矿数的8.6%,居全国第二位,是中国南方少数不缺煤的省(区)之一。全省煤炭资源地理分布不均,主要分布于曲靖、昭通、红河等地,占全省保有储量的87.66%。在保有储量中,褐煤153.26亿吨,占62%;无烟煤51.91亿吨,占21%;烟煤41.32亿吨,占17%;其他分类不明的煤炭有1.10亿吨,占保有储量的0.4%。

2013年全省煤矿生产原煤10509.17万吨（行业统计数）,同比增加124.45万吨,增长1.18%,煤炭产量连续两年突破亿吨大关。

2. 煤炭销量

2013年全省商品煤销量1.2亿吨,同比增长7.1%,其中销往省外2046万吨,同比增长20.9%。铁路煤炭运量534万吨,同比增长2%。全省煤炭行业累计实现工业总产值736亿元,同比增长14.2%;实现工业增加值309亿元,同比增长1.5%。年底全省煤炭生产企业存煤292万吨,同比增长84.1%。

3. 安全情况

2013年全省煤矿共发生生产安全死亡事故57起、死亡91人,同比增加1起、减少19人,分别增长1.8%、下降17.3%。其中,发生较大事故5起,死亡31人,同比减少2起、5人,分别下降28.6%、13.9%;未发生重大及以上事故。原煤生产百万吨死亡率0.876,同比下降16.5%。与国务院安委办和省政府下达的全年控制指标相比,全省煤矿事故死亡人数少9人、变化率低9.0%;较大事故少3起、变化率低37.5%;没有发生重大及以上事故(全年控制指标为1起);原煤生产百万吨死亡率少0.033、变化率低3.6%。

4.资源整合

2013年云南省坚决关闭不具备安全生产条件的煤矿,对不具备安全生产条件或发生较大及以上责任事故的9万吨/年及以下煤矿，依法实施关闭；对发现存在重大安全生产隐患的煤矿限期停产整顿，到期未消除的，依法实施关闭；对高瓦斯、煤与瓦斯突出等灾害严重的煤矿经评估不具备瓦斯防治能力的，责令立即停产、限期整改，或由具备瓦斯防治能力的煤矿企业兼并重组。对整改后仍不具备瓦斯防治能力，且未被具备瓦斯防治能力的煤矿企业兼并重组的9万吨/年及以下煤矿，依法实施关闭。截止到2013底，云南省拥有各类煤矿1084个，占全国煤矿数的8.6%，居全国第二位，年产30万吨以上煤矿企业达200户以上，年产100万吨以上煤矿企业达20户以上，年产1000万吨以上煤矿企业达3户以上。2014年拟关闭160对以上，2015年拟关闭240对以上。到2015年底，全省煤矿数量在2013年基础上减少不低于300个。

# 第七部分　2013 年中国煤炭现代交易市场建设发展状况

## 一、全国主要煤炭现代交易市场建设发展现状及方向

煤炭交易中心是为煤炭生产、流通、消费企业提供煤炭交易服务以及与交易相关服务的集中型交易市场，煤炭市场交易体系的建设是市场化的亮点，已经运营的煤炭交易中心分布于全国多个地区，形成了煤炭产地、中转地、消费地并存的空间布局。其中，影响颇大的煤炭交易市场有中国(太原)煤炭交易中心、秦皇岛海运煤炭交易市场、内蒙古煤炭交易中心、东北亚煤炭交易中心、陕西煤炭交易中心、徐州华东煤炭交易市场、广州华南煤炭交易中心和鲁中煤炭交易中心等。

2013 年以来，区域性的煤炭交易市场已呈现出“遍地开花”之势，目前全国已经形成了 40 多家规模不等的煤炭交易市场。一些煤炭交易中心推出了自己的煤炭定价指数，对于提高我国煤炭贸易的话语权，帮助企业公平交易、合理定价做出了积极的贡献。

### (一)煤炭交易发展现状

煤炭交易中心是煤炭产业市场化的结果，其市场化程度越高就越具有吸引力。那么煤炭交易中心交易方式的确立意味着原有的煤炭订货会将彻底退出历史舞台，而“以现代交易体系为支撑、以精细化物流配送为手段、以战略合作为基础、实现多元化交易”的新型交易模式将成为煤炭市场健康发展的有效手段。

但现实中，煤炭贸易中心推行起来并不那么容易，主要面临的困难有：

第一，目前区域性的煤炭交易市场众多，一些交易中心缺乏交易量，且部分交易中心服务对象多为中小企业，进入交易中心销售的煤炭只占较小

的一部分,大部分企业还是依靠传统方式直接交易。

第二,在煤炭交易中心建立的过程中,铁路市场化的步伐较慢,这无疑制约了煤炭交易市场的拓展,尤其是产地型煤炭交易市场的发展。

造成这种局面的原因, 一方面是各方对煤炭交易中心的准确含义并不清楚,不少煤炭交易中心开展的业务及服务满足不了现实需求,致使煤炭电子交易不温不火;另一方面是缺乏统一的交易规则、难以解决煤炭标准化问题,不能及时保证运力。

尽管煤炭交易市场面临着各种困难, 但是煤炭交易市场体系建设有着十分重大的意义,其作用和意义突出表现在:

第一,煤炭交易中心汇集了更多的煤炭生产、经营、运输、需求信息和资源, 消除了私下协商交易时的盲目性和信息不对称的弊端, 使交易机会增加,交易成本降低,交易信息得到共享,促进了交易商之间的沟通交流。

第二, 煤炭交易市场能够通过制定科学严谨的管控措施, 规范交易环节,从而降低交易风险,维护交易商权益。

第三,煤炭交易市场便于发现价格,能够起到煤炭流通的风向标作用,通过价格引导交易可以使煤炭资源得到优化配置。

第四,煤炭交易市场体系的建设有利于煤炭市场规范运作,净化环境,实现公开透明的交易。

### (二)煤炭交易市场改革方向

深化煤炭市场化改革、建设完善的煤炭市场交易体系和引导煤炭交易中心合理开展业务,这是推动煤炭交易中心又好又快发展的重中之重。

中国煤炭运销协会对于建设统一的煤炭交易市场的规划一直在进行中,国家发改委也下发通知,要求探索培育全国性煤炭交易市场,加快形成统一开放、竞争有序的煤炭交易市场体系。目前国家已经在一些地方做了相应的调整与改革,随着国家彻底放开包括电煤在内的煤炭价格,煤炭企业以及地方政府对于建立煤炭交易中心的积极性很大, 煤炭交易体系已经在重构。同时专家指出,当前最主要的是做好交割库建设工作,经营好一批地方性和区域性的煤炭交易中心，为建立全国性煤炭交易中心奠定基础，区域性煤炭交易中心相互对接，把市场带动起来，而后再逐步完善，进一步扩大覆盖范围，最终建立全国性煤炭交易体系。

作为一个集机构、场所与渠道为一体的煤炭现货交易平台，煤炭交易中心将以现代化的市场交易方式替代传统的煤炭交易手段，更好地发现价格、规避风险、指导生产、降低成本和提高市场效率。中国的煤炭市场交易情况比较复杂，在国际上没有可以借鉴的经验，需要不断探索，煤炭现代交易市场体系建设有望在 2014 年取得新的进展。

## 二、2013 年部分煤炭交易市场的运营情况

### （一）中国（太原）煤炭交易中心相关情况

1. 基本情况

中国（太原）煤炭交易中心是由国务院批准、目前唯一冠以“中国”字样的全国性煤炭交易中心，承担着改变传统煤炭订货模式、探索新型煤炭交易方式的重要职能。自 2008 年成立以来，交易中心高效地完成了场所硬件和系统软件的建设两大重要任务，2012 年 2 月 23 日交易中心开市以来，在煤炭交易、物流配送、信息咨询、贸易融资、商务会展等多方面进行了创新性的工作，为全国煤炭交易市场化改革，为山西省转型跨越发展做出了积极贡献。

2. 主要职能

2008 年 8 月，为加快推进交易中心建设运营步伐，省政府下发晋编字〔2008〕19 号文件，决定成立省政府直属、正厅级建制、自收自支的事业单位——中国（太原）煤炭交易中心；同时撤销山西省煤炭工业局所属山西省煤炭销售办公室，将其职能编制划转交易中心；并将山西煤炭运销集团所属太原煤炭交易市场所有职能划入交易中心。事业性质的交易中心和企业性质的交易中心有限公司采取“两块牌子一套人马”的运行管理模式。前者接

受省政府授权，延续和发挥原省煤炭销售办公室和原太原煤炭交易市场职能,继续从事全省煤炭运销管理,开展煤炭现货交易工作;后者则主要负责交易中心后续工程建设、技术开发、金融服务、煤炭物流会务会展及文化产业等相关经营性工作,下设山西煤炭物流发展有限公司、山西能信科技有限公司、能易(上海)数据科技有限公司、山西国际会展中心等公司。

3.主要业务情况

交易中心是目前国内规模最大的煤炭现货交易市场,其注册交易商、交易量、交易额皆为全国之最。

(1)交易商注册情况

国电、华能、大唐、华电、国投、浙电、粤电等国内主要电力集团,首钢、河北钢铁、山东钢铁、鞍钢、太钢、宝钢、本钢、包钢、武钢、沙钢、马钢、鞍钢等国内主要钢铁集团,同煤、焦煤,晋煤、阳煤、潞安、山西煤销、山煤国际等省内主要煤炭生产企业以及国内主要化工水泥用煤企业均已注册入市，遍布 31 个省市区。截至 2013 年 12 月 31 日,共有注册交易商 7557 户,其中:山西省内 2630 户、省外 4927 户。

(2)交易情况

交易中心按照省委省政府“先省内后省外、先铁路后公路、先现货后期货”的战略部署。始终坚持公开、公平、公正的“三公原则”,紧紧围绕综改试验区建设的中心任务,先行先试,以煤炭产地现货交易为特征,积极探索新型煤炭交易方式。形成了年度交易、日常交易、专场交易 3 种运行模式相互衔接,挂牌、竞价、邀约、协商 4 种交易方式自主选择。2012 年 2 月 23 日全省通过铁路运输的煤炭现货交易正式启动、2013 年 5 月 23 日通过公路运输的煤炭交易也正式启动上线交易，标志着全省境内销售的煤炭全部纳入交易中心交易平台进行交易。从 2012 年开市到 2013 年底，煤炭现货交易总量 19.82 亿吨,交易总额 13130.49 亿元。其中,2013 年交易总量 13.04 亿吨,交易额 8518.14 亿元,分别比上年增长 94.05%、84.68%。

(3)交易大会情况

依托自主构建的“交易服务、信息服务、物流服务、金融服务”四位一体交易综合服务体系，除满足对交易商的日常全程化多方位服务外，在全国煤炭年度产需衔接上率先实现了年度合同供需双方自主协商、自主定价的纯市场化电子交易。2013 年交易大会签订年度合同 7.88 亿吨。由中心主办的 2014 年度交易大会除创下了签订年度合同 9.55 亿吨历史最高水平外，还与中国煤炭运销协会联合了全国 5 家具有区域代表性的煤炭交易市场（内蒙古煤炭交易中心、陕西煤炭交易中心、秦皇岛煤炭交易市场、东北亚煤炭交易市场、徐州华东煤炭交易中心）采取“6+1”模式，搭建了全国区域性交易平台，进一步推动了我国煤炭市场体系建设。

(4)“太原指数”发布情况

交易中心在煤炭贸易领域积极探索，成功研发了具有主产地特色和市场风向标作用的“中国太原煤炭交易价格指数”(每周一发布)，2013 年5 月 23 日与新华社合作发布以来，逐步得到全国煤炭上下游产业链交易商的普遍认可，有关交易商参考“太原指数”签订 2014 年年度合同 1249 笔、1.61 亿吨。

(5)交易综合服务体系不断完善

交易中心着力构建了以“交易服务为核心，信息服务为基础，物流服务为保障，金融服务为支撑”的“一核三系”四位一体的交易综合服务体系，并以此为核心竞争力，为广大交易商提供全方位、一站式、高效快捷的优质服务。

交易服务作为贯穿整个服务的主线，目前已为交易商在煤炭现货交易的各个流程和环节中提供了全程化的服务。

信息服务基本形成了信息产品研发产出机制，可为交易商提供价格指数、研究报告、煤炭市场周报、信息速递周报、国内煤炭市场季度半年度分析、煤炭市场蓝皮书等信息产品；并利用新媒体技术向重点用户发送煤炭交易手机报、微信等。

物流服务方面，目前除实现网上铁路运力需求提报外，部分重点铁路发煤站点的联网动态信息已实时传送；公路煤炭运销票据管理信息系统已开发完成。

金融服务方面，可提供银行存贷款业务、资金管理、企业投融资等金融服务，目前已实现了部分货款网上适时结算，订单池融资产品已正式推出，仓单质押、应收账款融资、保理业务等其他金融产品正在着力研发。

(6)场外交易准备及未来构建多层次交易市场体系的总体设计

交易中心在全国率先研发煤炭等能源系列商品场外交易，并取得了业务设计、制度设计、交易平台建设等实质性进展。目前正在积极准备煤炭期货交易,其一是中国证监会成立了煤炭场外市场专题工作组,专项研究在交易中心试点开展商品场外衍生品交易；其二是上述场外交易取得实质性进展,为期货交易进行了人才、制度及技术等方面的准备。期货交易的推进方案、科研报告已经完成。

交易中心将以转型综改试验为统领，以推动煤炭产地现货交易向场外交易、期货交易等交易功能提升为核心,以完善交易服务体系、清结算服务体系、交收服务体系、信息服务体系、风险管理体系为手段,以建立专业化公司为支撑,采用集团化、跨市场模式,通过基础现货、场外衍生品、场内衍生品等多层次市场的建设,构建功能齐全、层次分明、方式多样、手段先进的现代能源市场交易体系。

4. 获得荣誉

交易中心各项工作获得了国家有关部门、行业协会和省委省政府的充分肯定，煤炭交易模式创新及电子交易平台研发建设项目经科技厅专家鉴定为国际领先水平。

合作研究的《国家煤炭动态战略(应急)储备及监测预警系统研究》获得了国家能源局 2012 年度软科学研究优秀成果二等奖。

运输计划处被评为“山西省模范集体”。

交易大楼及会展配套设施被国家住房和城乡建设部授予 “鲁班奖”,被第六届中博会和首届山西文博会组委会分别授予“场馆建设成就奖”和“突出贡献奖”。

(二)陕西煤炭交易中心相关情况

陕西煤炭交易中心完全改变了传统的煤炭交易模式，主要以陕西煤炭资源为基础,按照“公开公正、公平透明”的原则,为煤炭、电力、冶金、化工、建材等行业会员及社会企业提供“1+N”服务，即交易、信息、物流、金融、质保等一体化、一站式服务。并通过网上竞拍、挂牌、招标以及电子集市和煤炭交易会等为主的交易模式，降低了交易成本、提高了交易效率、规范了交易行为、规避了市场风险、提供了增值服务，有力推动了全国统一开放的现代煤炭市场体系和物流配送网络体系的形成。

2013年，陕西煤炭交易中心在以下五个方面取得了新的突破：

一是交易规模取得新突破。交易中心于2011年7月正式运行以来，按照市场所需，不断完善管理办法，调整交易模式，前移服务战线，克服重重困难，实现了交易规模的持续扩大。截至2013年11月，实现交易量2926.26万吨，交易额96.47亿元；近3年来累计交易量7685万吨，交易额285亿元，已成为中国通过网上交易实现的交易量和实物交割量最大的现货煤炭交易市场，位列西北（部）第一。同时，也是全国煤炭交易市场合作组织发起单位之一，受到了中国煤炭工业协会、国务院发展研究中心的首肯和推介。

二是第三方支付业务开启金融服务新模式。自2013年1月6日，第三方支付业务许可得到中国人民银行批准后，交易中心积极组织建设第三方电子支付平台，覆盖大宗交易市场的资金监管、支付清算等一系列需求，为企业用户提供专业的金融增值服务，以规范大宗交易平台资金往来，保证交易环节的资金安全，提升平台运营效率。同时，为大宗商品交易行业的资金监管、大额支付、高效结算等方面定制解决方案。

三是信息化建设获得国家和省级财政专项资金支持，带动信息化发展新步伐。交易中心获得“陕西省2012年两化融合典型示范企业”、“2013年国家级电子商务集成创新试点项目工程”等多项称号。同时，交易中心承担的“煤炭电子商务信息化平台”项目获得国家部级和陕西省级财政专项资金支持共计195万元。随着该项目纳入国家资金补助计划，标志着交易中心在相关产业领域已处于国内领先水平。

四是价格指数引领行业新风向。交易中心联合中国煤炭工业协会建立的陕西煤炭价格指数是继环渤海煤炭价格指数和太原煤炭价格指数之后的第三个区域性煤炭价格指数，通过价格指数来准确反映陕西地区煤炭市场价格波动趋势，为煤炭企业经营定价提供参照基准，为政府决策提供参考。进一步加强了价格发现功能，保证价格指数能够及时、客观、科学合理地指导陕西煤炭市场，促进陕西煤炭市场健康持续发展，成为陕西的价格风向标。

五是企业管理水平迈上新台阶。交易中心始终贯行“一切为了发展，一切为了员工”的理念，并坚持企业管理与国际化接轨，聘请专家指导，积极组织开展 ISO9001 质量管理体系认证，并于 2012 年 6 月通过认证，提高了企业内部管理能力，增强了客户可信度，也必将更有力地促进交易中心向打造中国一流的第三方电子交易综合服务平台迈进。

### （三）内蒙古煤炭交易中心相关情况

内蒙古煤炭交易市场定位为煤炭及相关大宗商品的第三方电子商务公共服务平台，通过安全先进的技术手段和专业团队为客户提供现货交易、价格指数、期现咨询、物流和金融等多种服务。交易市场是自治区政府批准成立的唯一煤炭电子交易的服务平台，交易市场的建设被自治区政府确定为“十二五”重点扶持项目，是全国煤炭交易市场合作组织创始单位之一。交易市场由大型央企、国家级行业协会和自治区煤炭协会、鄂尔多斯市政府地方国资企业及内蒙古重点煤炭企业共同投资建设。

交易市场自成立以来，得到了内蒙古各级政府的关心与大力支持，历经数年探索实践和经验积累，已成功运行现货交易系统、物流配套系统，发布产地价格指数，引入多家金融服务机构，建成了集交易、物流、信息、咨询、金融的综合服务平台，成为国内最具有影响力的交易市场之一，是全国煤炭交易市场体系的重要组成部分。

内蒙古煤炭交易中心着力构建以智能化煤炭物流园区为基础的集中式电子交易平台，集聚多方资源，为平台活动参与者提供一体化交易服务、信息服务、物流服务和金融服务，该中心于 2011 年 6 月 18 日实现功能上线，目前信息服务、交易服务、物流服务及融资服务四大主服务平台系统已经建设完成。目前共有各类交易会员 193 家，物流会员 600 多家，战略合作企业 12 家。2014 年 1 至 2 月共完成煤炭现货成交金额约 12.66 亿元，并与神华神东煤炭集团达成2000万～5000万吨的专场交易合作，现已进行5次专场交易，总交易量约1368万吨，总交易额约34亿元。

该中心以“煤炭电子商务系统”为平台，以现货挂牌交易为基础，通过标准化及数字化等特色服务，构建集煤炭交易及物流配送等多种服务于一体的综合性现代化煤炭交易体系。为方便客商，该中心还将在北京、锡林浩特及曹妃甸港等地设立分交易机构（所），实现统一联网管理。

此外，该中心以交易带动物流、以物流推动交易，实行“线上＋线下”两条腿走路的方式，集结大量优质运力资源，研发了“蒙煤通”客户端，为客户煤炭买卖和运输配货铺路搭桥；在金融服务方面，中心已与农业银行及招商银行等建立合作关系，由合作银行作为第三方为客户提供资金托管、结算划汇及融资等各项服务。

### （四）秦皇岛海运煤炭交易市场相关情况

秦皇岛海运煤炭交易市场是在河北省人民政府各级领导的关怀下、在河北港口集团秦港股份公司领导的大力支持下，经过7年多的发展，秦皇岛海运煤炭交易市场形成了以煤炭交易服务核心，融合物流、信息、研究及会展等多元化支撑服务为一体的“1+n”市场体系，并在业内建立起良好的企业信誉和客户基础，步入了良性发展的快车道。

秦皇岛港作为世界最大的煤炭港口，向西承接煤炭资源地，向南辐射煤炭消费地，是支撑国民经济发展、保障国家能源安全的重要枢纽。因此，秦皇岛海运煤炭交易市场的建立加快了转型发展，打造了港口煤炭物流服务体系，充分发挥了其优势。如今，“秦皇岛煤炭价格”已经成为国内中转地煤炭市场的“风向标”；中煤集团、浙电集团等主要煤炭供需企业及很多煤炭经营企业已将海运煤炭交易市场发布的价格作为中转地煤炭交易的基准参考价格。

此外，他们还成功发布“环渤海动力煤价格指数”，得到了国内广大煤炭现货交易商及进口煤炭交易商的认可。

2012年，由秦皇岛海运煤炭交易市场开发的海运煤炭运价指数上线运行，该指数反映了中国沿海地区煤炭货类的海运费水平与变动趋势，涵盖了秦皇岛港为起运港，以广州、上海、宁波、张家港和南京为接卸港的5条代表航线，及时、准确地反映各航线主力船型的运价水平。

2013年1月1日，秦皇岛海运煤炭交易市场同船务代理公司合作推出的船煤网正式上线运行，在为客户提供更多服务的同时，也拓展了公司的新的业务领域。

秦皇岛海运煤炭交易市场创办至今，网站会员超过10万人，收费会员超过4000人，今后网站还将实现与12306的对接，欲打造以强大的港口物流信息作为支撑的大型电子商务平台。

另外，国家、省市及主管部门领导曾多次亲临市场视察，对煤炭市场发展规划做出了重要指示，并给予政策性支持，秦皇岛海运煤炭交易市场的发展已经被纳入国家沿海发展战略及全国煤炭市场体系建设版图，成为不可或缺的重要组成部分；同时作为推动省域经济发展的主力军，被列入河北省煤炭物流“十二五”规划。

### （五）鲁中煤炭交易中心相关情况

鲁中煤炭交易中心是由山东能源淄矿矿业集团和山东坤升控股有限公司共同投资建设的山东首家大型煤炭交易中心，其中淄矿矿业集团控股51%，采取政府主导、企业运作、股份制运行的模式。

鲁中煤炭交易中心自成立以来已经建立起了一个以信息资讯、煤炭交易、仓储运输、物流配送为一体的完善的煤炭交易信息网络平台。目前，该中心依托本省煤炭货源，广泛吸收山西、内蒙古等国内主产煤地供应商，已发展成为一个集煤炭交易、仓储运输、物流配送、信息咨询等多种服务于一体的为煤炭产、运、销、需各方面客户提供全方位服务的大型煤炭交易市场。

鲁中煤炭交易中心运营方式主要是通过电子商务平台进行交易，采取商铺模式和超市模式开展经营。商铺模式是由交易中心提供信息发布、业务洽谈的空间，交易商可以在交易平台自由发布供需信息，自主选择是否通过交易中心进行合同签订及交易结算。超市模式是由交易中心选定品质稳定、货源充足的供应商，把产品挂到超市进行定价销售，需方根据需求到超市采购产品。在这样一个“多对多”的公共平台上，供应企业可以集中对接消费企业，促进产品销售；需求企业则通过对接上游煤源，扩大采购渠道，降低采购价格。

交易中心按照总体规划、分步实施的原则开展工作。2012年底前为建设期，组建商业门户和交易平台。2012年交易量达到1000万吨以上，年经营额56亿元。2013—2015年为发展期，在巩固和扩大本市影响的基础上，进一步辐射周边和半岛地区，形成以鲁中煤炭交易中心为主体的煤炭交易和信息服务中心。2015年末交易量达到3000万吨，交易额180亿/年。“十三五”期间为成熟期，主要是培育服务品牌，扩大市场影响，在完善、巩固区域煤炭现货市场的基础上，有步骤地推进中远期交易和跨国贸易。“十三五”末年交易量达到6000万吨，交易额360亿元以上。

自2011年6月底成立以来，鲁中煤炭交易中心持续保持了健康快速发展态势。2013年3月30日，山东能源淄博矿业集团和山东坤升控股有限公司两大股东分别召开董事会，通过了增加鲁中煤炭交易中心注册资本金的议案，将注册资本增加到1亿元。其中，山东能源淄博矿业集团出资7000万元，山东坤升控股有限公司出资3000万元。此次增资，是交易中心扩大发展的需要，也体现了两大股东对交易中心未来前景的充足信心，将对提高公司信誉度、扩大融资渠道产生积极影响，为拓展煤炭经营业务提供更充足的资金保证。这是交易中心发展过程中的重要里程碑，也必将成为交易中心跨越发展的新起点。

### （六）东北亚煤炭交易中心相关情况

东北亚煤炭交易中心成立于2009年7月，由泰德煤网股份有限公司投资组建，致力于推动煤炭市场体系的建设与发展，建立高度信息化、标准化、开放性的煤炭电子交易平台和煤炭供应链服务平台。

随着煤炭产业环境的深刻变化以及市场化进程的加快，东北亚煤炭交易中心提出成为领先的全球煤炭产业链整合者的愿景，并以建设煤炭交易和煤炭供应链服务标准，优化煤炭产业资源配置，促进产业价值链的高效协同，推动煤炭市场体系建设与发展为使命，明确提出建设成为煤炭交易与煤炭供应链服务平台的战略定位。依托中国、蒙古、朝鲜、俄罗斯远东、越南、印度尼西亚、澳大利亚等全球主要煤炭产地，辐射东北亚主要煤炭消费市场，通过集约的交易平台和电子交易系统，提供公开、高效、公信的煤炭现货交易服务平台，同时通过引进和整合金融、物流等专业服务商，为交易提供信息资讯、仓单质押监管、代垫货款、结算、库存管理、代理采购、运输代理、综合物流、化验检测等综合一体化的服务解决方案。

东北亚煤炭交易中心快速成长于中国煤炭市场化和电子商务化的两大潮流中，过去三年一直聚焦于第三方的电子商务平台战略，开发了标准化的线上零售交易模式及短长协销售模式。自成立以来已经成功举办过了几届东北亚煤炭交易会，初步推出了煤炭商铺、煤炭超市、煤炭招标、煤炭拍卖等4种电子商务模式，完善了立足国际市场的进口代理服务。

2013年7月，东北亚煤炭交易中心移动电子商务系统正式上线，实现了全球电子商务煤炭的运行，标志着中国的煤炭电子商务就此走入新阶段；2013年9月23日，东北亚煤炭交易中心大连“煤炭超市”全面进入试运行，“煤炭超市”高质量、标准化的产品，覆盖大连地区城市供暖、小型工业生产、水产养殖等行业用煤，并建立有大连湾、南关岭、大石桥三个配送基地，能够为配送基地周边25公里半径内的煤炭用户提供24小时送货上门服务；2013年11月20日，东北亚煤炭交易中心与全球著名IT企业戴尔公司签署备忘录，双方将在电子商务领域展开合作，致力于降低传统行业开拓电子商务业务的潜在风险，同时提升东北亚煤炭交易中心的整体电子商务运营能力，通过与戴尔联手，未来三年东北亚煤炭交易中心将持续提升服务能力优化及标准化交易产品，预期到2015年，东煤交易园区销售收入将突破1500亿元，各交易模式线上交付量突破3亿吨，整体交易额突破10000亿元。

到2020年，东北亚煤炭交易中心将建设成为年交易总量10亿吨，交易金额8000亿元的全球领先的煤炭交易中心；还将投资建设供应链服务网络，与上下游核心资源形成战略联盟，整合区域内的煤炭资源，实现生产运需各方的自主衔接与自主定价。

### （七）广州华南煤炭交易中心相关情况

广州华南煤炭交易中心，是在广东省政府和广州市政府的支持下，由广州港集团投资承建，于2006年12月31日正式挂牌，集煤炭电子交易、信息、船舶代理、货运代理、质押服务、检测代理、配送、加工于一体的国有公司，是广州市现代服务业“十一五”重点建设项目。

广州华南煤炭交易中心成立以来，煤炭交收率已达到百分之百，为广大煤炭客户搭建了一个集煤炭交易、物流金融、信息和延伸服务为一体的现代化综合服务平台，形成了煤炭市场的“广州价格”，外贸进口煤价格成为业内风向标，交易中心编制的“广州港煤炭价格指数”最近通过国家工业和信息化部验收，即将对外发布，会员发展达到270多家，遍及珠三角和全国各地。交易中心在国际国内行业中享有较高知名度，为稳定和拓展集团煤炭货源、增强港口物流链整体效益提供了有力支持。

目前，中心已在广州港集团属下的新沙港务有限公司、西基港务分公司、新港港务分公司、黄埔港务分公司设立交收地，竭力为煤炭产、销、用等广大企业提供了安全、高效、便捷的货物购销流通渠道，加快了交易商资金的周转、回笼，提高了交易效率，降低了企业的经营成本，保障了交易各方的合同履约。中心依托广州港码头、库场、铁路、港口国际贸易通道等自身优势及周边物流中心汽车、驳船的优势，业务已不断延伸拓展，逐步由交易、市场信息、仓储、配送、加工功能，发展成为集物流、金融、服务于一体的现代企业，对于推动广东地区煤炭市场的现代化，促进现代煤炭市场体系的建立起到了一定作用。

## 三、2013 年国内煤炭金融及衍生品市场发展情况

### (一)中国(太原)煤炭交易中心煤炭金融衍生品筹备研发情况

1. 煤炭金融衍生品筹备研发情况

在煤炭现货交易取得阶段性成果和运行规范的基础上，交易中心紧紧抓住山西省综改试验区这一良好机遇，在煤炭现货交易的基础上，积极拓宽煤炭交易的广度和深度，研究探索具有金融属性的煤炭场外交易新模式，积极争取煤炭期货交易，目前这两项工作都取得了突破性进展。

一是积极争取煤炭期货交易。省委、省政府主要领导十分重视推进山西开展期货交易工作，2013 年上半年李小鹏省长、高建民常务副省长和王一新副省长先后拜会国家发改委、中国证监会领导；特别是 2013 年 4 月 7 日，张高丽副总理莅临交易中心调研，就山西省开展煤炭期货交易作出了重要指示。交易中心多次与国家发改委、中国证监会沟通汇报情况，并拜访了中国煤炭工业协会、中国电力行业协会等相关部门，递交了《关于支持在山西开展动力煤期货交易试点的吁请》。在 8 月 28 日中国证监会姜洋副主席到交易中心调研后不久，证监会成立了煤炭场外市场专题工作组，专项研究，在交易中心引入期货交易机制，以动力煤为试点，开展商品场外衍生品交易。

同时，交易中心认真做好期货交易立项的资料准备工作。先后完成了《动力煤现货市场调研报告》、《筹建太原能源期货交易所开展动力煤期货交易的可行性研究报告》和《开展动力煤期货交易的申请》等资料，为申请期货交易立项做好了资料准备。

二是认真做好煤炭场外交易筹备工作。交易中心组建专门团队，主要从业务设计和平台研发两方面进行场外交易的筹备工作。研发团队在对煤炭市场特别是山西煤炭市场广泛调研和大量数据分析的基础上，结合国内外场外交易的实践经验，突出山西煤炭产品特点，进行煤炭场外交易研发工作。目前，已基本完成了煤炭场外交易的业务设计工作。在平台研发方面，交

易平台架构立足于现货和场外交易的要求，并与物流、金融、信息等服务有机衔接。各项工作进展顺利。

2. 以金融对产业的支撑为核心，构建煤炭现代交易市场体系

在进行实践创新的同时，交易中心还积极开展相关课题研究，为业务创新进行理论准备和长远规划。在山西证监局的支持下，王一新副省长任组长的“煤炭现代交易市场体系建设”课题研究工作已经基本完成，正在进行课题总报告的汇总。煤炭现代交易市场体系建设课题研究，着眼于交易市场建设中远期目标与近期目标结合，既有统筹规划，又有操作路径。交易中心是交易市场体系建设的主体和核心，结合课题研究成果，交易中心将不断提升“一核三系”四位一体综合服务功能，将产业资本与金融资本融合，提升信息服务和物流服务水平，构建多层次、多元化、专业化的煤炭交易市场体系，充分发挥市场在资源配置中的决定性作用，提升煤炭及相关产业的金融化水平、市场竞争力和抗风险能力，促进煤炭产业升级换挡。

### （二）大连商品交易所煤炭金融及衍生品市场发展情况

中国是世界上最大的炼焦煤生产国和消费国，但由于国内焦煤价格波动频繁，国际贸易进口量大的中国企业却缺少话语权，焦煤生产企业急需相应的期货工具规避日益剧烈的价格波动风险。

2013年3月22日，大连商品交易所焦煤期货合约正式上市交易，法人户首单委托交易为山西焦煤集团有限责任公司。焦煤期货的上市，对于完善煤炭市场体系，发挥市场在煤炭资源配置中的基础性作用具有重要意义，对拓宽大商所产业服务领域，巩固其综合性交易所地位也将产生积极作用。

焦煤期货的上市，是中国证监会加快期货市场创新发展的重要成果，也是辽宁省和大连市推进区域金融中心建设的新的里程碑。上市焦煤期货，将有利于形成公开、公平、公正的期货价格，有利于产业企业利用期、现货两个市场加强和改善生产经营管理，有利于国家更好地实现宏观调控，有利于增强中国在相关商品国际定价中的话语权。

### （三）郑州商品交易所煤炭金融及衍生品市场发展情况

受经济增长、流通体制改革、上下游景气度、运输能力、自然灾害等复杂因素影响，动力煤价格波动频繁、幅度较大。上市动力煤期货对于动力煤市场平稳运行和国民经济健康发展都具有重大积极作用。动力煤期货的上市，将大大增加郑州商品交易所的产品交易量，改善目前郑州商品交易所交易量偏小的短板。

2013 年 9 月 26 日，动力煤期货在郑州商品交易所成功上市，是目前中国最大的商品期货，将成为郑商所构建能源、化工、建材三大系列品种体系的基础和核心品种。动力煤期货的成功上市对于发现动力煤市场价格，引导煤炭产需企业科学组织生产和合理消费，实现套期保值，规避市场风险，促进煤炭和相关产业健康可持续发展具有重要意义。业内普遍预计，动力煤期货将成为一个活跃产品。

动力煤期货的成功上市，一是有利于进一步完善动力煤市场体系，健全价格形成机制，促进煤炭市场的平稳运行；二是有利于为现货企业提供有效的风险管理工具，增强企业的抗风险能力，支持企业长期稳健经营；三是有利于逐步提升中国在动力煤国际市场的定价影响力，更好地维护国家利益；四是有利于健全煤炭期货品种序列，拓展期货市场涵盖范围，提升市场服务实体经济的能力。

### （四）渤海商品交易所煤炭金融及衍生品市场发展情况

渤海商品交易所在国务院赋予天津滨海新区“先行先试”政策鼓舞下，在天津市委、市政府支持鼓励下，在交易所市场监督管理委员会的指导监督下，在控制市场风险的同时，秉承创新服务宗旨，在发展和完善市场交易方式、保证金结算方式、实货交割方式、客户服务方式等交易所业务创新的同时，不断创新推出既符合国家战略利益，又符合国内、国际市场需求的交易品种。

渤海商品交易所以全球首创的渤海商品交易所现货交易（Bohai Exchange Spot Trading,简称 BEST 交易),通过现货即期交易、延期交收补偿和中间仓补充交收制度保障商品现货的实物贸易，通过覆盖全国的市场服务网、资金结算网、仓储物流网和产品宣传网,为生产、消费和经营企业的实物贸易提供功能完备的服务保障。渤商所努力建成企业“买货、卖货、融资、融货”的理想平台,通过不断推出新挂牌商品,为石化、能源、金属、农林领域的企业建立新型的销售和采购渠道,降低贸易成本,实现“生产者增收、消费者节支、经营者轻松交易做大贸易”。

渤海商品交易所通过遍布全国200家综合类会员（授权服务机构)、1000个会员营业网点和30000多名市场服务人员为参与渤海商品交易所交易的交易商提供开户指导、教育和培训服务,协助交易商完成在交易所和结算银行的开户、交易结算、风险控制、实物交收等商品交易服务。交易所各营业网点遍布全国经济发达的县级以上城市。围绕上市交易品种,将构建200多家遍布各原材料产地、销地和集散地的交割仓库网络,提供高效、安全的实物交割服务;渤海商品交易所在国内设立华东服务中心、华南、西部、华北、华中和东北等六大物流交割监管中心,为增强国际贸易功能,渤海商品交易所在北美、南美、欧洲、非洲、大洋洲建立国际物流管理中心。

按照天津市人民政府对渤海商品交易所的定位和要求，渤海商品交易所、渤海商品交易所华东服务中心将在石油及化工商品、金属商品、煤炭等能源商品、农林商品等专业领域。上市品种主要有原油、焦炭、热轧卷板、白砂糖、绵白糖、对苯二甲酸(PTA)、纤维级聚酯切片、电解镍品种、螺纹钢、棉花以及脂松香等。

2010年10月11日,动力煤在渤商所上市,采用的是全球首创的现货连续交易方式。通过交易所先进的电子交易系统,交易商可以采用分期付款方式实现现货合同交易并自主选择交割日期,适合于生产企业、消费企业、贸易企业参与。有助于传统产业信息化、电子化的产业提升。由全国客户参与集中竞价撮合交易实时生成的即时价格,克服了传统方式的滞后性,也保证了价格的客观性和准确性,是一个规则健全、合理有效的煤炭交易和价格形成体系。

与传统煤炭交易相比动力煤现货连续交易具有如下优势：集中化、电子化的大规模交易，迅速提高煤炭商品交易效率，大大降低了交易成本；公开、透明的第三方市场，增强了煤炭交易的透明度，有效地遏制了暗箱操作，克服了欺诈、回扣、三角债等交易中的弊端；交割、质检与标准化制度，保证了煤炭交易商品的质量，有效地杜绝了假冒伪劣商品的上市；以电子商务为导向，将带动一批服务产业，活跃了市场经济；供需双方通过互联网交易，扩大了市场容量，形成了全国统一、区域协调的煤炭市场的发展；减少和避免了煤炭大范围迂回运输，节约了大量人力、物力和财力。

# 第八部分　2013 年中国煤炭产业及重点煤企经营情况分析

## 一、2013 年中国煤炭产业经营情况分析

2013 年全国煤炭市场继续呈现总量宽松、结构性过剩态势。煤炭市场价格持续走低，9 月份以来出现了小幅回升，但在市场需求增幅回落、产能建设超前、进口煤影响范围扩大和煤炭企业税费负担与历史包袱较重等多重因素叠加影响下，煤炭行业经济效益依然大幅下降。

2013 年全国煤炭产量完成 37 亿吨左右，煤炭产量首次由年均增加 2 亿多吨降至 5000 万吨左右。消费方面，2013 全国煤炭消费量达 36.1 亿吨。煤炭消费增幅由 10 年前的年均增长 9%降至 2.6%。进口量方面，全国进口煤炭 3.27 亿吨，出口 751 万吨，净进口量达 3.2 亿吨，比 2012 年增加 4000 万吨左右。企业经营方面，2013 年前 11 个月规模以上企业主营业务成本同比增长 4.56%，其中大型煤炭企业主营业务成本同比增长 21.1%，行业利润同比下降 38.8%（亏损企业亏损额 405.54 亿元，同比增长了 80.70%），应收账款 3334 亿元，同比增长 10.44%，环比减少 13.69 亿元，企业负债率 63.05%，同比上升 2.9%（大型企业资产负债率 66.59%，同比上升 1.92 %），有的企业超过 77%。企业偿债能力下降，经营风险增大。

山西省煤炭行业 2013 年实现销售收入 14178 亿元，同比增加 2101 亿元，增长 17.4%。其中，五大集团完成销售收入 10091 亿元，同比增加 1576 亿元，增长 18.5%；全行业实现利润 232.3 亿元，同比减少 288 亿元，下降 55.4%，其中五大集团盈利 46 亿元，同比减少 77.1 亿元，下降 62.7%。

煤炭上市公司中亏损最大的当属大同煤业，大同煤业 2013 预计亏损 13.5 亿～14.5 亿元，预计净利润最大变化幅度高达 –2415.18%。紧随其后的是 2013 年首亏的国创能源，预计净利润最大变化幅度为 –2313.59%，亏损

约6000万元。山煤国际、冀中能源、中煤能源和阳泉煤业等煤炭行业主要的上市公司2013年年度实现归属于上市公司股东的净利润与上年同期相比将减少40%～65%。此外，郑州煤电、兖州煤业、平庄能源、上海能源、爱使股份和宝泰隆等6家上市公司预计净利润最大下滑幅度均达到甚至超过90%，煤炭开采和洗选业2013年主要财务指标如表8-1所示。

**表8-1 2013年煤炭开采和洗选业的主要财务指标**

| 财务指标 | 2013年（亿元） | 2012年（亿元） | 同比增长（%） |
|---|---|---|---|
| 主营业务收入 | 32404.7 | 33269.7 | -2.6 |
| 利润总额 | 2369.9 | 3555 | -33.7 |
| 主营活动利润 | 2034.9 | 3640.3 | -44.1 |

数据来源：中国煤炭资源网

## 二、国内重点煤企经营情况报告

### （一）中国神华

2013年煤炭市场供应相对宽松，需求增速放缓，价格下滑。面对严峻的形势，中国神华充分发挥一体化优势，不断优化业务结构，积极采取措施有效应对市场波动，在全行业业绩普遍下降的情况下保持了经营业绩的稳定。截至2013年12月31日，中国神华总市值达到538亿美元，位列全球煤炭上市公司首位、全球综合性矿业上市公司第五名。具体业务经营情况如表8-2、表8-3所示。

由表8-2可以看出，2013年神华集团主营业务在产销方面情况如下：

商品煤产量达到318.1百万吨，销售量达到514.8百万吨，同比分别增长4.6%和10.8%；总发电量达到225.38十亿千瓦时，同比增长8.4%；总售电量达到210.18十亿千瓦时，同比增长8.6%；自有铁路运输周转量达到211.6十亿吨公里，同比增长20.1%；港口下水煤量达到227.3百万吨，同比增长11.9%；航运货运量达到118.6百万吨，同比增长21.4%；煤制聚乙烯产品销售量 262.4 千吨，聚丙烯产品销售量 267.9 千吨。

在利润收益方面，中国神华 2013 年利润总额达到 697.7 亿元，同比增长 2.4%。其中归属于本公司股东的净利润达到 456.8 亿元，同比减少 5.8%。基本每股收益达到 2.297 元，同比减少 5.8%。另外，经营活动产生的现金流量净额达到 542.88 亿元，同比下降 27.2%；剔除神华财务公司影响后，经营活动产生的现金流量净额达到 620.23 亿元，同比下降 12.2%。2013 年度末期股息为人民币 0.91 元 / 股（含税），共计约为 181.0 亿元（含税），占企业会计准则下 2013 年本集团归属于本公司股东净利润的 39.6%。

**表 8-2 中国神华主要业务情况**

| 运营指标 | 单位 | 2013 | 2012 | 同比变化（%） |
|---|---|---|---|---|
| （一）煤炭 | | | | |
| 1.商品煤产量 | 百万吨 | 381.1 | 304 | 4.6 |
| 2.煤炭销售量 | 百万吨 | 514.8 | 464.6 | 10.8 |
| 其中：出口量 | 百万吨 | 2.7 | 3.3 | -18.2 |
| 进口量 | 百万吨 | 15.2 | 10.7 | 42.1 |
| （二）发电 | | | | |
| 1.总发电量 | 十亿千瓦时 | 225.38 | 207.9 | 8.4 |
| 2.总售电量 | 十亿千瓦时 | 210.18 | 193.4 | 8.6 |
| （三）煤化工 | | | | |
| 1.聚乙烯销售量 | 千吨 | 262.4 | 267.7 | -2 |
| 2.聚丙烯销售量 | 千吨 | 267.9 | 277.6 | -3.5 |
| （四）运输 | | | | |
| 1.自有铁路运输周转量 | 十亿吨公里 | 211.6 | 176.2 | 20.1 |
| 2.港口下水煤量 | 百万吨 | 227.3 | 203.2 | 11.9 |
| 3.航运货量 | 百万吨 | 118.6 | 97.7 | 21.4 |
| 4.航运周转量 | 十亿吨海里 | 114.9 | 82.5 | 39.3 |

数据来源：中国神华年报

表 8-3 中国神华运营情况

| 财务指标 | 2013(百万元) | 2012(百万元) | 变化(%) |
|---|---|---|---|
| 营业成本 | 187713 | 162734 | 153 |
| 营业收入 | 183797 | 254575 | 115 |
| 利润总额 | 69768 | 68104 | 24 |
| 应收账款 | 22043 | 19092 | 15.5 |
| 资产总计 | 507674 | 467974 | 8.5 |
| 负债总计 | 178137 | 158584 | 123 |

数据来源:中国神华年报

神华集团作为中国规模最大的煤炭企业和世界上最大的煤炭经销商，2013 年生产原煤产量 4.6 亿吨,在煤炭市场继续低迷的形势下,神华集团当年的煤炭销量仍保持了较大幅度增长，逆势达到 66261 万吨，同比增长 7.6%,利润在 800 多亿元,较 2012 年利润总额增幅将超过 4%。

2013 年公司持续优化煤炭、发电、运输和煤化工业务结构和布局。根据企业会计准则,计算合并前各业务板块的经营收益,公司煤炭、发电、运输、煤化工板块的占比由 2012 年的 63%、18%、17%和 2%优化为 2013 年的 51%、26%、21%和 2%,业务结构更加合理,协同运营能力显著提升,有效抵御了煤价下降的风险。

神华集团煤炭分部在确保安全生产的基础上，持续加强生产组织精益化管理和适度控制总量增长。为了使效益最大化和成本最低化,将生产布局进行合理调整,增加吨煤毛利水平高的神东、准格尔两矿区的煤炭产量。另外,采取的加大洗选力度、提高洗选比例的措施,同时实现了煤炭产量稳定和产品结构优化。在销售方面,公司以市场化定价机制为核心,采取灵活的销售策略。继续加大“三线南下”销售力度,依托电子交易平台挖掘潜在市场需求;精细化组织调运,增加下水煤的销售比例。2013 年,公司煤炭销售实现持续增长,超额完成销售目标。效益最好的下水煤销量达到 227.3 百万吨,同比增长 11.9%;国内下水煤销量在沿海市场的占有率由上年的 31.3%提高到 35.2%。

神华集团发电分部着力与加强机组运行管理,抢发电量,有效提高了机组运行效率。同时加大市场营销力度,积极争取计划外电量,是发电业务效益得到显著提高。其中,2013年燃煤机组平均利用小时数达到5453小时,较全国火电设备平均利用小时数高出441小时。

神华集团运输分部在扩能、提量和优化运行方面做了大量工作,如:

第一、公司加强装、运、卸衔接管理,有效缓解了神朔铁路运输瓶颈;

第二、加大万吨列车开行对数,在降低周转天数和提高运输量方面取得显著成效;

第三、着力优化流程,灵活组织调运,进一步提高港口装卸效率和航运周转量;

第四、统筹安排煤炭外运和下水运输流向,为开拓煤炭市场提供保障。2013年,公司自有铁路周转量大幅提升;航运周转量达114.9十亿吨海里,同比增长39.3%。

神华集团煤化工分部保持稳定运行。包头煤化工公司重点强化生产组织管理,生产装置全年保持安全、稳定、满负荷运行,取得了良好的经营业绩。

2014年,中国经济将稳中向好,煤炭行业预计将延续供需宽松平衡的局面。面对机遇和挑战,中国神华将积极应对,坚持发展战略和经营方针的稳定性、连续性,努力完成经营目标。公司将努力实现安全高效生产,保持生产规模和水平的稳定;合理组织生产,稳定神东、准格尔等吨煤毛利水平较高矿区的产量。积极发挥销售的龙头作用,实施灵活的销售策略和定价机制,创新销售模式,积极开拓市场,确保一体化运营的稳定。

### (二)中煤能源

2013年,全球经济深度调整,中国经济增速放缓,煤炭市场持续低迷。受煤炭产能快速增长、需求增速下降、进口煤对国内市场造成冲击等多重因素影响,国内动力煤价格低位下行,市场竞争加剧,煤炭企业经历严峻的生产经营压力。面对困难和挑战,中煤能源坚持稳中求进、科学发展,加快布局结构调整,深化管理提升,狠抓降本增效,强化安全管控,生产经营保持平稳运行,各项工作取得新成效。

在营业收入方面,中煤能源2013年实现营业收入823.16亿元,比2012

年 872.92 亿元减少 49.76 亿元，下降 5.7%。2013 年，公司坚持实施“以量补价、以质促销”策略，积极扩大煤炭销售，自产商品煤销量同比增加 419 万吨，增加收入 19.61 亿元，但受煤炭市场形势影响，自产商品煤综合销售价格同比减少 46 元 / 吨，减少收入 52.91 亿元。此外，公司煤矿装备业务收入同比减少 10.50 亿元。

在营业成本方面，公司 2013 年发生营业成本 561.42 亿元，同比增加 4.26 亿元，增长 0.8%。其中，材料成本从 2012 年的 372.66 亿元下降5.9%至 350.73 亿元；人工成本从 2012 年的 44.53 亿元增长 2.3%至 45.55 亿元；折旧及摊销从 2012 年的 37.66 亿元增长 17.0%至 44.07 亿元；维修支出从 2012 年的 10.81 亿元增长 5.0%至 11.35 亿元；煤炭可持续发展基金（准备金）从 2012 年的 20.90 亿元增长 2.5%至 21.42 亿元；煤矿外包矿务工程成本从 2012 年的 27.27 亿元增长 18.1%至 32.21 亿元；其他成本从 2012 年的 43.33 亿元增长 29.4%至 56.09 亿元。各成本要素项目占营业成本的比重情况如图 8-1 所示。

在营业利润及营业利润率方面，2013 年公司营业利润从 2012 年的133.07 亿元下降 55.7%至 58.91 亿元。营业利润率从 2012 年的 15.2%减少 8.0 个百分点至 7.2%。其中，公司毛利从 2012 年的 315.76 亿元下降 17.1%至 261.74 亿元，综合毛利率 31.8%，比 2012 年 36.2%减少 4.4 个百分点。从公司分部经营状况来看，除煤化工业务毛利率同比实现增长外，其他分部毛利率都同比下降，煤化工的综合毛利率为 13.0%，同比提高了 7.9 个百分点。此外，像公司的煤矿装备产值 64.8 亿元，同比下降了 23.8%，煤矿装备销量为 34.3 万吨，同比下降了 12.5%，具体业务数据和运营情况如表 8-4 和表 8-5 所示。

经过分析，公司业绩下降的主要原因来自煤价同比下跌。2013 年公司原煤产量 1.57 亿吨，同比增长 7.7%；商品煤产量 1.19 亿吨，同比增长 3.7%，煤炭的增量主要来自于华晋公司王家岭煤矿；商品煤销量 1.61 亿吨，同比增长 7.7%，其中自产商品煤销量 1.15 亿吨，同比增长 3.8%。自产煤销售均价为 422 元 / 吨，同比下降 9.8%；自产煤单位销售成本 221 元 / 吨，同比增长 4.8%，这导致自产煤炭综合毛利率 48.1%，同比下降了 7.1 个百分点。

2013 年是煤炭行业充满困难和挑战的一年。中国煤炭工业经过多年快速发展，在产能不断释放、需求增速下降等多重因素影响下，正经历周期性的调整变革。2014 年，中煤能源将坚持“稳中求进、改革创新”的总要求，高效组织生产，努力增加煤炭产量；拓展销售渠道，提升煤炭创效能力；强化投资管理，加快项目建设进度；加强风险预控，保障安全生产；推进精益管理，持续开展降本增效；完善管理机制，全面深化改革创新。

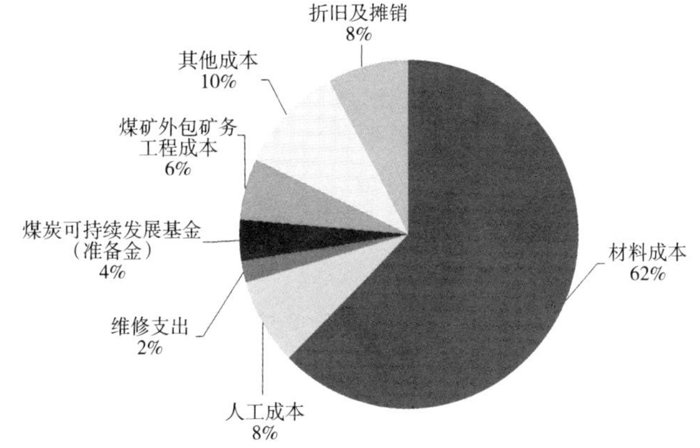


**图 8-1　2013 年中煤能源各成本要素项目占比重情况**

数据来源：中煤能源年报

**表 8-4　2013 年中煤能源业务数据表**

| 指标 | 2013 年 | 2012 年 | 变化比率（%） |
|---|---|---|---|
| （一）煤炭业务（万吨） | | | |
| 商品煤产量 | 11868 | 11440 | 3.7 |
| 商品煤销量 | 16101 | 14954 | 3.7 |
| 其中自产商品煤销量 | 11531 | 11112 | 3.8 |
| （二）煤化工业务（万吨） | | | |
| 焦炭产量 | 191 | 170 | 12.4 |
| 焦炭销量 | 243 | 229 | 6.1 |
| 其中自产焦炭销量 | 193 | 177 | 9 |
| 甲醇产量 | 12.4 | 13.4 | -7.5 |
| 甲醇销量 | 17.9 | 19.1 | -6.3 |
| 尿素产量 | 16.2 | — | — |
| 尿素销量 | 12.2 | — | — |
| （三）煤矿装备业务 | | | |
| 煤矿装备产值（亿元） | 64.8 | 85 | -23.8 |
| 煤矿装备销量（万吨） | 34.3 | 39.2 | -12.5 |

数据来源：中煤能源年报

表 8-5 2013 年中煤能源分部营业业绩表

单位:亿元

| 财务指标 | 煤炭 | 煤化工 | 煤矿装备 | 其他 | 未分配 | 抵消 | 合计 |
|---|---|---|---|---|---|---|---|
| 营业收入 | 689.61 | 40.52 | 74.47 | 36.9 | — | — | 823.16 |
| 其中对外交易收入 | 686.1 | 40.52 | 68.35 | 28.2 | — | — | 823.16 |
| 营业利润/(亏损) | 62.2 | −0.72 | 2.5 | −1.2 | −3.35 | −0.35 | 58.91 |
| 利润/(亏损)总额 | 62.59 | −0.61 | 3.02 | −1.2 | −3.57 | −0.04 | 60.22 |
| 资产 | 1217.1 | 402.49 | 157.17 | 87 | 325 | −39.3 | 2149.43 |
| 负债 | 306.94 | 221.34 | 53.96 | 44.5 | 529.1 | −33.2 | 1122.71 |

数据来源:中煤能源年报

(三)西山煤电

2013 年是“十二五”的关键之年,在世界经济持续低迷、复苏艰难,国内经济下行压力加大的严峻形势下,西山煤电坚决贯彻落实年初制定的工作思路,保证了生产经营的稳定运行。

西山煤电坚持以煤为基、循环多元的发展方向,持续优化产业结构。在煤焦产品价格持续走低的大环境下,西山煤电充分利用“煤—电—材、煤—焦—化”两条产业链的规模优势,抗风险能力得以不断加强。

在煤炭产业方面,由于总量过剩、需求乏力、价格下行、结构失衡等因素导致煤炭产业面临更大的挑战。西山煤电及时调整了策略,树立以买方市场为主导的营销理念,做好了在长期以扩大产销、提高产品质量来适应行业低谷发展与企业微利经营的思想准备,他们盯住市场,紧跟客户,通过量价挂钩、以销定产、一户一策等措施,保证了销售规模的总体稳定,基本实现了产销平衡。公司 2013 年原煤产量、商品煤销量均创历史最高水平。

在电力产业方面,虽然宏观经济增速放缓,社会用电需求低迷、环保政策日趋严厉,但西山煤电充分利用国家鼓励煤电一体化产业发展等政策,抓住机遇对产业实施扩张,古交电厂三期 2×60 万千瓦发电机组项目取得山西省低热值煤电项目路条。2013 年期间,公司发挥煤电联营优势,电力板块各项指标全面飘红，发电量、上网电量同比都有大幅提升。

在焦化产业方面，虽然焦化行业受焦炭成本严重倒挂、价格重心不断走低影响，进入全行业亏损，但是公司紧紧围绕达产达效，通过提高管理效率、优化工艺流程、积极拓展市场，取得了显著的效果，京唐公司利润同比增长，西山煤气化同比大幅减亏。2013年期间，西山煤气化焦化一厂60万吨城市气源项目硫铵、脱硫、粗苯系统投入运行，热电联产系统进入设备安装阶段，铁路专用线已建成，正在建设配套装焦系统。焦化二厂60万吨清洁型热回收焦炉项目配套2×15兆瓦发电机组于2013年10月29日并网调试，1#、2#机组分别投入运行。

2013年西山煤电实际完成原煤产量2947万吨，洗精煤产量1379万吨，发电量159.19亿度，焦炭产量446万吨。主营业务成本2073540万元，比上年同期2204588万元下降131048万元，减幅5.94%。利润总额168164万元，比上年同期280862万元，减少112698万元，减幅40.13%；实现归属于母公司所有者的净利润105616万元，比上年同期181032万元，减少75416万元，减幅41.66%。主要是同比煤价大幅下降所致。主营业务收入实现2874831万元，比上年同期3066298万元，减少191467万元，减幅6.24%。其中，煤炭主营业务收入1640423万元，比上年同期1794068万元，减少153645万元，减幅8.56%；电力及热力收入477031万元，比上年同期377410万元，增加99621万元，增幅26.40%，主要是发电收入同比增加所致；焦炭化工收入756480万元，比上年同期894820万元，减少收入138340万元，减幅15.46%；新增华通建材公司建筑建材收入320万元；新增煤化工收入577万元，主营业务产销情况如表8-6所示。

从销售收入来看，主营煤炭收入占比为55.61%，比上年同期57.45%，降低1.84个百分点；电力及热力收入占比16.17%，比上年同期12.09%，增加4.09个百分点，主要是武乡西山发电公司发电量翘尾增加28.39亿度；焦化收入占比为25.64%，比上年同期28.65%，降低3.01个百分点，主要是焦炭销量下降21万吨影响；新增其他主营收入占比0.03%；其他业务收入占比2.55%，比上年同期1.81%，上升0.74个百分点。

由此看出，煤炭收入仍是西山煤电的主导产品，但比重有所下降。但是，为了能提高公司的抵抗市场风险能力、核心竞争力和可持续发展力，西山煤电还必须在以煤炭为主业的同时进一步完善和扩大“煤—电—材”、“煤—焦—化”产业链，不断调整产业结构，达到煤、电、焦、化、材协调发展，围绕煤基多元发展，使两个产业链规模日趋壮大，结构趋于合理。

表 8-6 主营业务产销情况

| 行业分类 | 项目 | 2013 年 | 2012 年 | 同比增减(%) |
|---|---|---|---|---|
| 煤炭(万吨) | 销售量 | 2837 | 2544 | 11.52 |
| | 生产量 | 2947 | 2794 | 5.48 |
| | 库存量 | 168 | 164 | 2.44 |
| 焦炭(万吨) | 销售量 | 439 | 418 | 5.02 |
| | 生产量 | 446 | 417 | 6.95 |
| | 库存量 | 37 | 29 | 27.59 |
| 电力(亿度) | 销售量 | 145 | 111 | 30.63 |
| | 生产量 | 159 | 124 | 28.23 |
| 焦油(万吨) | 销售量 | 13 | 12 | 8.33 |
| | 生产量 | 13 | 12 | 8.33 |
| 煤气(万立方米) | 销售量 | 146049 | 140726 | 3.78 |
| | 生产量 | 146079 | 140735 | 3.8 |
| 供热(万吉焦) | 销售量 | 264 | 227 | 16.3 |
| | 生产量 | 264 | 227 | 16.3 |

数据来源：西山煤电年报

(四)兖州煤业

2013 年，兖州煤业上半年出现了历史性首次亏损，引起境内外市场广泛关注。但面对严峻形势和巨大挑战，兖州煤业直面现实，通过实施增量提效、降本增效、提质创效等经营管理措施，下半年一举扭亏为盈，使集团整体工作呈现稳定发展的良好态势。

兖州煤业 2013 年生产原煤 7380 万吨，同比增加 599 万吨，增长率为

8.8%，生产商品煤6700万吨，同比增加506万吨，增长率为8.2%，煤炭产量实现持续增长，特别是下半年，原煤产量环比上半年增产359万吨，为扭亏为盈提供了有力支撑。另外，在面对境内外煤炭市场深度下行困局，公司灵活实施产品结构优化创效营销策略，确保产销平衡，使煤炭销售量达到1.040亿吨，同比增加1099万吨，增长率11.8%，创出历史新高。集团全年实现贸易煤量3940万吨，煤炭贸易在煤市弱势下稳健发展，为实施国内外一体化营销战略奠定了市场基础。

截至2013年12月31日，兖州煤业销售收入564.018亿元，同比减少17.444亿元，增长率3.0%，公司股东应占股东权益为403.787亿元，总借款为553.750亿元，资本负债比率为137.1%。集团销售成本为436.899亿元，同比增加2.738亿元，增长率为0.6%。其中，2013年煤炭业务销售成本为421.871亿元，同比增加4.009亿元，增长率为1.0%。吨煤销售成本为263.74元，同比减少50.66元，增长率为16.1%。这主要是由于：①加大成本控制力度、优化生产系统，使材料消耗减少，影响吨煤销售成本减少16.39元；②优化生产系统，减少用工人数和下井次数，使员工薪酬总额下降，影响吨煤销售成本减少22.69元。如表8-7是主营业务分行业运行情况。

在海外业务这块，兖煤澳洲公司通过推广精益作业管理、转变部分矿井经营模式等措施，使运营成本得到降低，经营效率得到提高。除此之外，澳大利亚政府批准移除股权减持条件，这也为兖煤澳洲公司的发展创造了宽松的外部环境。在面对规避汇率波动对经营业绩的影响时，兖煤澳洲公司对部分美元贷款实施套期保值。

总结2013年，兖州煤业坚持把内部挖潜作为扭亏增盈的根本举措，采取增量创效、降本节支、优化人力资源分配等一系列措施，使效益下滑势头得到有效遏制，同时强化生产、采购、销售、库存等价值链现金流控制，保证资金需求，使重点项目建设在优化保障中快速推进，对境内外债务结构和纳税体制进行优化，降低税费支出。

表 8-7 主营业务分行业运行情况

| 行业分类 | 销售收入（千元） | 销售成本（千元） | 毛利率（%） | 销售收入比上年增减（%） | 销售成本比上年增减（%） | 毛利率比上年增减（%） |
|---|---|---|---|---|---|---|
| 煤炭业务 | 54444843 | 42187058 | 22.1 | -3.12 | 0.96 | -3.13 |
| 铁路运输业务 | 457898 | 324780 | 29.07 | -1.33 | -10.5 | 7.27 |
| 煤化工业务 | 1155742 | 850788 | 26.39 | 3.38 | -6.63 | 7.89 |
| 电力业务 | 332125 | 320515 | 3.5 | 2.62 | -3.11 | 5.71 |
| 热力业务 | 11218 | 6709 | 40.19 | -71.9 | -73.3 | 3.15 |

数据来源:兖州煤业年报

2014 年兖州煤业的煤炭销售目标要达到 1.05 亿吨,其中:公司本部完成 3585 万吨,山西能化完成 120 万吨,菏泽能化完成 300 万吨,鄂尔多斯能化完成 770 万吨,兖煤澳洲完成 1530 万吨,兖煤国际完成 620 万吨,贸易煤量完成 3600 万吨;甲醇销售完成 96 万吨。

(五)潞安环能

目前,潞安环能主营业务包括原煤开采、煤炭洗选、煤焦冶炼;洁净煤技术的开发与利用;煤层气开发;煤炭的综合利用、地质勘探等。所属各矿均为行业特级高产高效矿井,综合机械化程度达到 100 %,原煤核定生产能力为 1860 万吨。煤炭产品属特低硫、低磷、低灰、高发热量的优质动力煤和炼焦配煤,主要有混煤、洗精煤、喷吹煤、洗混块等 4 大类煤炭产品以及焦炭产品,主要应用于发电、动力、炼焦、钢铁行业。

截至 2013 年底,潞安集团资产总额 1442.8 亿元,拥有全资和控股子公司 46 家,分公司 14 家,参股子公司 21 家。2013 年煤炭产量 8878 万吨,营业收入 1985 亿元,实现利润 6.02 亿元。在 2013 年世界 500 强排行榜中,潞安集团首次跨入并排名 430 位。

另外,在全国煤炭市场一片阴霾的大形势下,潞安坚持“增量保增长、品种保增效、增效促发展”,全力实施“三保三争”,超前预判市场形势,采取切实有效的营销手段,以快应变,果断决策,使公司煤炭销量、喷吹煤销量、日均车皮数等指标,均创历史新高,煤炭营销实现逆势提升。

2013 年,潞安运销总公司全年煤炭外运达到 4102.42 万吨,同比增加 900.85 万吨,其中铁路外运(含铁路自营)2071.03 万吨,同比增加 88.92 万吨。全年公路外运 2031.39 万吨,同比增加 811.93 万吨;全年销售收入实现 230.94 亿元,同比增加 20.81 亿元。喷吹煤销量完成 1701.97 万吨,同比增长 386.03 万吨;混煤销量完成 2188.1 万吨,同比增长 552 万吨。综合日均车数达到 760.6 车,同比增加 47.8 车,煤炭单日外运车皮最高达 932 车,单月日均装车最高达 866.2 车。年总外运量、铁路年外运量、公路年外运量、总销售收入、喷吹煤年销量、混煤年销量、日均装车数、单月最高日均装车数、单日最高装车数等 9 项指标创历史新水平。

2014 年,面对严峻的局势,潞安集团将继续以煤为基,进一步放大优势、挖掘潜力,增强企业效益,同时加强推进新型煤化工和煤电的一体化,使企业做大做强。2014 年煤炭产量力争突破 4000 万吨,营业收入达到 190 亿元。

2013 年潞安环能主营业务分行业、分产品情况分析见表 8-8,资产负债情况分析见表 8-9。

**表 8-8 2013 年潞安环能主营业务分行业、分产品情况分析**

单位:亿元

| 主营业务分行业情况 | | | | | | |
|---|---|---|---|---|---|---|
| 分行业 | 营业收入 | 营业成本 | 毛利率(%) | 营业收入比上年增减(%) | 营业成本比上年增减(%) | 毛利率比上年增减(%) |
| 采掘业 | 172.18 | 102.63 | 40.4 | -9.44 | -4.47 | -3.1 |
| 煤化工业 | 11.00 | 11.25 | -2.24 | 152.88 | 132.14 | 9.13 |
| 主营业务分产品情况 | | | | | | |
| 分产品 | 营业收入 | 营业成本 | 毛利率(%) | 营业收入比上年增减(%) | 营业成本比上年增减(%) | 毛利率比上年增减(%) |
| 煤炭 | 172.18 | 102.63 | 40.4 | -9.44 | -4.47 | -3.1 |
| 焦炭 | 11.00 | 11.25 | -2.24 | 152.88 | 132.14 | 9.13 |

数据来源:潞安环能年报

### 表 8-9 2013 年潞安环能资产负债情况分析表

单位：亿元

| 财务项目 | 本期期末数 | 本期期末数占总资产的比例（%） | 上期期末数 | 上期期末数占总资产的比例（%） | 本期期末金额较上期期末变动比例（%） |
|---|---|---|---|---|---|
| 应收账款 | 10.12 | 2.22 | 4.32 | 1.09 | 134.6 |
| 其他应收款 | 1.91 | 0.42 | 1.37 | 0.35 | 39.26 |
| 存货 | 11.5 | 2.52 | 7.49 | 1.89 | 53.59 |
| 在建工程 | 80.07 | 17.56 | 59.49 | 15.02 | 34.59 |
| 短期借款 | 14.5 | 3.18 | 10.9 | 2.75 | 33.03 |
| 预收账款 | 9.05 | 1.99 | 14.21 | 3.59 | -36.3 |
| 一年内到期的非流动负债 | 34.41 | 7.55 | 13.18 | 3.33 | 161.03 |
| 长期借款 | 65.01 | 14.26 | 45.61 | 11.51 | 42.53 |
| 其他非流动负债 | 0.87 | 0.19 | 0.48 | 0.12 | 81.39 |

数据来源：潞安环能年报

（六）大同煤业

2013 年，在经济下行和市场低迷的巨大压力下，大同煤业出现了首次业绩亏损，但大同煤业制定并实施了一系列行之有效的应对措施，保持了各项工作的平稳有序。2013 年集团主营业务收入完成 106.35 亿元，比上年下降 18.66%；煤炭产量完成 3166.17 万吨，比上年下降 17%；煤炭销量完成 2595.36 万吨，比上年下降 4.23%；煤炭平均售价为 405.33 元 / 吨，比上年降低 74 元 / 吨；利润总额完成 -1.68 亿元，净利润完成 -8.56 亿元，归属母公司净利润 -14.0 亿元。其中大同煤业财务状况与主营业务分行业、分产品情况如表 8-10 和表 8-11 所示。

2013 年受供需形势影响，动力煤价格持续大幅下跌，导致大同煤业全年销售收入大幅下降。另外，受销售结构变化和铁路运费涨价及新增港口的影响，导致港杂费和运费成本增加。同时，部分老矿开采难度增大，导致产量下降，开采成本增加，这些都增加了大同煤业的成本费用。虽然大同煤业采取多种措施降低成本费用，但固定费用消化能力不足，造成了业绩亏损。

2013 年大同煤业的主要工作有如下几个方面：

一是在效益最大化的前提下，对公司所属煤矿按照投入产出关系和效益状况进行区别化合理定位，针对性地进行结构规模调整，实施精采细采，调整产量结构和生产规模，合理组织煤炭生产。对成本、效益处于劣势的同家梁矿、四老沟矿以减少亏损或降低支出为重点合理调整产量；对控股子公司塔山煤矿，以提质增效为重点，创新思维，大胆探索，着力推进循环经济园区建设，合理组织煤炭生产，有效应对了煤价下滑带来的巨大压力。

二是适时开发了一些新用户，开拓了华中地区部分用户等新市场，开辟了广州港等中转销售储备基地等，使得煤炭营销得到了提升。

三是坚持把内部挖潜、强化管理作为扭亏的重要举措，采取优化资源配置、降支节耗、优化人力资源配置的一系列措施，遏制效益下滑。

四是将所属同家梁矿、四老沟矿相关资产出售给了同煤集团，有效减少了公司亏损源，改善了公司的财务状况和经营成果。

2014 年大同煤业的目标为煤炭计划产量达到 2815 万吨；煤炭计划销量实现 2289 万吨，主营业务收入计划达到 933535 万元。

2013 年大同煤业主要财务状况和主营业务分行业，分产品情况见表 8-10 和表 8-11。

**表 8-10 2013 年大同煤业主要财务状况**

单位：千元

| 财务项目 | 2013 年 | 2012 年 | 变化率（%） |
|---|---|---|---|
| 营业收入 | 10843633 | 17279987 | -37.25 |
| 营业成本 | 7228553 | 12442525 | -41.9 |
| 营业利润 | -167897 | 1544387 | -110.87 |
| 应收账款 | 1968470 | 3125766 | -37.02 |
| 预付账款 | 183342 | 413255 | -55.63 |
| 固定资产 | 5585287 | 5623811 | -0.69 |

## 表 8-11 2013 年大同煤业主营业务分行业、分产品情况

单位:千元

| 主营业务分行业情况 | | | | | | |
|---|---|---|---|---|---|---|
| 分行业 | 营业收入 | 营业成本 | 毛利率(%) | 营业收入比上年增减(%) | 营业成本比上年增减(%) | 毛利率比上年增减(%) |
| 煤炭 | 10559213 | 6988055 | 33.82 | -18.74 | -16.15 | -2.05 |
| 化工 | 69780 | 60578 | 13.19 | -1.5 | -26.37 | -29.32 |
| 建材 | 5945 | 7339 | -23.45 | -32.5 | -25.68 | -11.32 |
| 主营业务分产品情况 | | | | | | |
| 分产品 | 营业收入 | 营业成本 | 毛利率(%) | 营业收入比上年增减(%) | 营业成本比上年增减(%) | 毛利率比上年增减(%) |
| 煤炭产品 | 10559213 | 6988055 | 33.82 | -18.74 | -16.15 | -2.05 |
| 高岭土产品 | 10559213 | 6988055 | 13.19 | -1.5 | -26.37 | -29.32 |
| 多孔砖产品 | 69780 | 60578 | -23.45 | -32.5 | -25.68 | -11.32 |

# 第四篇

# 国内煤炭价格指数发展情况报告

# 第九部分 2013年中国太原煤炭交易价格指数运行及应用情况

2013年5月23日，中国(太原)煤炭交易中心与新华社中经社控股有限公司联合正式对外发布中国太原煤炭交易价格指数(China-Taiyuan Coal Transaction Price Index，CTPI)。

中国太原煤炭交易价格指数体系在充分考虑了山西地区不同煤种的资源分布情况、稀缺程度、生产状况以及市场需求情况的基础上，设计为包括1个综合价格指数、4个分煤种交易价格指数和6个代表规格品加权平均价的价格指数体系。其中，4个分煤种交易价格指数分别为中国太原动力煤交易价格指数、中国太原炼焦煤交易价格指数、中国太原喷吹煤交易价格指数和中国太原化工煤交易价格指数；6个代表规格品分别为动力煤Q5500、主焦煤S≤1、主焦煤1<S≤2、肥煤G≥85S≤1.3、V12-14喷吹煤和无烟中块Q≥6000。

## 一、2013年中国太原煤炭交易价格指数运行情况

从2013年5月23日正式发布以来，截至2013年12月30日，中国太原煤炭交易价格指数正式发布32期，从已发布的指数运行情况看，2013年山西煤炭市场整体平稳，9月下旬到年底省内煤炭市场较前期有所好转，价格平稳回升。

2013年山西煤炭市场供应总体宽松、产能结构性过剩的态势并未发生改变，全年煤炭市场运行大致经历了三个阶段，年初省内煤炭市场运行稳定，除冶金煤价格有小幅上涨外，其他煤种价格变化不大；3月份开始到9月末，山西煤市销售不畅，社会库存高启，价格持续下行，截至9月23日，第19期中国太原煤炭综合价格指数收于94.45点，处于指数正式发布以来的最低点位；9月末开始，省内煤炭市场出现回暖，其中动力煤和化工煤市场总体处

于上行通道，冶金煤市场供需相对稳定，价格稳中略涨。截至 12 月 30 日，第 32 期综合价格指数收于 99.13 点，自第 20 期（9 月 30 日）开始累计上涨 11 期，累计涨幅 4.96%。2013 年中国太原煤炭交易综合价格指数趋势如图 9-1 所示。

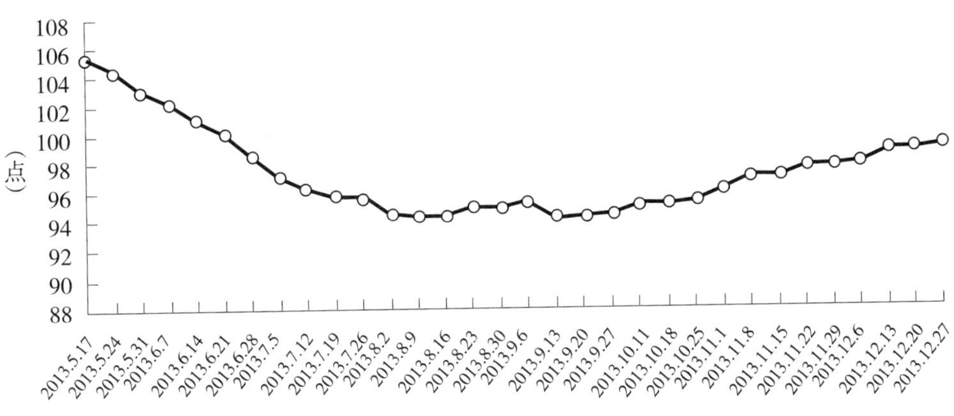


**图 9-1　2013 年中国太原煤炭交易综合价格指数趋势图**

（1）省内动力煤价格年初总体以稳为主，3 月开始跌势明显，7 月下旬至 9 月下旬变化幅度趋缓，10 月以来价格持续上涨，11 月达到全年最大涨幅。

省内动力煤市场在年初受春节假期影响电力需求和电煤消费的弱势特征明显，产量总体偏紧，价格处于 2013 年以来相对高位；3 月开始在火电市场需求疲软和进口煤冲击的双重作用下，动力煤市场下游采购低迷，省内各煤矿纷纷下调价格，部分煤企采取停产限产措施，其中北部动力煤企业价格下调幅度相对较大。截至 7 月 15 日，第 9 期中国太原动力煤交易价格指数收于 90.90 点，自正式发布以来连续下跌 6 期，累计跌幅 9.19%。

至 7 月下旬国内宏观经济弱势依旧，工业用电没有明显好转，港口及电厂库存均处高位，省内大部分煤企的煤炭销售价格已逼近生产成本线，月底山西省政府出台 20 条煤炭新政救市，省内煤电企业 8 月初签署了中长期电煤购销协议，对于维护动力煤市场稳定运行、促进煤电和谐发展起到了积极的推动作用，动力煤价格跌幅逐步收紧，截至 9 月 23 日，第 19 期动力煤价格指数收于 86.23 点，处于动力煤指数正式发布以来的最低点位；10 月以后，随着水电出力下降、国际煤价上涨、北方地区集中供暖来临，下游电厂补库需求增加，加之中旬省政府出台相关政策要求基建在建矿井全部关停进行安全整顿，促使省内动力煤市场持续回暖，销售顺畅，动力煤价格总体处于上行通道，至年底尽管下游电厂冬储补库接近尾声，但港口库存持续低位，对动力煤价格形成支撑，省内动力煤价格涨幅趋缓，截至 12 月 30 日，第 32 期动力煤价格指数收于 93.53 点，自第 20 期(9 月 30 日)开始上涨以来已累计上涨 9 期，累计涨幅 8.47%。

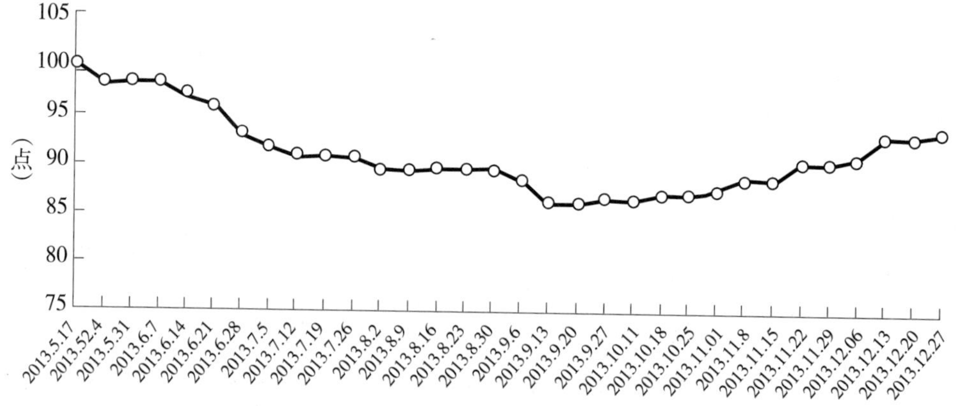


**图 9-2 2013 年中国太原动力煤交易价格指数趋势图**

（2）省内冶金煤价格年初略有回升迹象，3 月开始受钢市疲软影响价格开始出现下调，于 7 月末趋稳，8 月中旬到 10 月底进入稳固回升阶段，之后保持平稳。

2013 年年初，省内煤矿开工率不高，造成冶金煤供应偏紧，部分企业产品价格开始上调；3 月开始由于钢铁市场供大于求的矛盾突出，焦炭价格下行，进口焦煤对国产煤冲击明显，省内冶金煤市场刚性需求减少，下游行情受挫，省内煤企纷纷采取多种优惠措施来保销售，吕梁、阳泉、长治等地冶金煤价格下调幅度开始加大，截至 8 月 5 日，第 12 期中国太原炼焦煤和喷吹煤交易价格指数分别收于 86.59 点和 98.6 点，累计跌幅分别为 7.20%和 17.02%，均处于指数正式发布以来的最低点位。

8 月开始钢厂结束了前期的去库存阶段，省内焦炭企业销售情况也出现好转，下游企业对冶金煤的采购意向不断提高，省内冶金煤市场持续向好，国有及地方煤矿相继上调了冶金煤价格；9 月上旬国内钢材市场的终端需求开始出现疲软，但由于钢厂开工率较高，省内冶金煤价格依旧延续八月末上行态势；11 月以后，省内煤矿均有不同程度停产，冶金煤产量减少，而下游企业采购开始趋于谨慎，省内炼焦煤市场总体保持稳定。截至 12 月 30 日，第 32 期炼焦煤和喷吹煤价格指数分别收于 91.42 点和 104.02 点，累计涨幅分别为 5.58%和 5.5%，如图 9-3、图 9-4 所示。

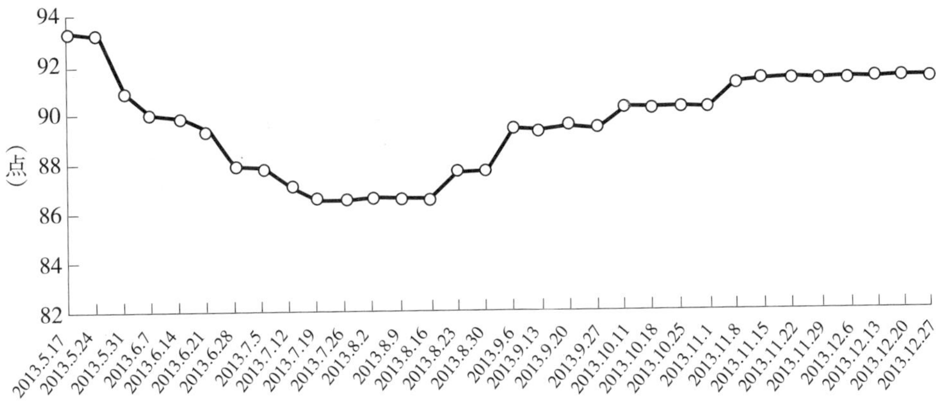


图 9-3　2013 年中国太原炼焦煤交易价格指数趋势图

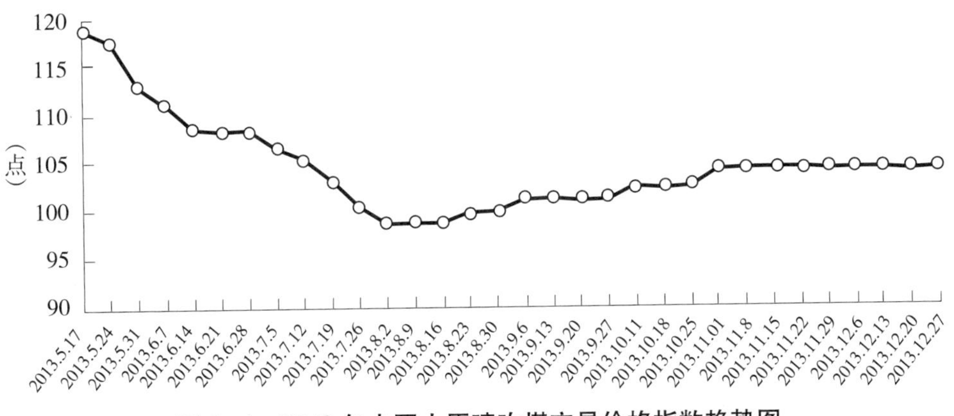


图 9-4　2013 年中国太原喷吹煤交易价格指数趋势图

（3）省内化工煤价格年初有所上涨，4 月开始出现明显回落，至 10 月以来市场情况出现好转，价格全面回升。

2013 年一季度山西省化工煤供应紧张，春节期间大矿主要以供重点客户为主，此后供需趋于平稳；4 月开始化工煤下游化肥市场需求未见好转，企业库存较为充足，民用需求大幅下降，多数化工企业陆续进行设备改造升级以提高无烟块煤使用效率，化工煤市场供需不平衡愈加突显，山西省内煤企生产积极性较低，化工煤价格出现下调，至7月虽然下游甲醇市场行情有所好转，但市场回暖对原材料市场的提振较为滞后，大矿均有不同程度的限产。截至7月29日，中国太原化工煤交易价格指数收于145.97点，较年初下跌22.84点。

8、9月份随着下游煤化工市场需求微幅回升以及冬储硬性需求因素推动，山西省内化工煤产量略有提升，价格持续下跌之势得到抑制，无烟末煤销售情况相对较好。截至9月30日，化工煤价格指数收于140.29点，处于今年以来最低水平；10月以后冬储及民用块煤需求增加，加之国内甲醇市场供应压力有所缓解，化肥行业下游淡储需求缓慢释放，拉动省内化工煤市场价格全面回升，直至12月中下旬随着甲醇市场呈现弱势盘整态势，大部分化肥企业冬储及民用备煤也接近尾声，省内煤化工市场逐渐转入低迷，化工煤供需均有减少，价格暂时保持稳定，截至12月30日，化工煤指数收于147.45点，较年初下跌21.36点，跌幅12.65%，较9月末（年内最低点）上涨7.16点，涨幅5.10%，如图9-5所示。

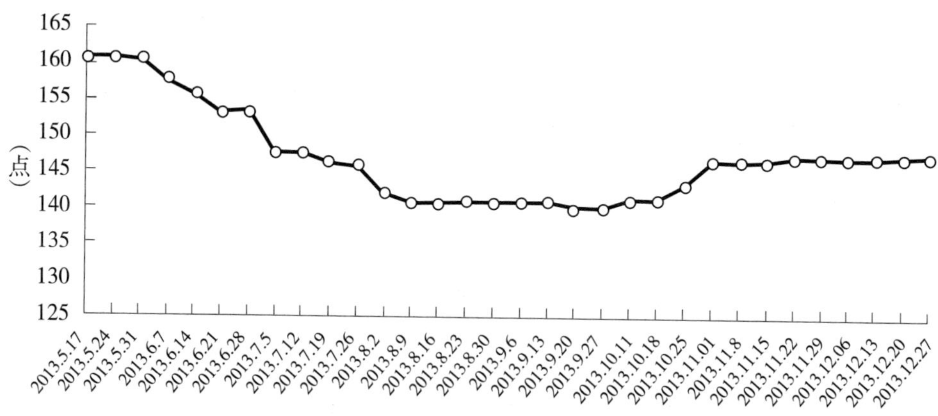


图9-5 2013年中国太原化工煤交易价格指数趋势图

## 二、中国太原煤炭交易价格指数应用情况简介

中国太原煤炭交易价格指数自发布以来，各分煤种指数均能较为客观

地反映不同煤种的市场价格变化情况，综合价格指数也能较为合理地反映山西煤炭市场价格总体变化趋势。价格指数已成为煤炭企业了解煤炭行情，判断煤炭价格走势的重要参考依据。

在 2014 年中国(太原)煤炭交易中心年度煤炭交易大会上有同煤集团、山西煤销集团、山煤国际、国新能源、太原煤气化等煤炭生产企业与各自的用户共 1249 笔合同、1.61 亿吨交易量参考中国太原煤炭交易价格指数定价。

为了更加及时、客观、全面地反映煤炭主产地山西分煤种市场的价格水平和变化情况，进一步提高煤炭价格指数的灵敏度、公信力和行业权威性，使其更好地作为煤炭市场价格的参照指标，中国太原煤炭交易中心正式成立指数优化专项研究工作组，在对现有价格指数采价体系和 2012 年山西省内铁路煤炭运销情况进行梳理的基础上，进一步扩充指数样本点，优化数学模型。

# 第十部分 环渤海动力煤价格指数情况

## 一、环渤海动力煤价格指数简介

环渤海动力煤价格指数(BSPI),是反映环渤海港口动力煤离岸平仓价格水平及波动情况的指数体系的总称。

其中,动力煤是指以发电、机车推进、锅炉燃烧等为目的,产生动力而使用的煤炭;环渤海港口包括秦皇岛港、黄骅港、天津港、京唐港、国投京唐港和曹妃甸港六个港口;BSPI 选取了收到基低位发热量为 4500 大卡、5000 大卡、5500 大卡和 5800 大卡四种质量规格的动力煤作为代表规格品, 上述品种在环渤海港口中转量比重大,而且交易活跃,其价格具有较高代表性;此外,环渤海动力煤价格指数采集和发布的煤炭价格均为离岸平仓价格,即卖方承担了陆上运输与装船港作业费用后形成的价格。

环渤海动力煤价格指数通过对 37 家煤炭生产企业,40 家煤炭消费企业,75 家煤炭经营企业进行价格采集、数据审核后,计算形成价格指数。该指数由价格体系与指数体系两部分构成,后者建立在前者的基础上。

1.价格体系

环渤海动力煤指数价格体系包括环渤海地区 5500 大卡动力煤代表规格品综合平均价格与各港口代表规格品价格区间。首先计算港口代表规格品的样本均值;然后根据该样本均值扩展出港口代表规格品价格区间,同时根据价格区间上下限的均值,计算出环比及年距同比数据;最后,根据样本均值计算出环渤海 5500 大卡动力煤代表规格品综合平均价格。

2.指数体系

指数体系包括环渤海动力煤价格综合指数、代表港口动力煤价格综合指数与港口代表规格品价格指数。前两种属于类指数范畴,后一种属于个体指数,三者均为每周发布的定基指数。首先根据价格体系中计算得到的样本均值,同基期相应的样本均值相比,得到港口代表规格品价格指数;然后计算各港口内四种代表规格品价格指数的算术平均值,形成代表港口价格指数;最后,将各代表港口价格指数加以上年度吞吐量权重进行算术平均计算,形成最终的环渤海动力煤综合价格指数。

## 二、2013 年环渤海动力煤价格指数运行情况

2013 年年初,环渤海地区市场煤炭需求进一步疲软,动力煤交易价格持续微幅下滑,主流动力煤品种交易价格已接近甚至达到了 2012 年 7 月底的低点水平。尽管与 2012 年 6、7 月份相比,该地区动力煤市场运行的整体环境已经明显改善,抑制了动力煤价格的下滑趋势,收敛了价格的下降幅度,但国内动力煤市场仍未走出低谷。4 月大秦线检修使得环渤海地区主要发运港口煤炭库存下降,减轻了高库存对煤炭价格下行的压力,但短期出现的利好未能改变国内电力和动力煤消费低迷状况。环渤海动力煤价格指数在 4、5 月份基本企稳,但仍处于下行通道。5 月 29 日,环渤海 5500 大卡动力煤综合平均价格报收 610 元 / 吨,较年初下降 23 元 / 吨,降幅 3.63%;较 2012 年同期下降 164 元 / 吨,降幅 21.19%。

6 月开始,环渤海地区持续增加的煤炭库存,以及长期明显偏低的港口锚地待装煤炭船舶数量所体现的动力煤需求低迷局面,导致环渤海地区动力煤价格下降幅度增大。6 月下旬开始,主要煤炭生产企业的降价促销策略对环渤海地区煤炭交易价格的影响也逐步显现。7、8 月份尽管火电产量明显提速,电煤消费显著增加,但环渤海地区动力煤市场依旧需求低迷,成交不旺。部分主要煤企仍继续降价促销,促使环渤海地区动力煤价格继续下行。9 月以来,在电力和煤炭消费淡季的背景下,主要电力企业煤炭库存明显增加,国内海上煤炭运价保持高位运行,明显加大了动力煤采购成本,抑制了动力煤供求的活跃程度。10 月 9 日环渤海 5500 大卡动力煤综合平均价格报收 530 元 / 吨,较年初下降 103 元 / 吨,降幅 16.27%;较 2012 年同期下

降168元/吨，降幅16.80%，为全年最低价。10月16日环渤海5500大卡动力煤综合平均价格自2012年11月7日以来首次出现上涨。大秦线秋季检修结束后，环渤海地区煤炭调入量增加，港口库存快速回升，船舶“滞期”推高了港口煤价。特别是随着冬季到来，水电出力下行，火电比重继续提高，电煤采购需求持续释放，至年底前大型煤企持续推高动力煤价格，环渤海5500大卡动力煤综合平均价格保持大幅增长。12月25日环渤海5500大卡动力煤综合平均价格报收于631元/吨，较年初最高价634元/吨下降3元/吨，降幅0.47%。

2013年中国环渤海动力煤（5500大卡）价格指数走势见图10-1。

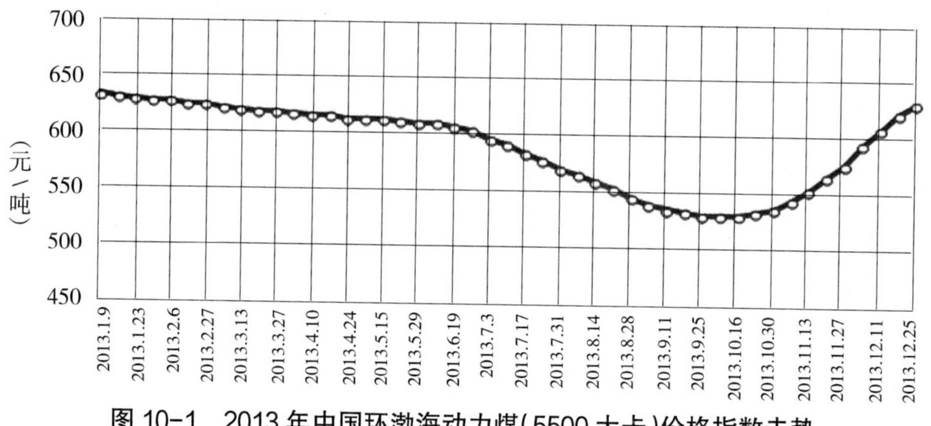


**图10-1 2013年中国环渤海动力煤（5500大卡）价格指数走势**

数据来源：蓝皮书编写组

# 第十一部分　CCI 动力煤价格指数简介

2013 年 10 月 14 日正式推出了两个动力煤价格指数——CCI1 和 CCI8。CCI 指数编辑将如下指标内的煤纳入考虑范围（收到基）：发热量 5300 ~ 5700 大卡，最大硫含量为 1%，净值最大灰分为 20%，净值最大全水分为 18%，最大挥发分为 40%；并升贴转换为标准规格。

CCI 指数编辑们时常交叉核对信息，并且可能会追踪货品的实际交付情况。我们深知数据的完善性是公正判断市场的重要条件，因此通过核实数据来保障估价的品质。

CCI 编辑团队将尽可能扩大联系网络、尽可能多地接触市场参与者，以确保估价能准确反映市场价值。

市场参与者可以是电厂、贸易商、生产商、经纪公司或其他活跃的现货市场买卖方。

指数的信息来源由多种渠道构成，其中包括电子交易产生的数据，但只有可追溯的信息才会在被予以考虑。

## 一、CCI1 动力煤价格指数简介

CCI1 指数以秦皇岛港收到基为 5500 千卡 / 千克的动力煤 FOB 离岸价标价基准为标的物，记录 7 ~ 45 天装船期的交易，每日发布。

**价格评估：**CCI1 指数单位为人民币元 / 吨，附带美元汇率。估价旨在反映秦皇岛 FOB 现货市场上销售的含增值税煤炭贸易价值。

**规格：**CCI1 的标准规格如下（全部为收到基）：标准发热量 5500 大卡，标准硫含量为 0.7%，标准灰分为 15%，标准全水分为 10%，标准挥发分为 25%。

**交割地点：**CCI1 会将华北地区港口装船的动力煤船货纳入考虑，装货港包括但不限于曹妃甸、京唐和天津,并升帖转换为秦皇岛估价。

**交易量:**估价选定基准单笔交货量40000吨。所有其他数量的船货,包括分装和拼装船货,将升帖转换为此规格。单笔25000吨以下的交易将不纳入考虑。

**付款方式:**信用证、现金或现金等价物见票即付。

**交割时间:**CCI1记入指数当天远期7~45天装船的秦皇岛离岸价。例如,CCI1在6月1日评估的是6月7日至7月15日期间装船的货物。估价反映该期内的中间值。之前或之后交货的会升帖转换至当月中期,以便进行估价。

**发布方式:**CCI1将发布于汾渭旗下中国煤炭资源网发布的每日市场观察和普氏出品的Platts Coal Trader International,并将录入到网站价格栏目中的“指数”分类下。

**发布时间:**CCI1反映北京时间17:30的主流可成交价,相当于收市价。该指数旨在覆盖本交易日内的市场活动——包括询价/报价和成交价,当日17:30以后的市场活动不在考虑范围内。

**单位:**价格单位为人民币元每吨(元/吨),精确到小数点后两位数,包含17%的增值税。

**指数生成:**指数会优先采纳已确认和可证实的、符合指数编辑准则的交易。如果没有成交,将会考虑实盘询价和报价。指数中采用的询价和报价会按切合实际的幅度上调或下调。除了交易活动,CCI编辑团队还会考虑秦皇岛动力煤市场的供需基本面、亚太地区相关动力煤市场的价格走势、海运费、供需因素、掉期市场行情及其他相关因素。

所有市场活动均根据市场相关性、可重复性和透明性进行评估。关联方之间的交易或不符合普氏透明性、可证实性或可重复性原则的交易不予考虑。

估价反映特定时期内的市场价值,并适当升帖因交割时间不同而产生的价格差异。CCI编辑团队还会考虑反向或正向时间走势的市场价值。

在长期协议的框架内商定的交易通常被排除在指数之外。

CCI1 的宗旨是反映所评估商品的可交易价值。如果商品的表观价值包含非常规选项,商品的内在使用价值就可能被掩盖。CCI1 指数计算时会尽量地排除或抵消这种因素。

基于上述考虑,包含过多对买卖任一方而言属于非常规选项的询价、报价或成交价也会被排除在指数之外。例如特殊的装船或交货要求、过大或过小实际交货量的误差容忍、非标准的信用条件或特殊的煤炭质量。

## 二、CCI8 动力煤价格指数简介

CCI8 指数以南方各港收到基为 5500 千卡 / 千克的动力煤 CFR 到岸价标价基准为标的物,记录 15 ~ 60 天到港期的交易,每天发布。

**价格评估:**CCI8 指数单位为美元 / 吨,附带人民币汇率。估价旨在反映南方港 CFR 现货市场上销售的不含税煤炭贸易价值。

**规格:**CCI8 的标准规格如下(全部为收到基):标准发热量为 5500 大卡,标准硫含量为 0.7%,标准灰分为 20%,标准全水分为 12%,标准挥发分为 25%。

CCI 指数编辑将会将如下指标内的煤纳入考虑范围(收到基):发热量 5300 ~ 5700 大卡,最大硫含量为 1%,净值最大灰分为 23%,净值最大全水分为 18%,最大挥发分为 40%;并升贴转换为标准规格。

**交割地点:**CCI8 将涵盖交付到华南港口的进口动力煤船货,到货港包括但不限于广州、防城、深圳、厦门、湛江和珠海,并升贴转换为广州估价。

**交易量:**估价选定基准单笔交货量 40000 吨。所有其他数量的船货,包括分装和拼装船货,将升贴转换为此规格。单笔 25000 吨以下的交易将不纳入考虑。

**付款方式:**信用证、现金或现金等价物见票即付。

**交割时间:**CCI8 记入指数当天远期 15 ~ 60 天到港的南方港口到岸价。例如,CCI8 在 6 月 1 日评估的是 6 月 15 日至 7 月 30 日期间到港的货物。估价反映该期内的中间值。之前或之后交货的会升贴转换至当月中期,以便进行估价。

**发布方式：**CCI8 将发布于汾渭旗下 China Coal Resource 网站出品的 Daily Market Watch 和 China Coal Weekly 两份期刊，以及普氏出品的Platts Coal Trader International，并将录入到 Market Data 中的"Coal International (CI)"分类下。

**发布时间：**CCI8 反映北京时间 17:30 的主流可成交价，相当于收市价。该指数旨在覆盖本交易日内的市场活动——包括询价/报价和成交价，当日 17:30 以后的市场活动不在考虑范围内。

**单位：**价格单位为美元每吨(美元/吨)，并换算为人民币元每吨(元/吨)，精确到小数点后两位数。

**指数生成：**指数会优先采纳已确认和可证实的、符合指数编辑准则的交易。如果没有成交，将会考虑实盘询价和报价。指数中采用的询价和报价会按切合实际的幅度上调或下调。除了交易活动，CCI 编辑团队还会考虑广州港动力煤市场的供需基本面、亚太地区相关动力煤市场的价格走势、海运费、供需因素、掉期市场行情及其他相关因素。

所有市场活动均根据市场相关性、可重复性和透明度进行评估。关联方之间的交易或不符合普氏透明性、可证实性或可重复性原则的交易不予考虑。

估价反映特定时期内的市场价值，并适当升帖因交割时间不同而产生的价格差异。CCI 编辑团队还会考虑反向或正向时间走势的市场价值。CCI 编辑团队还会考虑反向或正向时间走势的市场价值。

在长期协议的框架内商定的交易通常被排除在指数之外。

CCI8 的宗旨是反映所评估商品的可交易价值。如果商品的表观价值包含非常规选项，商品的内在使用价值就可能被掩盖。我们的指数会尽量的排除或抵消这种因素。

基于上述考虑，包含过多对买卖任一方而言属于非常规选项的询价、报价或成交价也会被排除在指数之外。例如特殊的装船或交货要求、过大或过小实际交货量的误差容忍、非标准的信用条件或特殊的煤炭质量。

# 第五篇

# 附　录

# 附录 1 2010—2013 年全国煤炭市场经济运行情况主要数据汇总表

## 附表 1-1 2010—2013 年全国煤炭供需情况

单位:亿吨

| 指标 | 2010 年 | 2011 年 | 2012 年 | 2013 年 |
|---|---|---|---|---|
| 产量 | 34.57 | 38.88 | 41.46 | 40.75 |
| 进口量 | 1.85 | 2.22 | 2.88 | 3.27 |
| 消费量 | 34.09 | 37.72 | 39.56 | 40.11 |
| 净进口量 | 1.46 | 1.68 | 2.50 | 3.20 |
| 出口量 | 0.19 | 0.16 | 0.09 | 0.07 |

数据来源:蓝皮书编写组

注:全国煤炭产量由各省份社会发展统计公报得出

## 附表 1-2 2010—2013 年中国动力煤供需情况

单位:亿吨

| 指标 | 2010 年 | 2011 年 | 2012 年 | 2013 年 |
|---|---|---|---|---|
| 产量 | 27.10 | 29.90 | 31.80 | 32.40 |
| 消费量 | 26.92 | 29.92 | 31.73 | 33.64 |
| 进口量 | 1.19 | 1.82 | 2.36 | 2.52 |
| 出口量 | 0.18 | 0.11 | 0.08 | 0.06 |

数据来源:蓝皮书编写组

## 附表 1-3 2012—2013 年炼焦精煤分煤种产量及同比增长

| 年份 | 有效供应 | 贫瘦煤 | 瘦煤 | 焦煤 | 肥煤 | 1/3 焦煤 | 气肥煤 | 气煤 |
|---|---|---|---|---|---|---|---|---|
| 2012 年(万吨) | 54671 | 3601 | 4043 | 17044 | 5490 | 10035 | 4004 | 10454 |
| 2013 年(万吨) | 56356 | 3871 | 4297 | 17869 | 5572 | 10026 | 4150 | 10571 |
| 同比增长(万吨) | 1685 | 270 | 254 | 825 | 82 | -9 | 146 | 117 |
| 增幅(%) | 3.08% | 7.50% | 6.27% | 4.84% | 1.50% | -0.09% | 3.65% | 1.12% |

数据来源:蓝皮书编写组

## 附表1-4 2012—2013年炼焦精煤分煤种需求量增量情况

单位:万吨

| 年份 | 瘦煤 | 焦煤 | 肥煤 | 1/3焦煤 | 气肥煤 | 气煤 | 其他炼焦配煤 |
|---|---|---|---|---|---|---|---|
| 2012年 | 4069 | 20045 | 5565 | 12147 | 4009 | 10890 | 3111 |
| 2013年 | 4149 | 21256 | 6894 | 12639 | 4341 | 10213 | 4341 |

数据来源:蓝皮书编写组

## 附表1-5 2010—2013年中国炼焦煤进口情况

单位:万吨

| 指标 | 2010年 | 2011年 | 2012年 | 2013年 |
|---|---|---|---|---|
| 进口量 | 4727 | 4466 | 5355 | 7539 |
| 净进口量 | 4613 | 4107 | 5224 | 7430 |

数据来源:中国海关

## 附表1-6 2010—2013中国喷吹煤供需情况

单位:万吨

| 指标 | | 2010年 | 2011年 | 2012年 | 2013年 |
|---|---|---|---|---|---|
| 供应 | 产量 | 7611 | 8045 | 8564 | 9078 |
| | 进口量 | 445 | 350 | 404 | 441 |
| | 总供应量 | 8056 | 8395 | 8968 | 9519 |
| 需求 | 消费量 | 7575 | 8285 | 8645 | 9203 |
| | 出口量 | 45 | 45 | 44 | 45 |
| | 总需求量 | 7620 | 8330 | 8689 | 9248 |
| 供需差额 | | 436 | 65 | 279 | 271 |

数据来源:蓝皮书编写组

## 附表1-7 2010—2013年主产地褐煤产量

单位:万吨

| 主产地 | 2010年 | 2011年 | 2012年 | 2013年 |
|---|---|---|---|---|
| 内蒙古 | 28240 | 33700 | 38116 | 35691 |
| 云南 | 1973 | 2069 | 2161 | 2184 |

数据来源:蓝皮书编写组

## 附表 1-8 2013 年中国褐煤分行业消费量

单位:万吨

| 地区 | 电力行业 | 煤化工行业 | 水泥及其他行业 | 总计 |
|---|---|---|---|---|
| 内蒙古 | 14771 | 3408 | 3136 | 21315 |
| 东北三省 | 14237 | 543 | 2713 | 17493 |
| 云南 | 1631 | 493 | 1780 | 3905 |
| 其他 | 7372 | 1118 | 715 | 9206 |
| 全国 | 38012 | 5563 | 8344 | 51919 |

数据来源:蓝皮书编写组

## 附表 1-9 2010—2013 年中国褐煤进出口量

| 指标 | 2010 年 | 2011 年 | 2012 年 | 2013 年 |
|---|---|---|---|---|
| 进口量(万吨) | 1983 | 3980 | 5421 | 5994 |
| 出口量(吨) | 2713 | 7221 | 13949 | 41640 |

数据来源:蓝皮书编写组

## 附表 1-10 2010—2013 年中国无烟块煤供需情况

单位:万吨

| 指标 | 2010 年 | 2011 年 | 2012 年 | 2013 年 |
|---|---|---|---|---|
| 无烟块煤产量 | 7936 | 8331 | 8727 | 8605 |
| 无烟块煤净进口量 | 159 | 161 | 94 | 74 |
| 无烟块煤总供给量 | 8095 | 8492 | 8821 | 8680 |
| 无烟块煤总需求量 | 8100 | 8513 | 8638 | 8545 |

数据来源:蓝皮书编写组

## 附表 1-11 2000—2013 年中国煤层气产量

单位:亿立方米

| 分类指标 | 2010 年 | 2011 年 | 2012 年 | 2013 年 |
|---|---|---|---|---|
| 地面 | 18.37 | 29.6 | 25.73 | 29.26 |
| 井下 | 69.63 | 85.4 | 100.3 | 108.87 |
| 地面增速 | 80.63 | 61.13 | -13.07 | 13.72 |
| 井下增速 | 1.82 | 22.65 | 17.45 | 8.54 |

数据来源:国家统计局

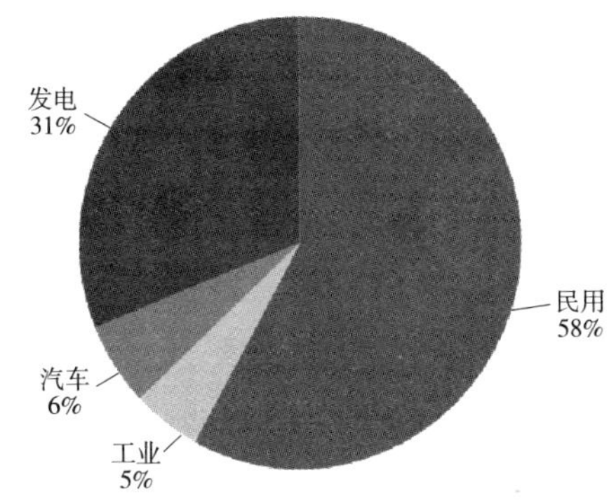


**附图 1-1　煤层气利用行业**

数据来源：蓝皮书编写组

**附表 1-12　2010—2013 年中国电力行业煤炭需求量**

| 指标 | 2010 年 | 2011 年 | 2012 年 | 2013 年 |
|---|---|---|---|---|
| 火电装机容量（万千瓦） | 70967 | 76546 | 81917 | 86238 |
| 火力发电量（亿千瓦时） | 32958 | 38137 | 39108 | 42153 |
| 每度电耗标煤量（克） | 335 | 330 | 326 | 321 |
| 电力行业耗煤量（亿吨） | 15.77 | 17.98 | 18.99 | 20.59 |

数据来源：国家统计局、蓝皮书编写组

**附表 1-13　2013 年中国发电装机容量占比情况**

| 指标 | 水电 | 火电 | 核电 | 风电 | 太阳能及其他 | 合计 |
|---|---|---|---|---|---|---|
| 装机容量（万千瓦） | 28002 | 86238 | 1461 | 7548 | 1489 | 124738 |
| 增幅（%） | 12.3 | 5.7 | 16.2 | 24.5 | 333 | 9.3 |
| 占总装机容量比例（%） | 22.4 | 69.1 | 1.2 | 6.1 | 1.2 | 100.0 |

数据来源：中电联规划与统计信息部

**附表 1-14　2010—2013 年煤炭社会库存情况**

单位：亿吨

| 时间点 | 2010 年 | 2011 年 | 2012 年 | 2013 年 |
|---|---|---|---|---|
| 6 月 30 日 | 2.04 | 2.21 | 2.78 | 2.98 |
| 年底 | 2.00 | 2.53 | 3.47 | 3.32 |

数据来源：蓝皮书编写组

附表 1-15 2013 年固定资产投资新增主要生产能力

| 指标 | 单位 | 绝对数 |
|---|---|---|
| 新增 220 千伏及以上变电设备 | 万千伏安 | 19631 |
| 新增铁路投产里程 | 公里 | 5586 |
| 其中:高速铁路 | 公里 | 1672 |
| 新增铁路复线投产里程 | 公里 | 4180 |
| 电气化铁路投产里程 | 公里 | 4810 |
| 新建公路里程 | 公里 | 70274 |
| 其中:高速公路 | 公里 | 8260 |
| 港口万吨级码头泊位新增吞吐能力 | 万吨 | 33119 |
| 新增光缆线路长度 | 万公里 | 266 |

数据来源:国家统计局

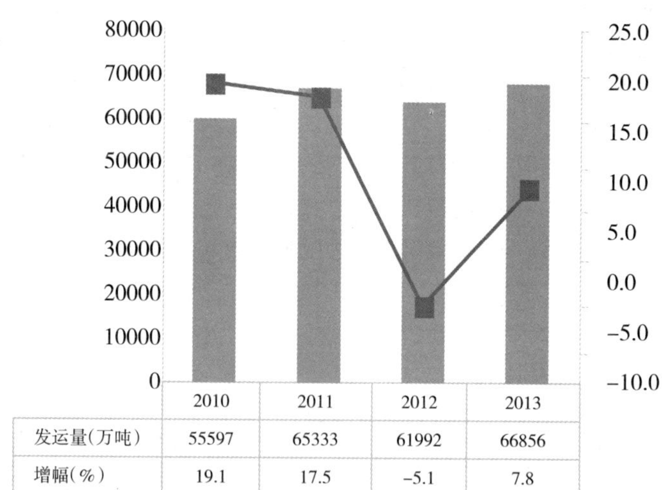


| | 2010 | 2011 | 2012 | 2013 |
|---|---|---|---|---|
| 发运量(万吨) | 55597 | 65333 | 61992 | 66856 |
| 增幅(%) | 19.1 | 17.5 | -5.1 | 7.8 |

附图 1-2 2010—2013 年主要港口煤炭发运量情况

数据来源:蓝皮书编写组

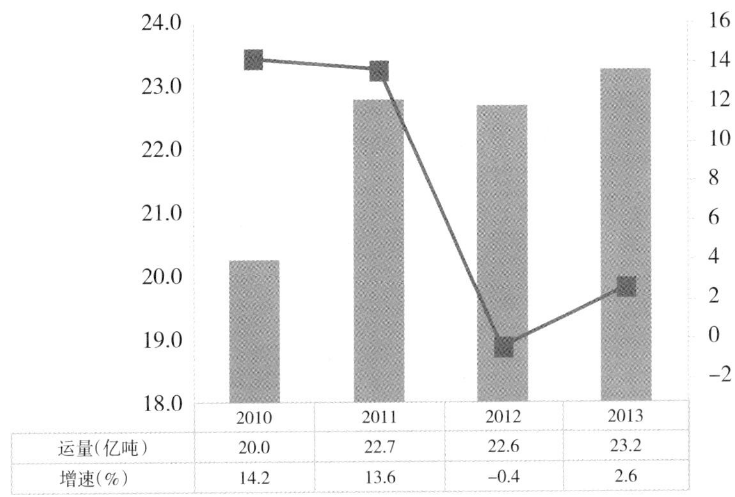


| | 2010 | 2011 | 2012 | 2013 |
|---|---|---|---|---|
| 运量(亿吨) | 20.0 | 22.7 | 22.6 | 23.2 |
| 增速(%) | 14.2 | 13.6 | −0.4 | 2.6 |

附图 1-3　2010—2013 年铁路煤炭运量情况

资料来源：中华人民共和国原铁道部

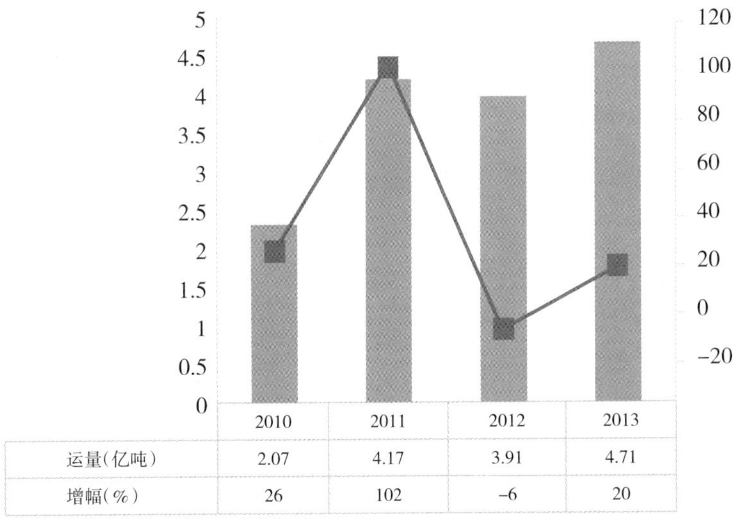


| | 2010 | 2011 | 2012 | 2013 |
|---|---|---|---|---|
| 运量(亿吨) | 2.07 | 4.17 | 3.91 | 4.71 |
| 增幅(%) | 26 | 102 | −6 | 20 |

附图 1-4　2010—2013 年山西公路煤炭运量情况

数据来源：中华人民共和国原铁道部

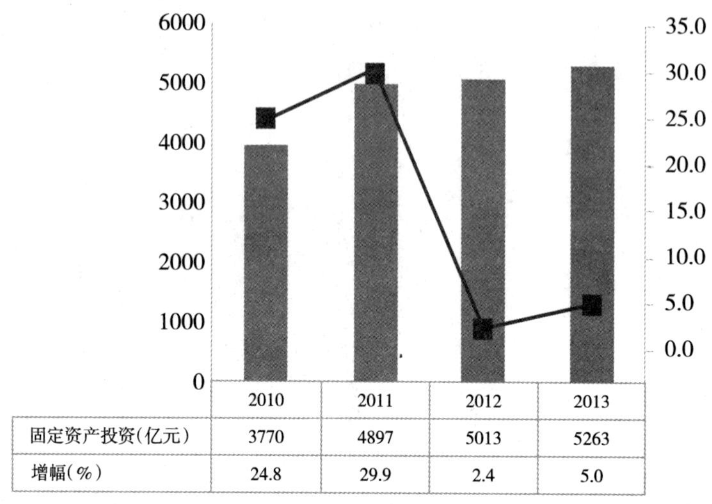


| | 2010 | 2011 | 2012 | 2013 |
|---|---|---|---|---|
| 固定资产投资(亿元) | 3770 | 4897 | 5013 | 5263 |
| 增幅(%) | 24.8 | 29.9 | 2.4 | 5.0 |

**附图 1-5 2010—2013 年中国煤炭行业固定资产投资**

数据来源:国家统计局

# 附录 2　2010—2013 年主产省份煤炭市场经济运行情况主要数据汇总表

## 附表 2-1　2010—2013 年主产省份煤炭产量

单位:万吨

| 省份 | 2010 年 | 2011 年 | 2012 年 | 2013 年 |
| --- | --- | --- | --- | --- |
| 内蒙古 | 78665 | 97900 | 108000 | 103000 |
| 山西 | 74096 | 87200 | 91333 | 95800 |
| 陕西 | 36083 | 40538 | 46301 | 49300 |
| 贵州 | 15954 | 15600 | 15692 | 19100 |
| 河南 | 17909 | 23200 | 14826 | 15331 |
| 山东 | 14892 | 15400 | 14455 | 15100 |
| 云南 | 9760 | 9957 | 10979 | 10509 |

数据来源:蓝皮书编写组

## 附表 2-2　2010—2013 年主产省份煤炭销量

单位:万吨

| 省份 | 2010 年 | 2011 年 | 2012 年 | 2013 年 |
| --- | --- | --- | --- | --- |
| 内蒙古 | 78500 | 97500 | 66134 | 105000 |
| 山西 | 51339 | 88000 | 88138 | 61595 |
| 陕西 | 35649 | 40632 | 45420 | 47940 |
| 贵州 | — | 15249 | 16981 | 18200 |
| 河南 | — | 25500 | 19500 | 16200 |
| 山东 | — | 14500 | 12900 | 14400 |
| 云南 | 9942 | — | 11200 | 12000 |

数据来源:蓝皮书编写组

### 附表 2-3 2010—2013 年年底主产省份国有重点煤炭库存量

单位:万吨

| 省份 | 2010 年 | 2011 年 | 2012 年 | 2013 年 |
| --- | --- | --- | --- | --- |
| 内蒙古 | 96 | 100 | 205 | 165 |
| 山西 | 605 | 636 | 845 | 1015 |
| 陕西 | 43 | 52 | 63 | 12 |
| 贵州 | 114 | 127 | 180 | 141 |
| 河南 | 170 | 375 | 342 | 369 |
| 山东 | 105 | 111 | 68 | 134 |
| 云南 | 16 | 17 | 5 | 5 |

数据来源:蓝皮书编写组

### 附表 2-4 2010—2013 年主产省份分煤种产量

单位:万吨

| 省份 | 炼焦煤 | | | | 动力煤 | | | |
| --- | --- | --- | --- | --- | --- | --- | --- | --- |
| | 2010 年 | 2011 年 | 2012 年 | 2013 年 | 2010 年 | 2011 年 | 2012 年 | 2013 年 |
| 内蒙古 | 7164 | 7400 | 9668 | 5189 | 42831 | 56213 | 57810 | 65289 |
| 山西 | 42850 | 50302 | 51768 | 54271 | 19620 | 21580 | 23823 | 24976 |
| 陕西 | 1889 | 2024 | 2312 | 2384 | 35930 | 38510 | 43988 | 46920 |
| 贵州 | 4294 | 6652 | 7675 | 7463 | 2721 | 2888 | 2357 | 5135 |
| 河南 | 7214 | 8433 | 7273 | 6705 | 2673 | 3124 | 2696 | 2588 |
| 山东 | 13554 | 14666 | 16080 | 13819 | 529 | 572 | 627 | 191 |
| 云南 | 1665 | 4502 | 4697 | 4493 | 279 | 293 | 304 | 381 |

数据来源:蓝皮书编写组

### 附表 2-5 2010—2013 年煤炭省间调入调出量

单位:万吨

| 省份 | 炼焦煤 | | | | 动力煤 | | | |
| --- | --- | --- | --- | --- | --- | --- | --- | --- |
| | 2010 年 | 2011 年 | 2012 年 | 2013 年 | 2010 年 | 2011 年 | 2012 年 | 2013 年 |
| 内蒙古 | 47155 | 60500 | 66000 | 62000 | 572 | 737 | — | — |
| 山西 | 44434 | 49744 | 58200 | 61595 | 4850 | 4940 | — | — |
| 陕西 | 24051 | 27373 | — | — | 1241 | 931 | — | — |

数据来源:蓝皮书编写组

### 附表2-6 2010—2013年山西省煤炭铁路运输量

单位:万吨

| 年份 | 出省运量 | 省内运量 | 总运量 |
|---|---|---|---|
| 2010 | 41219 | 3521 | 44740 |
| 2011 | 45582 | 3555 | 49137 |
| 2012 | 46501 | 3242 | 49744 |
| 2013 | 47741 | 2784 | 50525 |

数据来源:蓝皮书编写组

### 附表2-7 2010—2013年山西省煤炭公路运输量

单位:万吨

| 年份 | 出省运量 | 地销运量 | 总运量 |
|---|---|---|---|
| 2010 | 10120 | 9051 | 20709 |
| 2011 | 12547 | 28200 | 41749 |
| 2012 | 11699 | 26253 | 39138 |
| 2013 | 13853 | 32094 | 47118 |

数据来源:蓝皮书编写组

### 附表2-8 山西省煤气层资源量分布

| 聚气盆地 | 煤田 | 含气区 | 煤层总厚度(米) | 面积(平方千米) | 平均含气量(立方米/吨) | 煤炭资源量($\times 10^8$吨) | 煤气层资源量($\times 10^8$立方米) | 煤层气资源丰度($\times 10^8$立方米/平方千米) |
|---|---|---|---|---|---|---|---|---|
| 大同 | 大同 | — | 45.3 | 996.94 | 7.82 | 614.19 | 4802.50 | 4.82 |
| 宁武 | 宁武 | — | 25.76 | 1498.37 | 10.35 | 524.93 | 5431.91 | 3.63 |
| 河东 | 河东 | 保兴 | 18.69 | 2520.53 | 9.96 | 640.73 | 6383.57 | 2.53 |
| | | 三交北 | 17.86 | 491.12 | 11.13 | 119.29 | 1327.86 | 2.70 |
| | | 柳林 | 17.8 | 1139.93 | 14.31 | 275.60 | 3943.54 | 3.46 |
| | | 石楼 | 12.9 | 2711.01 | 13.33 | 457.62 | 6100.88 | 2.25 |
| | | 吉县 | 12.75 | 4414.28 | 13.31 | 765.44 | 10191.74 | 2.31 |
| | | 小计 | 80 | 11276.83 | 62.04 | 2258.68 | 27947.59 | 13.25 |
| 沁水 | 西山 | 古交 | 14.67 | 304.02 | 9.60 | 60.69 | 582.71 | 1.92 |
| | | 邢家社 | 16.6 | 673.00 | 15.26 | 151.94 | 2319.19 | 3.45 |
| | | 东社 | 6.9 | 394.96 | 16.17 | 37.06 | 599.37 | 1.52 |
| | | 小计 | 38.17 | 1371.98 | 41.03 | 249.69 | 3501.27 | 6.89 |

续表

| 聚气盆地 | 煤田 | 含气区 | 煤层总厚度(米) | 面积(平方千米) | 平均含气量(立方米/吨) | 煤炭资源量(×10^8吨) | 煤气层资源量(×10^8立方米) | 煤层气资源丰度(×10^8立方米/平方千米) |
|---|---|---|---|---|---|---|---|---|
| 沁水 | 霍西 | 介北 | 8.72 | 173.50 | 13.19 | 20.58 | 271.45 | 1.56 |
| | | 临东 | 9.8 | 702.61 | 13.66 | 93.64 | 1278.77 | 1.82 |
| | | 小计 | 18.52 | 876.11 | 26.85 | 114.22 | 1550.22 | 3.38 |
| | 沁水 | 寿平 | 13.31 | 4436.72 | 16.38 | 803.11 | 13157.33 | 2.97 |
| | | 和顺 | 11.96 | 3483.45 | 19.16 | 566.60 | 10855.16 | 3.12 |
| | | 武襄 | 9.66 | 4315.07 | 15.74 | 566.89 | 8924.47 | 2.07 |
| | | 霍东 | 8.31 | 5107.26 | 16.40 | 577.20 | 9467.80 | 1.85 |
| | | 沁南 | 9.81 | 6020.10 | 17.61 | 793.18 | 13965.94 | 2.32 |
| | | 小计 | 53.05 | 23362.60 | 85.29 | 3306.98 | 56370.70 | 12.33 |
| | 合计 | | — | 25610.69 | — | 3370.89 | 61422.19 | — |
| 总计 | | | — | 39382.87 | — | 7068.69 | 99604.19 | — |

数据来源:蓝皮书编写组

## 附表 2-9 煤层气规划产量与实际产量对比

单位:亿立方米

| 时期 | 总产量 | 地面开采 | 井下抽采 |
|---|---|---|---|
| “十一五” | 100 | 50 | 50 |
| 2010 年 | 88 | 18 | 70 |
| “十二五” | 300 | 160 | 140 |
| 2011 年 | 126 | 26 | 100 |
| 2012 年 | 115 | 29.6 | 85.4 |
| 2013 年 | 138 | 29 | 109 |
| 2013 年完成比例 | 46.04% | 18.29% | 77.76% |

数据来源:蓝皮书编写组

# 附录 3　2010—2013 年主要煤炭企业经济运行情况汇总表

## 一、中国神华

附表 3-1　2010—2013 年中国神华业务情况汇总

| 运营指标 | 单位 | 2010 年 | 2011 年 | 2012 年 | 2013 年 |
|---|---|---|---|---|---|
| (一)煤炭 | | | | | |
| 1.商品煤产量 | 百万吨 | 245.6 | 281.9 | 304 | 381.1 |
| 2.煤炭销售量 | 百万吨 | 313.1 | 387.5 | 464.6 | 514.8 |
| 其中:出口量 | 百万吨 | 10.3 | 5.6 | 3.3 | 2.7 |
| 进口量 | 百万吨 | — | | 10.7 | 15.2 |
| (二)发电 | | | | | |
| 1.总发电量 | 十亿千瓦时 | 141.46 | 188.35 | 207.9 | 225.38 |
| 2.总售电量 | 十亿千瓦时 | 131.69 | 175.61 | 193.446 | 210.18 |
| (三)煤化工 | | | | | |
| 1.聚乙烯销售量 | 千吨 | — | — | 267.7 | 262.4 |
| 2.聚丙烯销售量 | 千吨 | — | — | 277.6 | 267.9 |
| (四)运输 | | | | | |
| 1.自有铁路运输周转量 | 十亿吨公里 | 150.3 | 162.3 | 176.2 | 211.6 |
| 2.港口下水煤量 | 百万吨 | 170.5 | 210.1 | 203.2 | 227.3 |
| 3.航运货量 | 百万吨 | 25.9 | 80.6 | 97.7 | 118.6 |
| 4.航运周转量 | 十亿吨海里 | 21.9 | 71.5 | 82.5 | 114.9 |

数据来源:神华年报

附表 3-2　2010—2013 年中国神华财务情况汇总

单位:百万元

| 财务指标 | 2010 年 | 2011 年 | 2012 年 | 2013 年 |
|---|---|---|---|---|
| 营业成本 | 85059 | 123152 | 162734 | 187713 |
| 营业收入 | 157662 | 209225 | 254575 | 183797 |
| 利润总额 | 43358 | 65482 | 68104 | 69768 |
| 资产总计 | 367689 | 402978 | 467974 | 507674 |
| 负债总计 | 133387 | 137699 | 158584 | 17813 |

数据来源:神华年报

## 二、中煤能源

附表 3-3 2010—2013 年中煤能源业务情况汇总

| 指标 | 2010 年 | 2011 年 | 2012 年 | 2013 年 |
|---|---|---|---|---|
| (一)煤炭业务(万吨) | | | | |
| 商品煤产量 | 9438 | 10424 | 11440 | 11868 |
| 商品煤销量 | 11727 | 13857 | 14954 | 16101 |
| 其中自产商品煤销量 | 8975 | 10172 | 11112 | 11531 |
| (二)煤化工业务(万吨) | | | | |
| 焦炭产量 | 206 | 206 | 170 | 191 |
| 焦炭销量 | 259 | 259 | 229 | 243 |
| 其中自产焦炭销量 | — | — | 177 | 193 |
| 甲醇产量 | — | — | 13 | 12 |
| 甲醇销量 | — | — | 19 | 18 |
| 尿素产量 | — | — | — | 16 |
| 尿素销量 | — | — | — | 12 |
| (三)煤矿装备业务 | | | | |
| 煤矿装备产值(亿元) | 71.60 | 81.50 | 85.00 | 64.80 |
| 煤矿装备销量(万吨) | 27 | 36 | 39 | 34 |

数据来源:中煤能源年报

附表 3-4 2010—2013 年中国神华财务情况汇总

单位:亿元

| 财务指标 | 2010 年 | 2011 年 | 2012 年 | 2013 年 |
|---|---|---|---|---|
| 营业收入 | 712.68 | 908.65 | 872.92 | 823.16 |
| 营业成本 | 474.49 | 605.29 | 557.16 | 561.42 |
| 利润总额 | 102.22 | 138.51 | 134.12 | 60.22 |
| 资产总计 | 1208.15 | 1606.35 | 1838.75 | 2149.43 |
| 负债总计 | 352.96 | 644.84 | 831.51 | 1122.71 |
| 应收款项 | 45.74 | 55.85 | 81.75 | 82.69 |

数据来源:中煤能源年报

## 附表 3-5　2013 年省内 5+2 煤炭企业运营情况

| 企业 | 产量（万吨） | 销售（万吨） | 销售收入（万元） | 利润（万元） | 制造成本（元/吨） |
|---|---|---|---|---|---|
| （一）五大集团 | | | | | |
| 1.同煤集团 | 14366 | 12444 | 18376655 | 50173 | 166.18 |
| 2.焦煤集团 | 10317 | 10844 | 21674170 | 125377 | 277.3 |
| 3.阳煤集团 | 7144 | | 18014452 | 65216 | 264.35 |
| 4.潞安集团 | 6864 | 4405 | 18689592 | 77956 | 252.93 |
| 5.晋煤集团 | 5709 | 4693 | 17582126 | 139187 | 289.26 |
| （二）其他集团 | | | | | |
| 1.山西煤销集团 | 5479 | 36319 | — | — | — |
| 2.山西煤炭进出口集团 | 1489 | 2105 | — | — | — |

数据来源：蓝皮书编写组

## 附表 3-6　2012 年省内 5+2 煤炭企业运营情况

| 企业 | 产量（万吨） | 销售（万吨） | 销售收入（万元） | 利润（万元） | 制造成本（元/吨） |
|---|---|---|---|---|---|
| （一）五大集团 | | | | | |
| 1.同煤集团 | 13213 | 11322 | 16884277 | 120371 | 442.47 |
| 2.焦煤集团 | 10540 | 10720 | 18003629 | 261819 | 665.27 |
| 3.阳煤集团 | 6881 | | 16867858 | 180830 | 498.94 |
| 4.潞安集团 | 6748 | 3410 | 17301026 | 251268 | 543.15 |
| 5.晋煤集团 | 5468.39 | 4509 | 16492646 | 378038 | 664.81 |
| （二）其他集团 | | | | | |
| 1.山西煤销集团 | 4256 | 30354 | — | — | — |
| 2.山西煤炭进出口集团 | 1289 | 3118 | — | — | — |

数据来源：蓝皮书编写组

附表 3-7 2011 年省内 5+2 煤炭企业运营情况

| 企业 | 产量（万吨） | 销售（万吨） | 销售收入（万元） | 利润（万元） | 制造成本（元/吨） |
|---|---|---|---|---|---|
| （一）五大集团 | | | | | |
| 1.同煤集团 | 11537 | 11038 | 11010985 | 216318 | 482.84 |
| 2.焦煤集团 | 11006 | 10008 | 12196799 | 469200 | 805.98 |
| 3.阳煤集团 | 5852 | | 10500000 | 300000 | 523.4 |
| 4.潞安集团 | 6189 | 3382 | 11182796 | 453566 | 592.51 |
| 5.晋煤集团 | 5254 | 4316 | 10614027 | 542440 | 659.92 |
| （二）其他集团 | | | | | |
| 1.山西煤销集团 | 3824 | 33552 | — | — | — |
| 2.山西煤炭进出口集团 | 771 | 3558 | — | — | — |

数据来源：蓝皮书编写组

附表 3-8 2010 年省内 5+2 煤炭企业运营情况

| 企业 | 产量（万吨） | 销售（万吨） | 销售收入（万元） | 利润（万元） | 制造成本（元/吨） |
|---|---|---|---|---|---|
| （一）五大集团 | | | | | |
| 1.同煤集团 | 10119 | 11707 | 6063187 | 150296 | 424.63 |
| 2.焦煤集团 | 10214 | 9312 | 10205811 | 506425 | 737.24 |
| 3.阳煤集团 | 5206 | | 6100000 | 251000 | 475.45 |
| 4.潞安集团 | 5032 | 3329 | 7068588 | 415506 | 525.86 |
| 5.晋煤集团 | 4932 | 3927 | 6202609 | 450125 | 552.41 |
| （二）其他集团 | | | | | |
| 1.山西煤销集团 | 2945 | 12772 | — | — | — |
| 2.山西煤炭进出口集团 | 653 | 2302 | — | — | — |

数据来源：蓝皮书编写组

# 附录 4　2014 年世界煤炭市场走势预测及 2013 年运行情况概述

## 一、2014 年国际煤炭市场运行及价格走势预测

### 1. 2014 年国际煤炭供大于求形势或加剧

从中长期来看，全球天然气开发利用的不断深入将成为煤炭需求增长的最大阻力，未来国际动力煤供大于求的形势将继续加剧。2017 年全球天然气供应预计将达到富余程度，未来气电将成为煤电最大的竞争对手。

同时，随着美国大规模发展页岩气，其煤炭消费量迅速下降，出口量大幅上升，出口目标国也逐渐瞄准了中国。与此同时，澳大利亚、印度尼西亚、南非、哥伦比亚煤炭出口能力也在提高。从全球煤炭消费和进口方面来看，世界经济增速放缓导致国际市场煤炭需求持续低迷，欧洲、日本、韩国等主要煤炭进口地区或国家需求增长乏力，预计未来两年国际煤炭供大于求形势或加剧。

### 2. 2014 年煤价难现反弹

由于必和必拓、Whitehaven 煤炭公司、嘉能可斯特拉塔（glencorexstrata）等多家大型煤炭生产商 2014 年都有加大煤矿开采的计划，总规模相当于全球煤炭交易量的 3%。供应过剩愈发严重的同时，需求增长缓慢的趋势也难以改变，这必然导致煤市供应过剩的状况加剧，因此煤炭价格仍难以回升。2014 年，煤炭过剩供应量将增长 20%，达到 600 万吨。自 2011 年 3 月以来，煤炭价格一路下跌，甚至一度跌破每吨 80 美元大关。2012 年 9 月煤炭价格跌至每吨 76.70 美元，与 2008 年峰值期的 194.79 美元相比下跌超过 60%，最后综合预测给出的 2014 煤炭平均价格为每吨 84 ~ 85 美元。

## 二、2013 年世界煤炭资源储量变化

世界煤炭资源非常丰富，是能源宝库中十分可贵的物质财富。截至 2012 年底，世界煤炭储量估计为 1.08 万亿吨，按目前的煤炭消费水平计算，足以

可供开采 200 多年。世界煤炭资源的地理分布是很广泛的，遍及各大洲的许多地区，但又是不均衡的。世界煤炭可采储量的 60%集中在美国(25%)、前苏联(23%)和中国(12%)，此外，澳大利亚、印度、德国和南非 4 个国家的可采储量共占 29%。全球主要国家煤炭探明储量排行榜如附表 4-1 所示。

**附表 4-1 截至 2012 年底全球主要国家煤炭探明储量排行榜**

| 排名 | 国家 | 探明储量(百万吨) | 储采比(R/P) |
|---|---|---|---|
| 1 | 美国 | 242721 | 240 |
| 2 | 俄罗斯 | 157010 | 470 |
| 3 | 中国 | 114500 | 33 |
| 4 | 澳大利亚 | 76600 | 185 |
| 5 | 印度 | 60600 | 100 |
| 6 | 南非 | 48000 | 178 |
| 7 | 乌克兰 | 33873 | 444 |
| 8 | 哈萨克斯坦 | 31300 | 290 |
| 9 | 波兰 | 7502 | 51 |
| 10 | 巴西 | 7068 | >500 |

数据来源:《BP 世界能源统计 2013》

从附图 4-1 可以看出，煤炭储量北半球多于南半球，尤其集中在北半球的中温带和亚寒带地区。各大洲相比，北半球三大洲的煤炭储量都比较丰富，其中亚洲煤炭资源量约占世界的 56%以上；北美洲煤炭资源量约占世界的 26%以上；欧洲煤炭资源量约占世界的 10%以上。南半球各大洲的煤炭资源都比较少，大洋洲资源量约占世界资源总量的 5.1%；非洲约占世界资源总量的 1.4 %；南美洲最少，仅占世界资源总量的不到 0.4%。

另外，南极洲的维多利亚地区及其他地区也发现有煤炭资源，但是还难以估算出比较确切的资源量。各个国家相比，全世界约有 80 个国家和地区拥有煤炭资源。其中，俄罗斯、美国和中国的煤炭资源最丰富，合计约占世界资源量的一半以上。

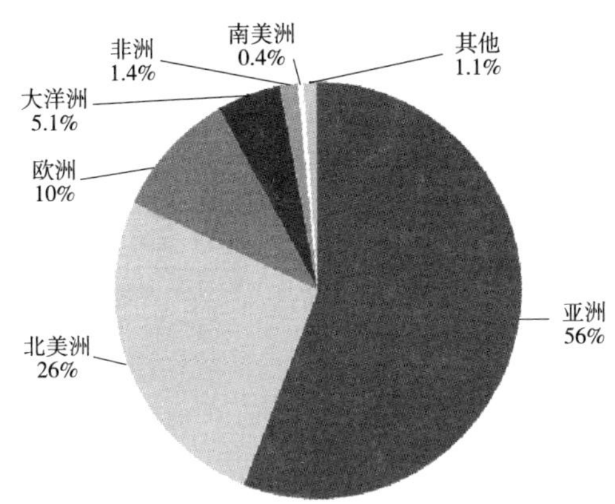


**附图 4-1　世界煤炭资源分布**

数据来源:《BP 世界能源统计 2013》

三、世界主要煤炭生产国产量及煤炭产品流向变化

世界煤炭资源地理分布的特点,直接影响世界煤炭生产的地理分布。一般来说,煤炭资源比较丰富而经济又比较发达的地区,也是煤炭产量较高的地区。从各大洲来看,欧洲、亚洲和北美洲三洲的煤炭产量,约占世界总量的 90%以上,其中仅欧洲就几乎占了一半。

2012 年,全球煤炭产量为 78.645 亿吨(折合 3845.3 百万吨油当量),同比增长 2.0%;全球煤炭消费量为 3730.1 百万吨油当量,同比增长 2.5%。中国煤炭生产和消费占全球比重分别为 47.5 %和 50.2%,分别比上年的 49.5 %和 49.4%,下降了 2 个百分点和上升了 0.8 个百分点。

2012 年,全球共有 10 个国家煤炭产量超亿吨,数量与上年持平。十国产量合计为 70.66 亿吨,占全球产量的 91.7%,比重与上年持平。除中国外,其他国家分别是:美国 9.22 亿吨,同比下降 7.5%;印度 6.06 亿吨,同比增长 5.8%;澳大利亚 4.31 亿吨,同比增长 4.2%;印度尼西亚 3.86 亿吨,同比增长 9.0%;俄罗斯 3.55 亿吨,同比增长 6.1%;南非 2.6 亿吨,同比增长 3.1%;德国 1.96 亿吨,同比增长 2.0%;波兰 1.44 亿吨,同比增长 3.6%;哈萨克斯坦1.16 亿吨,同比增长 4.2%。从排名情况看,印度尼西亚产量超过俄罗斯上升至第五位,俄罗斯下降至第六位,其他没有变化。从产量看,除美国煤炭产量下降外，其余主要产煤国产量均出现不同程度增长。世界主要煤炭生产国具体产量如附表 4-2 所示：

**附表 4-2 世界主要煤炭生产国产量**

| 国家 | 2012 年产量（亿吨） | 2011 年产量（亿吨） | 比 2011 年增减（%） |
|---|---|---|---|
| 中国 | 36.50 | 35.20 | 3.53 |
| 美国 | 9.22 | 9.94 | -7.48 |
| 印度 | 6.06 | 5.07 | 5.79 |
| 澳大利亚 | 4.31 | 4.15 | 4.20 |
| 印度尼西亚 | 3.86 | 3.53 | 8.97 |
| 俄罗斯 | 3.55 | 3.35 | 6.11 |
| 南非 | 2.60 | 2.52 | 3.07 |
| 德国 | 1.96 | 1.89 | 2.02 |
| 波兰 | 1.44 | 1.39 | 3.64 |
| 哈萨克斯坦 | 1.16 | 1.11 | 4.22 |

数据来源：《BP 世界能源统计 2013》

## 四、2013 年世界主要煤炭进口国煤炭需求变化

### 中国：世界煤炭进口量之首

中国海关总署统计显示，2013 年全年中国煤炭累计进口 3.3 亿吨，同比增长 13.4%；累计出口煤炭 751 万吨，同比下降 19.1%，出口金额为 106186.3 万美元，较 2012 年同比下降 33.1%。

中国自 2009 年由煤炭净出口国转变成煤炭净进口国以来，煤炭进口量从当年的 1.26 亿吨一路攀升至 2013 年的 3.3 亿吨，5 年增长了 162%；而 2013 年进口量再次刷新中国煤炭进口量的新高，在国际煤炭贸易量中的比重约为 25%。2011 年以来，中国已连续 3 年位居世界煤炭进口量之首。

进口依存度方面，2013 年中国煤炭进口依存度为 8.13%，较 2012 年 7.11%的进口依存度上升明显。尽管我国近三年原煤产量始终维持在 35 亿～37 亿吨，但是进口依存度依然稳步提高。造成进口依存度持续上升主要有三方面原因：首先是近两三年特别是 2013 年国外煤价大幅下降，内外

贸煤价价差明显，进口煤即使加上海运、铁路运费，相比国内煤炭仍有价格优势，这就为进口煤提供了重要的价格支撑；其次是需求因素，中国南方沿海地区企业较多，对煤炭需求一直有增无减，成为进口煤使用的主力。最后，因国内外煤价倒挂，为减少损失，国内部分煤企封矿，以致用煤企业对进口煤需求增长。

不过，未来 5 年伴随需求增速的回落和中国煤炭产量的提升，中国煤炭进口增速将快速回落，甚至出现负增长。此外，由于印度煤炭进口仍将维持在 13%～14%的高位，到 2017 年印度将取代中国成为全球最大煤炭进口国。

日本：加大北美煤炭进口

日本作为一个岛国，其矿产资源种类虽然很多，但是除了作为水泥、化学肥料原料的石灰石矿之外，其他矿藏的储量和产量都很小。据统计，日本能源 83%依赖进口，其中煤炭 90%以上均来自进口。日本主要的煤炭进口国是澳大利亚、加拿大、中国、印度尼西亚、越南和美国。其中澳大利亚曾经一度是日本最大的煤炭进口国，其进口煤所占比重占总进口量的 57%。因此，日本对澳大利亚煤炭供应过于依赖。为了改变这个状况，日本宣布将进口来源多元化，自北美的煤炭进口量将增加，这样有望减少日本的发电成本，对澳大利亚来说也是一种施压，能够削减对日本的煤炭供应价格。

日本财政部数据显示，2013 年前 11 个月日本共进口美国煤炭 169 万吨，与 2012 年同期的 63.4 万吨相比增幅较大，约占日本煤炭进口总量的 1.7%。其中，主要进口国澳大利亚的煤炭供应量占进口总量的 73%。

印度：近 5 年年均增长 19.0 %，未来有望维持高位

印度已成为全球第三大煤炭进口国，仅次于中国和日本，大约占全球进口煤炭总量的 10%。2013 年印度煤炭进口量较 2012 年增长 21%，达 1.52 亿吨，近 5 年来印度煤炭年均进口增速约为 19.0 %。由于印度国内供给增速始终难有起色，印度煤炭的供给与需求增速差将始终维持在 4 个百分点左右，从而催生煤炭进口维持高位增长。印度煤炭进口大增的另一个主要原因是动力煤需求的增加。同时，进口煤增加也受国际煤价较低的支撑。2013 年 9 月，国际煤炭基准价格基本达到近四年来的最低水平，受澳大利亚、印度尼

西亚和美国供应过剩的影响，煤价持续低于 77 美元 / 吨。尽管目前煤价有所恢复，但仍未达到高于 82 美元 / 吨的水平。

根据印度煤炭部规划，预计 2017 财年印度煤炭需求缺口将达 2.65 亿吨，年均进口需求增速将达 14%。而根据未来 5 年对印度煤炭产量增速的预测，2017 年印度煤炭需求缺口或达到 3.15 亿吨，折合年均进口需求约为 18%。

## 五、2013 年国际煤炭贸易情况、影响因素及价格分析

虽然 2013 年国际煤炭贸易量的数据尚未公布，但从已公布的世界主要煤炭出口国数据看，排在前三位的印尼、澳大利亚、俄罗斯的出口量在增长，排在第四位至第六位的美国、哥伦比亚、南非的出口量在下降，越南和蒙古国这两个传统煤炭出口大国的出口量也呈下降态势，而 2013 年中国煤炭进口量同比增加 3000 多万吨。据估算，2013 年中国煤炭进口量占国际煤炭贸易量的比重进一步提高，达到 25 %左右。以下是已公布的国际主要煤炭贸易国的相关情况。

2013 年，英国累计进口动力煤 3913 万吨，同比增长 5%。当年英国政府推出了严格的碳排放政策，部分电厂削减了煤炭消费量。同时，国内煤矿大量关闭，煤炭供给急剧减少，而国际市场煤炭价格相对便宜，从而使英国煤炭进口稳步增长。

2013 年，哥伦比亚动力煤出口总量为 7365 万吨，同比下降 7.6%。其中，对欧洲的出口量降至 5265 万吨，同比下降 10.1%；对亚洲的出口量为102 万吨，同比大幅下滑 75.3%；对美洲的出口量为 1997 万吨，同比增长 17.2%。近几年来，由于煤炭价格相对低廉，哥伦比亚动力煤出口持续快速增长，与美国一并成为“新兴”动力煤出口国家。然而，2013 年哥伦比亚煤矿工人大罢工事件此起彼伏，严重影响其煤炭生产和出口。

2013 年，印度尼西亚出口煤炭 2.95 亿吨，同比增长 9%。印度尼西亚煤炭出口强劲增长主要得益于两方面：一是中国、印度等国进口煤炭的需求持续增长，二是印尼盾大幅贬值。2013 年中国仍是印度尼西亚煤炭出口的主要

目的地，全年该国共向中国出口煤炭9181万吨，同比增长9.35%；向印度出口煤炭7680万吨，同比增长29.08%。日本和韩国也增加了对印度尼西亚煤炭的需求，2012年，印度尼西亚向日本出口煤炭2780万吨，同比增长3%。